新疆大学"双一流"建设学术著作出版专项资金资助

新疆"天池英才"引进计划

光明社科文库
GUANGMING DAILY PRESS:
A SOCIAL SCIENCE SERIES

·政治与哲学书系·

社会治理共同体视域下
农村社区协商治理研究

王娜娜 ｜ 著

光明日报出版社

图书在版编目（CIP）数据

社会治理共同体视域下农村社区协商治理研究 ／ 王娜娜著 . -- 北京：光明日报出版社，2023.10

ISBN 978 - 7 - 5194 - 7570 - 3

Ⅰ.①社… Ⅱ.①王… Ⅲ.①农村社区—社区管理—研究—中国 Ⅳ.①D669.3

中国国家版本馆 CIP 数据核字（2023）第 203969 号

社会治理共同体视域下农村社区协商治理研究

SHEHUI ZHILI GONGTONGTI SHIYU XIA NONGCUN SHEQU XIESHANG ZHILI YANJIU

著　　者：王娜娜	
责任编辑：李　倩	责任校对：李壬杰　李海慧
封面设计：中联华文	责任印制：曹　净

出版发行：光明日报出版社

地　　址：北京市西城区永安路 106 号，100050

电　　话：010-63169890（咨询），010-63131930（邮购）

传　　真：010-63131930

网　　址：http：// book. gmw. cn

E - mail：gmrbcbs@ gmw. cn

法律顾问：北京市兰台律师事务所龚柳方律师

印　　刷：三河市华东印刷有限公司

装　　订：三河市华东印刷有限公司

本书如有破损、缺页、装订错误，请与本社联系调换，电话：010-63131930

开　　本：170mm×240mm	
字　　数：246 千字	印　　张：14
版　　次：2024 年 3 月第 1 版	印　　次：2024 年 3 月第 1 次印刷
书　　号：ISBN 978 - 7 - 5194 - 7570 - 3	

定　　价：89. 00 元

内容简介

　　协商治理是由协商民主理论与治理理论两种理论聚合延展而来的一种新型治理范式，由于具备民主的价值属性和鲜明的问题导向而逐渐被应用于基层社会治理中。党的十九届四中全会提出了建设社会治理共同体思想，于是在农村社会如何建设一个共建共治共享的治理共同体就成为一个重要的实践命题。理论维度上，农村社区协商治理通过民主协商机制可以有效营造起社会治理的利益共同体、行为共同体和情感共同体。因而农村社区协商治理被认为是通往农村社会治理共同体的重要路径。但现实层面农村协商治理由于种种原因而产生了诸多问题。聚焦问题，本书以建设社会治理共同体为视角，从优化政治引导、转变政府理念与行为逻辑、主体赋能、制度供给、技术嵌入、文化营造等方面进行了具体的路径探索。

序　言

　　协商是人类政治生活和公共决策中的一种既古老又新颖的方式。虽然在中西方古代的政治生活中，协商议事传统源远流长，但古代的协商更多地体现为一种合理的决策方式，并不具备现代民主意义上协商治理内涵。现代意义上的协商治理是由协商民主理论和治理理论两种理论聚合延展而来的一种新型治理范式，体现了"民主中的治理"与"治理中的民主"的双重逻辑。作为一种新型的治理范式，协商治理不仅在理论方面积极回应了公共治理中人们对于民主的价值诉求，而且在协调利益关系、化解社会矛盾、提升政府决策的合法性等实践方面均表现出了良好的治理绩效。因此，协商治理被看作一种"具有重大潜能的民主治理形式"，并被广泛地应用于国家与社会的治理过程中。特别是在当前的基层社会治理中，在面对基层社会治理日益复杂、传统社会管理方式日趋"失灵"的现实条件下，主张多元治理主体以协商的方式共同解决问题、化解矛盾的基层协商治理已经成为当前基层社会治理创新的主要模式。

　　党的十九届四中全会提出了建设共建共治共享的社会治理共同体思想。社会治理共同体思想是我们党在社会治理领域的创新，也是当前与今后社会治理领域发展的主要方向。基层是社会治理的基础和重心，因此，社会治理主要指基层社会治理，农村社区是基层社会的重要组成部分，如何建设一个共建共治共享的农村社会治理共同体是当前农村社区治理面临的一个重要的实践命题。本书认为，农村社区协商治理通过民主协商机制不仅可以有效营造农村社会治理的利益共同体、协调农村社会治理的行动共同体，还可以凝聚农村社会治理的情感共同体。因此，农村社区协商治理是通往农村社会治理共同体的重要路径。

农村社区协商治理产生于农村社区治理的现实困境，是当前农村社会治理创新的主要模式，也是未来农村社区治理发展的主要方向。但目前农村社区协商治理面临的一个基本问题是，尽管农村社区协商治理已经经历了 20 多年的发展历程，而且也获得了党和国家注意力资源及政策资源的大力支持，但农村社区协商治理依然处于政策实验与政策创新阶段，并没有形成创新的扩散效应，从而得以在全国范围内形成常态化与制度化的发展态势，甚至在个别地方还出现了形式主义协商治理等内卷化现象。究其主要原因，除了有协商治理制度的限度、传统政治文化的限度及协商治理技术的限度等因素，最根本的原因还在于协商治理主体的限度。即党政协商治理主体和社会协商治理主体的力量格局并不均衡，前者保持着强大的介入和控制能力，后者则能力相对孱弱和缺乏自主性。社会协商治理主体的低能与弱自主性不仅会增加协商治理行政动员的成本，长远而言，协商治理最终也会由于缺乏相应的社会基础而使创新难以形成有效的扩散。

社会治理共同体不仅是农村社区协商治理的目标，也为农村社区协商治理的发展提供了主体论和方法论意义方面的启示。主体论方面的启示意义在于，社会治理共同体的本质属性是社会性，即有社会主体在场并且参与的社会治理才能完成向社会治理共同体的转变。同样，对于农村社区协商治理而言，只有社会协商主体与其他协商主体一起协商，才能实现协商的有效性。方法论方面的启示意义在于，实现社会治理共同体的基本方法是合作而非控制，因为只有合作才能产生社会治理的共同体，同样，对于当前农村社区协商治理而言，农村社区协商治理不仅需要多元社会协商治理主体的在场，还要实现多元协商治理主体的有效合作，才能够实现协商治理的价值目标预期。所以针对当前农村社区协商治理存在的主要限度，未来应该在社会治理共同体的视角下，从优化政治引导、转变政府理念与行为的逻辑、主体赋能、制度供给、技术嵌入、文化营造等方面进行具体的路径探索。

目　录
CONTENTS

第一章

绪　论

第一节　选题缘由与研究意义

一、选题的缘由

（一）党和政府对基层协商治理的重视

协商治理被看作是"协商民主的治理体现"[1]。近年来，随着协商民主的实践发展由"精英型协商向大众型协商的转变"[2]，党和国家越来越重视协商民主在基层治理中的作用与价值。2012 年党的十八大报告指出要"完善协商民主制度和工作机制，推进协商民主广泛多层制度化发展""积极开展基层民主协商"。2013 年党的十八届三中全会则进一步明确"构建程序合理、环节完整的协商民主体系，拓宽国家政权机关、政协组织、党派团体、基层组织、社会组织的协商渠道"。2014 年 9 月，在庆祝中国人民政治协商会议成立 65 周年大会上，习近平指出"要按照协商于民、协商为民的要求，大力发展基层协商民主，重点在基层群众中开展协商"。2015 年 2 月，中共中央印发的《关于加强社会主义协商民主建设的意见》提出要"建立健全基层协商民主建设协调联动机制，稳步开展基层协商，更好解决人民群众的实际困难和问题，及时化解矛盾纠纷，促

---

① 王浦劬. 中国的协商治理与人权实现［J］. 北京大学学报（哲学社会科学版），2012，49（6）：16-27.

② 谈火生. 协商治理的当代发展［M］. 广州：广东人民出版社，2018：3.

进社会和谐稳定"。为基层协商治理提供了指导性意见。2015 年 7 月，中共中央、国务院办公厅又专门印发了《关于加强城乡社区协商的意见》，对城乡社区协商的主体、内容、形式、程序，以及协商成果的落实与反馈机制都进行了更为具体的部署。2017 年 6 月，中共中央、国务院印发《关于加强和完善城乡社区治理的意见》中强调，"凡涉及城乡社区公共利益的重大决策事项、关乎居民群众切身利益的实际困难问题和矛盾纠纷，原则上由社区党组织、基层群众性自治组织牵头，组织居民群众协商解决"。"推动形成既有民主又有集中、既尊重多数人意愿又保护少数人合法权益的城乡社区协商机制。"2019 年党的十九届四中全会指出"社会治理是国家治理的重要方面。必须加强和创新社会治理，完善党委领导、政府负责、民主协商、社会协同、公众参与、法治保障、科技支撑的社会治理体系，建设人人有责、人人尽责、人人享有的社会治理共同体"。2021 年 3 月，经两会授权发布的《中华人民共和国国民经济和社会发展第十四个五年规划和 2035 年远景目标纲要》继续强调要"健全党组织领导的自治、法治、德治相结合的城乡基层社会治理体系，完善基层民主协商制度，建设人人有责、人人尽责、人人享有的社会治理共同体"。2021 年 4 月 28 日，中共中央、国务院专门出台了《关于加强基层治理体系和治理能力现代化建设的意见》，该意见着重指出要增强乡镇（街道）议事协商能力，完善基层民主协商制度，县级党委、政府围绕涉及群众切身利益的事项确定乡镇（街道）协商重点，由乡镇（街道）党（工）委主导开展议事协商，完善座谈会、听证会等协商方式，注重发挥人大代表、政协委员作用。探索建立社会公众列席乡镇（街道）有关会议制度。2022 年 10 月 16 日，党的二十大报告继续强调要"全面发展协商民主，推进协商民主广泛多层制度化发展"，"积极发展基层民主，健全基层党组织领导的基层群众自治机制，完善基层直接民主制度体系和工作体系"。

（二）农村社区协商治理是基层协商治理的重要组成部分

基层是一个具有中国特色且内涵丰富的弹性概念。政治学语义中的基层偏向于指"政治体制中的最低层级，是一种与国家中央政权相对应的概念"[①]。按

[①]　马卫红，喻君瑶. 何谓基层？——对当前城市基层治理基本概念的拓展 [J]. 治理研究，2020，36（6）：66-72.

照这一定义，基层主要是指城市的街道与农村的乡镇一级，社区的居委会与村委会原本是基层群众性的自治组织，但由于科层制逻辑实际主导着社区的运行，基层的含义便自然地延伸到了社区这一层级。

农村社区是农村社会服务管理的基本单元，农村社区协商治理是当前基层协商治理的重要组成部分。这主要体现在：第一，就人口维度而言，截止到2019年，中国地域意义上的农民有5.52亿人，占中国总人口的比例为39.40%；户籍意义上的农民有7.79亿人，占中国总人口的比例为55.62%。① 无论按照哪一种统计口径计算，数据背后都体现了一个庞大的农民群体。换言之，"即便我国城镇化率达到70%，农村仍将有4亿多人口。如果在现代化进程中把农村4亿多人落下，到头来'一边是繁荣的城市、一边是凋敝的农村'，这不符合我们党的执政宗旨，也不符合社会主义的本质要求。这样的现代化是不可能取得成功的!"② 第二，就地域维度而言，目前我国社区主要分为城市社区和农村社区。第三次全国农业普查统计，截止到2018年，全国共有596450个村，其中556264个村委会，40186个涉农居委会；317万个自然村；15万个2006年以后新建的农村居民定居点。③ 由此可见，无论是数量还是规模，农村社区都是我国社区的重要组成部分。第三，就协商治理的维度而言，农村协商治理是我国基层协商治理的滥觞。20世纪90年代末，肇始于浙江省温岭市松门镇的"民主恳谈"被看作我国基层协商治理的成功典范并在全国范围内得以推广。因此，从时间上看，农村的协商治理实际上要早于城市，这一方面体现了农民对协商治理有着较强的现实需求和推进动力，另一方面体现了农民在探索基层民主新路径方面的积极性与首创性。基于此，农村社区被看作我国推进基层协商治理的天然"试验田"。

（三）农村社区协商治理代表着当前农村基层治理的优化与创新

新中国成立以来，乡村治理的历次改革都体现为对当时现实治理困境的回应。农村社区协商治理也是伴随着当前农村基层治理的困境而提出的。改革开

---

① 国家统计局. 中国统计年鉴——2020 [M]. 北京：中国统计出版社，2020.

② 习近平. 把乡村振兴战略作为新时代"三农"工作总抓手 [J]. 求是，2019 (11)：7.

③ 国家统计局. 第三次全国农业普查主要数据公报：第一号 [EB/OL]. 国家统计局网，2017-12-14.

放后，市场经济的发展重构了农村社会的利益格局并加速了社会结构的分化，农村社会利益主体逐渐多元，利益诉求日益多样，矛盾与分歧也渐次增多，农村基层社会治理的复杂性不断彰显。面对这种情况，农村社区作为农村社会管理、服务与自治的基本单元，若还是依靠传统的行政管理手段来解决复杂基层社会中的种种问题，则往往会力不从心，甚至还会陷入"费力不讨好"的治理困境。因为"在今天公共事务治理中，不论是公共部门还是私人部门，没有一个个体行动者能够拥有解决综合、动态、多样化问题所需的那部分知识与信息，也没有一个个体行动者有足够的知识与能力去应用所有的工具"①。所以为了摆脱当前农村基层社会中治理困境，依靠农村社区内各相关利益主体广泛参与，鼓励通过对话协商来协调利益与化解矛盾，并最终就相关问题达成共识的协商治理则成为当前农村基层治理的优化与创新。将协商治理嵌入当前农村基层治理过程中具有明显的治理优势，主要体现在：一方面，借助协商的多元主体结构，不仅可以摆脱政府单中心治理的困境，增加公共政策的合法性，还可以借助多元主体共同协商的过程，把"我（官方）决定"转变为"我们决定"，从而促进更有认同感的社区产生，建设人人有责、人人尽责、人人享有的农村社区治理共同体；另一方面，借助协商中蕴含的民主价值，可以为基层民主开辟新的政治空间，从而能够在实践发展中实现更加公平、正义的社会再平衡机制，化解基层中存在的矛盾，提升基层政府的治理水平。

（四）基于对农村社区协商治理"创新"与"内卷"现象同时并存的现实观照

农村社区协商治理是基于农村基层治理困境产生的一种观念、制度与行为的创新。党和国家高度重视农村社区协商治理的发展。"到 2016 年底，全国各省（自治区和直辖市）都出台了关于加强城乡社区协商的实施意见，地方各级党委和政府把城乡社区协商纳入重要议事日程，结合实际制定了具体实施办法等。有些地方还围绕涉及基层群众利益的事项制定协商目录，明确协商内容，

---

① 盖伊·彼得斯. 政府未来的治理模式 [M]. 吴爱明，夏宏图，译. 北京：中国人民大学出版社，2001：68.

为开展社区协商提供制度保障。"① 在党和国家支持下，农村社区涌现出一批具有典型意义的协商治理创新模式，比如浙江温岭的"民主恳谈会"、河南邓州的"四议两公开"、天津宝坻区的"六步决策法"、成都市"村民议事模式"，等等。虽然这些农村社区的协商治理在实践中产生了良好的效果，并为其他地方探索协商治理提供了"改革样板"。但同样需要引发思考的是，目前这些"改革样板"只是局限于个别区域的"地方性方案"，并没有在全国形成规模化与常态化的扩散效应。就国家宏观层面而言，协商治理"还只是一场潜在的变革"②，仅停留在了政策实验与政策创新阶段。不仅如此，甚至在个别地方推进协商治理的发展过程中还出现了形式主义协商、控制式协商、投机式协商等内卷现象。农村社区协商治理代表着当前基层治理的优化与创新，但农村社区协商治理并没有形成有效的扩散效应，反而在发展之初就呈现出内卷化发展的倾向。是什么诱致了这一现象的产生？在中国，作为一种基于问题意识自下而上探索出的"地方性方案"，党和国家的态度是其得以扩散和推广的关键因素。农村社区的协商治理从开始就得到了党和国家注意力资源及政策资源的支持，那么又是什么其他原因阻碍了实践中的农村社区协商治理的发展？基于对这些问题的观察与思考，本书选择从社会治理共同体的视角尝试着对上述问题进行解释与回答。

二、研究意义

农村社区协商治理不仅是当前基层治理的优化与创新，更代表着未来农村基层治理发展的方向，研究农村社区协商治理具备以下理论意义和现实意义。

（一）理论意义

1. 有益于深化基层民主的理论品格

进入 21 世纪以来，学界关于基层民主的研究经历了一个"治理转向"，即从 20 世纪 90 年代的以选举为重心到 2000 年以后的以治理为重心的研究重心的转换，更强调协商及宗族、亲属、社会网络等非正式制度对城乡社区治理有效

---

① 中共民政部党组. 党的十八大以来中国特色基层民主建设的显著成就 [J]. 求是，2017（3）：2-4.
② 闵学勤. 社区协商：让基层治理运转起来 [J]. 南京社会科学，2015（6）：56-61.

性的影响。① 基层民主研究的重点之所以会转向治理，是因为选举虽然解决了权力来源的合法性问题，但难以满足农民持续性的利益诉求与政治参与，尤其是难以化解基层社会治理复杂性条件下民主政治的结构性矛盾。如"基层民主实践中偏重选举制度下沉与选举技术创新的体制建设路径，引发了基层政权行政化、制度功能内卷化和公共服务碎片化等问题"。② 协商民主是协商治理的理论基础之一，将协商民主嵌入农村基层社会治理中不仅可以弥补选举民主的局限；还可以与选举民主产生互动和叠加效应，进而深化与提升基层民主的底色和品格。首先，如果说委托授权的选举民主主要解决权力来源的合法性，那么更侧重公民参与公共事务的协商民主主要解决的是形成民意过程的合法性。其次，协商民主比选举民主更适合也更善于化解社会治理复杂条件下出现的各种社会问题与社会矛盾，"在强调对共同利益的承诺、促进政治话语的相互理解、辨别所有的政治意愿，以及识别重视所有人的需要与利益的有约束力的公共政策上是一种具有重大潜能的民主治理形式"③。最后，协商民主能够将体现基层民主的"四个民主"即民主选举、民主决策、民主管理和民主监督有机结合起来并作为一个整体来运行，从而避免基层出现有选举而无治理的现象，更好地保障与实现人民当家做主。因此，就这个角度而言，协商民主可以理解为一种增量民主的形式。当然，强调协商民主在基层民主政治中的重要作用并不是要排斥选举民主的价值与作用，事实上无论是在规范意义上还是在经验意义上，选举民主依然是当今中国基层民主政治发展中的重要组成部分，选举民主和协商民主都应该摒弃各自的边界意识，在基层民主的实践中实现互动与融合，最终提升基层民主的理论品格。

2. 有利于发展全过程人民民主

2021 年，在庆祝中国共产党成立 100 周年大会上，习近平总书记创造性地提出了要"践行以人民为中心的发展思想，发展全过程人民民主"的思想命题。

① 付建军. 从民主选举到有效治理：海外中国村民自治研究的重心转向 [J]. 国外理论动态，2015（5）：82-89.
② 张佳威. 走向选举与协商的复合：改革开放以来基层民主的变迁——以历史制度主义为分析视角 [J]. 社会主义研究，2020（4）：86-94.
③ 陈家刚. 协商民主 [M]. 上海：上海三联书店，2004：3.

全过程人民民主是中国共产党继承和发展马克思主义民主观,带领中国人民在探索社会主义民主政治建设百年实践基础上形成的经验总结与理论升华,开创了社会主义民主的新形态,为未来社会主义民主政治的建设与发展提供了基本遵循与前进方向。与西方资产阶级民主相比而言,全过程人民民主作为社会主义国家探索民主现代化路径的新成果,在保障民主的真实性与持续性方面体现出了显著的优越性。西方资产阶级国家实行的是选举民主的形式,选举民主相较于封建社会的君主专制是一种历史的进步,但选举民主也面临着一定的缺陷,即将人民当家做主简化为一种"政治方法","一些个人通过竞争人民选票来获得决策权的制度安排"①,由此,人民当家做主就演变成由代表当家做主,其真实性也就大打折扣。此外,选举民主还是一种阶段性民主,"人民只有在投票时被唤醒、投票后就进入休眠期,这样的民主是形式主义的"②。全过程人民民主坚持选举民主和协商民主的有机结合,尤其是随着协商民主广泛、多层与制度化的深入发展,不仅有效保障了人民民主的连续性,也通过广泛、有效与持续性的协商参与,保证了全过程人民民主的真实性,使社会主义的民主成为最广泛、最真实与最管用的民主形式。农村社区协商治理有利于发展全过程人民民主,一方面是因为基层是当前中国最广阔也是最具有生命力的民主实践场域。大量涉及人民群众切身利益的工作和决策都主要发生在基层,因此,基层是最迫切需要民主的地方,也是最能够集中发挥民主积极作用的地方。另一方面是因为通过农村社区协商治理可以累积民主精神。民主精神并不是天生形成的,而是需要在后天的民主实践中逐渐培养并积淀的。在当前中国农村地区,需要通过生动而活泼的基层民主实践来激发并培养民主精神。农村协商治理作为一种低门槛、易进入的协商民主实践方式,通过对包括农民在内的多元协商治理主体之间的民主协商,不仅可以培养其民主精神的内核公共理性,也可以培育其宽容妥协的民主品质,从而为蓄积民主精神奠定坚实的心理基础。

---

① 约瑟夫·熊彼特. 资本主义、社会主义与民主 [M]. 北京:商务印书馆,2014:364.
② 习近平. 在庆祝中国人民政治协商会议成立 65 周年大会上的讲话 [N]. 人民日报, 2014-09-22 (2).

（二）现实意义

1. 有助于把基层协商民主的制度优势转化为基层治理的实践效能

党的十九届四中全会提出了要把我国制度优势更好地转化为国家治理效能的命题。"社会主义协商民主是我国社会主义民主政治的特有形式和独特优势，是党的群众路线在政治领域的重要体现。"① 人民群众是社会主义协商的重点，涉及人民群众利益的大量决策和工作主要发生在基层，因此，基层协商民主制度构成了社会主义协商民主制度的基础。如何将基层协商民主制度的独特优势转换为基层治理的实际效能，既是保持基层协商民主制度优势的实践支撑，也是当前基层社会治理发展的现实需求。但是基层协商民主的制度优势不可能凭空或者直接就转换为基层治理的实际效能，连接二者之间需要有一个中介。基层协商治理由于复合了协商民主与基层治理的双重功效而成为将基层协商民主制度优势转换为基层社会治理实际效能的重要凭借机制。具体而言，在协商治理中，一方面通过基层协商，将协商民主嵌入基层治理的过程中，即在党的领导下，"凡是涉及群众切身利益的决策都要充分听取群众的意见，通过各种方式，在各个层级，各个方面同群众进行协商"。"坚持协商于决策之前和决策实施之中。"② 另一方面通过基层治理将协商民主的优势转换为实际效能，即将协商民主促进人民群众有序政治参与的优势转换为党进一步密切党同人民群众，提升党和政府决策的科学化与民主化水平的效能；将协商民主善于化解矛盾与冲突的优势转换为维护基层社会秩序与稳定的效能；将协商民主追求人民群众意愿与要求的最大公约数的优势转换为厚植基层群众基础，凝心聚力的效能。

2. 有利于推进乡村治理体系与治理能力的现代化，全面助推乡村振兴

民族要复兴，乡村必振兴。乡村要振兴，治理有效是关键。而要治理有效，就"要推进乡村治理能力和治理水平现代化，让农村既充满活力又和谐有序"③。乡村治理体系与治理能力的现代化是国家治理体系与治理能力现代化的

---

① 习近平. 在庆祝中国人民政治协商会议成立 65 周年大会上的讲话［EB/OL］. 新华网，2014-09-21.

② 习近平. 在庆祝中国人民政治协商会议成立 65 周年大会上的讲话［EB/OL］. 新华网，2014-09-21.

③ 习近平. 把乡村振兴战略作为新时代"三农"工作总抓手［J］. 求是，2019（11）：7.

基础。实现乡村治理体系与治理能力的现代化包括两方面内容，一方面是乡村治理体系的现代化。乡村治理体系的现代化首先需要一个合理的治理结构，如果治理结构出现短板，就会产生"木桶定律"，从而影响与阻滞基层治理体系的现代化发展。在我国农村社区的治理结构中，最明显的短板在于社会治理主体力量相对弱小，发挥作用有限，不能满足与适应现有农村实际治理的需求。以农村的社会组织为例，目前我国农村社会组织不仅存在数量少、规模小、发展不均衡等问题，还在一定程度上存在社会组织构架"官僚化"、社会组织主体"空转化"及社会组织活力不足等难题。在这种情况下，即便是政府有意委托或者下放部分权力，社会组织也会因为没有能力或者能力有限而无法承接政府的赋权与放权。因此，在农村社区，培育和扶持社会组织的发展，并通过协商治理为农民及其社会组织进行主体赋能是完善当前农村社会治理结构的重要举措。另一方面是实现治理主体治理能力的现代化。治理主体不仅包括农民、社会组织等社会治理主体，也包括基层政府，政府无论是在传统社会的统治时期还是在现代社会的管理时期抑或是当前社会的治理时期，都是不可或缺的重要主体。尤其是在当前的社会治理时期，政府在建立规章制度、搭建协商对话平台、组织公开透明的网络决策、鼓励各种治理力量尤其是弱势群体参与决策博弈、促进多元主体的集体行动等方面都发挥着重要且不可替代的作用。虽然政府在当前社会治理中的作用不可替代，但这并不意味着政府在决策时就可以独断专行，事实上，处在多元治理网络中的政府比以往任何时期都需要倾听来自各方面的声音与意见，而协商治理恰恰能够提供一个多方话语与利益进行理性博弈的平台，为政府等治理主体进行科学决策和民主决策提供了机制上的保障。综上，协商治理有利于乡村治理体系与治理能力的现代化的发展，并最终为助力乡村振兴奠定了有效的治理基础。

第二节 国内外研究现状综述

一、协商治理的国内外研究现状综述

（一）协商治理的国内研究现状述评

在中国知网检索主题为"协商治理"的文章，截止到 2021 年 5 月 17 日，共检索到 1635 篇文献。检索结果的计量可视化分析显示：1998—2004 年，理论界鲜有人关注协商治理；2004—2012 年，协商治理开始受到重视，相关研究文献呈现逐年递增趋势；2012—2020 年，研究协商治理的文献迅速激增。如图 1.1 所示。之所以在 2012 年研究协商治理文献开始出现激增与当时党的十八大首次将"协商民主"作为人民民主的重要形式载入党的代表大会报告，并将协商民主提升到了制度化建设的高度密切相关。此外，研究协商治理文献激增的原因与治理理论在中国的发展也息息相关，尤其是 2012 年党的十八届三中全会把"完善和发展中国特色社会主义制度，推进国家治理体系和治理能力现代化"作为深化改革的总目标之后，协商治理再次成为中国学术界研究的热点，协商民主的研究也开始向协商治理的方向转变。

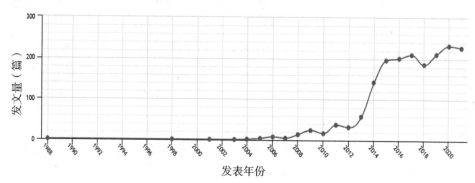

图 1.1 协商治理在中国知网发文量年度趋势分析

（数据来源：中国知网）

1. 协商治理的价值与功能

学界对协商治理的价值与功能进行了多方面的探讨。首先，许多学者都认为协商治理在化解社会矛盾与冲突方面具有突出作用，譬如，协商治理在解决上访问题①、正确处理人民内部矛盾②、邻避冲突③、拆迁安置社区④、失地农民利益诉求表达机制⑤等方面都能发挥重要作用。其次，有些学者认为协商治理有助于提升党和政府决策的科学化与民主化。陈娟通过实证研究证明了协商治理在为政府扩展信息来源、开阔决策视野、掌握社情民意、把握政策议题、平衡各方面利益要求等推动政府决策科学化与民主化方面具有突出作用。⑥ 再次，部分学者认为协商治理有利于累积社会资本，培育公民精神。何包钢通过民主协商实验证明了协商治理有助于提升公民政治妥协、理性对话与自我管理的能力，从而能够为"建构一个理性、成熟的公民社会的途径和基础"⑦。最后，还有学者认为协商治理有益于实现国家与社会之间关系的良性互动。如姚望认为协商民主在国家治理的实践中能够推动"政府自我放权、社会自我增权以及实现公民自我赋权"⑧。姚远和任羽中则在此基础上进一步认为社会协商治理证明中国的国家与社会关系不是相互对立的，而是一种既有制约又有合作、既彼此独立又相互依赖的辩证统一的关系。⑨

① 何包钢. 协商民主和协商治理：协商民主是解决外嫁女上访问题的一个有效方法吗？[C] //北京论坛（2011）文明的和谐与共同繁荣——传统与现代、变革与转型："协商民主与社会和谐"政治分论坛论文及摘要集，2011：71-94.

② 张敏. 协商治理与正确处理人民内部矛盾——以浙江省泽国镇为例 [J]. 中共天津市委党校，2012，14（5）：40-47.

③ 张紧跟. 邻避冲突何以协商治理：以杭州九峰垃圾焚烧发电项目为例 [J]. 行政论坛，2018，25（4）：92-99.

④ 李晨. 拆迁安置社区的协商治理研究 [D]. 济南：山东大学，2019.

⑤ 刘成兴，邓国彬. 协商治理视阈下失地农民利益诉求表达机制研究 [J]. 吉林工商学院学报，2018，34（1）：104-107.

⑥ 陈娟. 协商视域下的社区治理：杭州"湖滨晴雨"工作室的机制创新与经验启示 [J]. 中共浙江省委党校学报，2012，28（1）：19-26.

⑦ 何包钢. 协商民主和协商治理：建构一个理性且成熟的公民社会 [J]. 开放时代，2012（4）：23-36.

⑧ 姚望. 协商民主在国家治理体系中的作用与机制研究——基于多元治理的分析 [J]. 湖南行政学院学报，2016（1）：79-83.

⑨ 姚远，任羽中. "激活"与"吸纳"的互动：走向协商民主的中国社会治理模式 [J]. 北京大学学报（哲学社会科学版），2013，50（2）：141-146.

2. 协商治理的障碍与局限

尽管协商治理具有明显的治理优势，但现实中协商治理的发展仍面临着许多障碍。梳理已有相关研究文献发现，制约协商治理发展的障碍主要有五个方面：一是体制机制障碍说。季丽新和张晓东首先对协商治理机制的概念进行了界定，并认为我国农村协商治理机制存在非常不健全、规范性差、制度化水平低等突出问题，体制机制不成熟将会制约协商治理实际效能的发挥。① 二是法制障碍说。孙存良和李徐步提出协商治理在法理范畴中属于"软法"，"软法"会使协商治理结果的执行与落实缺乏保障，许多协商治理的结果往往不了了之，这些现象的产生会影响协商治理的权威性和公信力。② 三是文化障碍说。李建、李辉和蔡林慧分别论述了我国传统的"为民作主""替民作主"等官本位文化③，以及浸润中国数千年封建遗习而形成的服从型政治文化④，在一定程度上会影响其他社会主体参与协商的积极性，不利于协商治理的发展。四是行政主体依附说。李晓广指出当前基层社会的协商治理过分依赖行政主体，行政主导了从议题的发起到具体协商再到协商结束的整个过程，社会主体参与协商治理的作用则非常有限，这种不均衡的主体力量将会对协商治理的质量产生不利影响。⑤ 五是社会主体能力说。刘艳云通过个案研究得出目前社会主体由于受到传统臣民文化的影响以及日常缺乏参与协商实践的机会，因此参与协商的沟通能力、理解能力和学习能力都较为匮乏，协商能力的匮乏最终会影响到协商治理模式功能的发挥。⑥

---

① 季丽新，张晓东. 我国农村民主协商治理机制的实际运行及优化路径分析：以山东、山西、广东省三个村庄的个案考察为基础 [J]. 中国行政管理，2014（9）：50-54.

② 孙存良，李徐步. 协商治理：优势、困境与出路 [J]. 上海市社会主义学院学报，2017（6）：25-30.

③ 李建. 基层协商民主推进国家治理现代化发展路径探析 [J]. 理论月刊，2017（9）：103-109.

④ 李辉，蔡林慧. 论基层治理的制度变迁与基层协商治理 [J]. 社会主义研究，2015（4）：23-31.

⑤ 李晓广. 论协商治理视域下村民小组自治的有效实现 [J]. 学术界，2019（4）：38-46.

⑥ 刘艳云. 协商民主在基层治理中的实践探索——基于安吉县"政协员工作室"的个案研究 [J]. 湖北省社会主义学院学报，2016（2）：41-44.

3. 突破协商治理障碍的主要路径

对于上述协商治理在实践中存在的问题，学者提出了多样化的解决思路与方案。譬如，针对当前协商治理中面临着无所不包的"党的领导""强势惯性"的政府和"弱参与"的群众等主体性困境角度，孙照红提出要从正确发挥基层党组织的领导作用，转变基层政府的治理理念，以及提升社区群众的公共意识、民主素养和协商能力方面来进行回应。[①] 李增元和王岩指出，破解基层协商治理的困境需要突破协商主体的边界及束缚、助推多元主体共同参与协商；因地制宜地构建起多层次的协商机制，保障协商治理的有效运转；确保协商治理的法治化与制度化建设相统一，促进正式协商与非正式协商有机结合；增强基层社会自组织力量，夯实基层协商治理的社会资本等途径来解决。[②] 李晓广从文化的角度论述了应当构建一种"既要充分挖掘农村传统协商资源中的社会资本，又要将现代协商中平等、理性等价值资源与传统协商中的道德资源相融合的新型的协商治理文化"[③]，来消除协商治理中的文化障碍，进而重塑农村社会的公共价值体系。徐行和王娜娜从社会治理共同体的角度探讨了摆脱当前基层协商治理困境的关键在于明确与回归社会主体的协商治理主体地位，通过"提升社区居民参与协商的意识、培养社区治理主体的协商能力、转变政府治理理念和职能、加强基层党组织在社区协商治理中的引领作用等路径，突破当前社区协商治理中的梗阻"[④]。

综上，目前国内学者关于协商治理的研究已经取得了积极的理论成果，主要体现为研究数量较多，层次较为丰富，视角较为多元，为今后深入研究协商治理奠定了良好的理论基础，也为本节的写作提供了丰富的研究素材与理论启示。但目前国内学界研究协商治理也存在相对薄弱之处。首先，关于协商治理的概念具有模糊性，尤其是与协商民主的概念相互混淆，许多学者往往不加分

① 孙照红. 城市社区治理的主体困境和协商进路：基于"党政群共商共治"的案例分析 [J]. 中国延安干部学院学报，2019，12 (2)：70-77.
② 李增元，王岩. 农村社区协商治理：实践动因及有效运转思路 [J]. 2018，25 (5)：30-36.
③ 李晓广. 论协商治理视域下村民小组自治的有效实现 [J]. 学术界，2019 (4)：38-46.
④ 徐行，王娜娜. 社会治理共同体视域下社区协商治理的梗阻与突破路径 [J]. 北京行政学院学报，2021 (2)：20-28.

析地将协商治理直接等同于协商民主的概念加以使用。其次，国内学者对与协商治理相关联的诸如网络治理、协调治理等类似理论的横向比较研究还非常匮乏。比较是知识的发动机。① 关联理论横向比较研究的匮乏，既不利于厘清相关概念之间的区别，也不利于协商治理的深入研究。因此，未来应进一步加强关联理论之间的横向比较研究。最后，协商民主理论与治理理论构成了协商治理的理论基础，但这两种理论皆是源自西方国家的舶来品，因此，如何实现好协商治理的中国化，构建契合中国国家政治组织方式与政治价值生态的协商治理逻辑，形成协商治理的中国话语是国内学术界应该给予重点关注与研究的对象。

（二）协商治理的国外研究现状述评

以"deliberative governance"作为篇名关键词在 Web of Science（WOS）、Journal Storage（JSTOR）、Science Direct（Elsevier）、Wiley 等网站共检索到 149 篇关于协商治理的英文文献。在这些文献当中直接以协商治理命名的并不多，仅有 *Deliberative Governance in the Context of Power*，*Techno-bureaucratic Coxa and Challenges for Deliberative Governance*，*Deliberative Governance and EU Social Policy* 等几篇文献，此外还有约翰·S. 德勒泽克的 *Foundations and Frontiers of Deliberative Governance* 一书。但在这些文献里作者均未对协商治理进行清晰的定义。

1. 两种协商治理的解释范式

虽然这些作者并未对协商治理做出明确的定义，但是遵循着作者的写作逻辑和文章主要内容，可以大致得到两种协商治理的解释范式。一种解释范式认为，协商民主理论是协商治理的理论基础，协商治理是协商民主理论在治理领域的实践。如卡罗琳·M. 亨德里克斯（Carolyn M. Hendriks）认为"协商治理是一种受协商民主启发的实践形式，其背后的核心思想是政策制定需要提供一个由不同的机构、中介、团体、积极分子以及公民个人走到一起就紧迫的社会问题进行公共协商的平台"②。约翰·S. 德勒泽克（John S. Dryzek）提出协商民主为多元治理网络提供了规范性理论支持，认为"协商治理就是协商民主理论

---

① 马太·杜甘. 国家的比较：为什么比较，如何比较，拿什么比较［M］. 文强，译. 北京：社会科学文献出版社，2010：11.

② CAROLYN M. HENDRIKS. Deliberative governance in the context of power［J］. Policy and Society，2009，28（3）：173-184.

在治理实践中的运用"①。另一种解释范式则认为，协商治理是在治理理论框架中的一种民主运用。如希尔·霍亚劳（Cecile Hoareau）就将协商治理看作在欧盟这样"一个多层机构、国家政府、独立和区域机构和利益集团"②的多层次治理中协商民主的运用。还有西蒙·卡尔马·安德森（Simon Calmar Andersen）也认为，"治理网络总体上可以为现代社会的有效决策做出贡献，这似乎是合理的，特别是当它们受到公众监督时。但问题是，这种效力能否以民主方式实现"③。虽然，"协商民主不能像集合民主那样，在有效决策和民主决策之间陷入难以解决的困境，但是可以作为治理网络的有效性和民主层面的可行尺度"④。

2. 参与、公共理性以及权力对协商治理的影响

现实中影响协商治理的因素有许多，如协商的国别体制、文化背景、社会资本等。通过整理文献发现，国外学者比较关注参与、公共理性以及权力对协商治理的影响。

（1）参与

参与是协商治理成功运行的首要条件。相较于选举民主强调民众偏好的聚合所能达到的最终结果，协商治理的元理论协商民主"更关注决策的过程而不是决策的结果"⑤，更强调"公民参与决策过程的实际可能性和能力的重要性"⑥。代议制民主通常强调民众的平等权利以及在此基础上通过选举来聚合民众的偏好。但进入 20 世纪下半叶，随着文化多元主义的兴起，代议制民主似乎

---

① JOHN S. DRYZEK. Foundations and Frontiers of Deliberative Governance [M]. Oxford: Oxford University Press, 2010: 93-97.

② CÉCILE HOAREAU. Deliberative governance in the European Higher Education Area. The Bologna Process as a case of alternative governance architecture in Europe [J]. Journal of European Public Policy, 2012, 19 (4): 530-548.

③ SIMON CALMAR ANDERSEN. JØRN LOFTAGER. Deliberative Democratic Governance [J]. Governance, Administrative Theory & Praxis, 2014, 36 (4): 510-529.

④ SIMON CALMAR ANDERSEN. JØRN LOFTAGER. Deliberative Democratic Governance [J]. Governance, Administrative Theory & Praxis, 2014, 36 (4): 510-529.

⑤ KETTL, D. F. The transformation of governance: Public administration for the twenty-first century [M]. JHU Press, 2015, 53 (1): 53-0480.

⑥ SIMON CALMAR ANDERSEN. JØRN LOFTAGER. Deliberative Democratic Governance [J]. Governance, Administrative Theory & Praxis, 2014, 36 (4): 510-529.

越来越难以协调与解决由不同种族文化而引起的社会冲突以及多数人无法参与公共决策的难题。在这种情境下，协商民主开始作为一种解决问题的方法进入民主领域，用以回应文化多元主义背景下西方社会的现实困境。协商民主认为公民在"漫长且低效的公共事务协商中，获得的不是瞬间民主的快感，而是持续的尊重、关怀和意见共享"①。当然，需要说明的是，协商治理中的参与是有限度的，并不是所有的决策都适合公民等社会团体的广泛参与。"参与和表决所有的决定，既不可行也不可取。"首先，因为"如果要求公民参与其他职能系统，如经济或科学、自下而上的决策，这些进程的效率就会消失"，因此，"值得信赖的政治当局可以有力地作出许多决定，而不涉及积极或参与的公民"；其次，协商治理的资源是稀缺的，所以，"我们并不总是需要对每个问题进行协商和投票"。那么什么时候需要公民的参与呢？西蒙·卡尔马·安德森认为"只有当对决策当局的信任受到质疑，所有决定都可以通过协商和表决作出"②。

（2）公共理性

公共理性决定着协商治理的质量。塞西尔·霍劳（Cecil Horlow）认为，协商取决于三个最低条件。首先，参与者需要通过合理的论点来论证；其次，参与者需要开放地倾听对方的论点；最后，论证需要是相互的，这可能意味着或多或少的严格条件，例如质疑、主张和参与的权利。当然，从协商治理的实践来看，塞西尔·霍劳的这三个最低条件更多的是从应然层面去论证，但他在另外层面同时也证明了公共理性对于协商治理的重要性，因为这三个条件，每一个条件缺失了公共理性都不可能成为一个条件。也正是因为如此，大多数人都认为协商治理"是一种以理性论点为中心的特定交流形式"③。

公共理性贯穿于协商治理的全过程。在协商治理的初始阶段，公共理性主要体现为公民能力的公共理性。罗尔斯是最早关注公共理性与协商民主之间关系的学者之一，他认为，公民之间若想要形成正义的原则并做出正义的判断，

①　FRANCES MOORE LAPPE, PAUL MARTIN DU BOIS. The quickening of America：Rebuilding our nation, remaking our lives ［M］. San Francisco：Jossey-Bass, 1994：181.

②　SIMON CALMAR ANDERSEN. JØRN LOFTAGER. Deliberative Democratic Governance ［J］. Governance, Administrative Theory & Praxis, 2014, 36（4）：510-529.

③　CAROLYN M. HENDRIKS. Deliberative governance in the context of power ［J］. Policy and Society, 2009, 28（3）：173-184.

需要依靠公民的理智能力和道德能力，这种能力则被罗尔斯理解为公共理性，是身份平等的公民在公共事务中追求善的一种能力。在协商治理的过程中，公共理性不仅体现为个人理性，而且也体现为公共理性。因为只有协商参与者在考虑个人利益的同时还兼顾他者的利益，只有这样才能够形成协商共识，否则就很难形成协商共识，也就失去了协商的意义。乔治·瓦拉德兹认为，协商民主"尤其强调对于公共利益的责任、促进政治话语的相互理解、辨别所有政治意愿，以及支持那些重视所有人需求与利益的具有集体约束力的政策"①。在协商结果阶段，如何在自由而平等的公民因为信仰不同的宗教或者出生于不同的文化背景而产生深刻分歧的情况下保障社会协商结果的一致呢？罗尔斯的多元理性的重叠共识或许是解决这一问题的最佳答案，首先承认多元理性在民主社会中的客观存在，在此基础上通过民主协商来寻求重叠共识的形成，从而在理性、利益和道德之间找到平衡点。

（3）权力

协商治理的过程到底需不需要权力？不同的学者持有不同的观点，有些学者认为"强制性权力形式是健康的审议民主的必要组成部分"②。对这一观点持怀疑态度的学者认为"在大多数政治环境中存在强制形式的权力使理性的辩论几乎不可能"。③ 这两种争论由来已久，但目前越来越多的研究文献似乎证明，在协商治理中完全抛弃权力是不现实的，理由如下：首先，"政府或者是组织者有权开放和关闭治理进程，组织者对这一过程的这种权力来自其权威，即其社会公认的判断、决定、采取行动等权利及其作为组织行为者的正式和公认作用"④。其次，组织者有权筛选各种行为者和想法（包括特定的规模框架）和排

---

① JORGE M. VALADEZ. Deliberative Democracy, Political Legitimacy, and Self-Democracy in Multicultural Societies [M]. USA Westview Press, 2001: 30.

② FUNG ARCHOW. Deliberation before the revolution: Toward an ethics of deliberative democracy in an unjust world [J]. Political Theory, 2005, 33 (2): 397-419.

③ LAN SHAPIRO. Enough of deliberation: Politics is about interests and power. In Shapiro. Macedo (ed), Deliberative politics: Essayson Democracy and Disagreement [M]. Oxford: Oxford University Press, 1999: 31.

④ MAARTJE VAN, LIESHOUT. ART DEWULF, et al. The Power to Frame the Scale? Analysing Scalar Politics over, in and of a Deliberative Governance Process [J]. Journal of Environmental Policy & Planning, 2014 (7): 554.

除其他人，或者组织者可以制定议程，引导特定的结果（包括重新规划尺度框架），控制所提供的信息，并决定笔记、结论和文件。最后，"权力可以在其他成员经历不公正时予以应对或约束公共协商过程"，比如，"一些边缘化群体可能需要强制形式的权力，将其问题推到议程上，而更具生成性的权力形式可以激励行为者进行集体思考"①。甚至也有理论文章证明了权力是可以与协商治理完美并存的，如亚希雅亚拿卡就分析了"尽管技术官僚式的治理形式在监督、核查和合规保证方面最为有效，但审议过程促进了利益相关者之间的关系、相互理解和承诺。对于可持续性治理而言，不仅要解决可持续性的技术层面，而且要解决社会层面的可持续性问题"，因此，"技术官僚和审议都是治理在可持续性转型中是能够一起发挥作用的"②。总而言之，权力在协商治理中的作用不是一成不变的，在既定条件下，"权力可以被视为一种非法的力量，或作为一种有利的条件，或两者兼而有之，以进行有效的审议"③。而权力具体在协商治理中扮演何种角色，如何使权力更好地服务于协商治理，还需要做更多的探索。

3. 协商治理的适用范围

理论基础来源于西方国家协商民主理论和治理理论的协商治理，其实践是否可以应用于非西方国家？有学者认为，那些"对经济事务的有力干预和广泛的监管和规划，行使了实质性的政治权力和对经济的控制的国家"，其"在公共政策形成的过程中使用官僚层级指挥和控制，而不是协商"，因此，"这种国家的陈规定型观念与审议空间相矛盾"④，但也有学者认为，尽管国家不同，但这些年随着发展中国家私营部门和民间社会的发展以及治理概念的引入，"多利益相关者之间的合作"的概念已经成为政治、公共行政和公共事务中的共同规范。

① CAROLYN M. HENDRIKS. Deliberative governance in the context of power [J]. Policy and Society, 2009, 28（3）: 173-184.

② MAKI HATANAKA. Technocratic and deliberative governance for sustainability: rethinking the roles of experts, consumers, and producers [J]. Agriculture and Human Values, 2020, 37（3）: 1-12.

③ CAROLYN M. HENDRIKS. Deliberative governance in the context of power [J]. Policy and Society, 2009, 28（3）: 173-184.

④ PETER EVANS. Bringing deliberation into the developmental state [J]. Deliberation and development: Rethinking the role of voice and collective action in unequal societies, 2015: 51-66.

因此，发展中国家实施协商治理是制定和实施公共政策的一个越来越有吸引力的选择。①

事实上，除了西方国家，许多亚洲国家，包括中国、韩国和日本都在积极地探索协商治理的实践。以中国为例，在实务界，协商治理已成为当前中国社会治理领域创新的一个方向和途径；在学术界，许多学者也在积极思考协商治理的中国逻辑，例如，王岩和魏崇辉认为随着"治理"概念在全球范围内的传播，如何立足国内实际，正确把握中国协商治理的理论及实践逻辑，是当前学术的一个重要命题，协商治理在中国的适用需要实现治理话语从西方到中国的转换，形成中国治理话语。② 还有学者从微观层面上考察了中国基层协商治理的实践，例如，唐贝贝通过对来自两个城市化村庄的案例研究表明，非正式、非结构化的公共协商可能导致公民要求更多的自主权以及在地方一级公民诉求渠道多样化的扩容。发生在正式政治机构之外的非结构化公共协商，依然可以对政府组织内部的决策产生影响。当然资源充足的社区组织者在这一具体的过程中发挥着重要的桥梁作用，桥梁的衔接作用有助于将协商结果从公共领域传递到体制内的决策领域。③

综上，国外学者对协商治理的研究一直保持着浓厚的兴趣。在研究领域方面也更加开放和多元，他们不仅注重协商治理在国家、政府等传统领域的应用，而且也开始关注协商治理在教育、科技、环境等专业领域中的应用；在研究范围方面，不仅研究公司、社区等的微观协商治理，而且诸如欧盟等国与国之间的宏观协商治理也都有涉及；在研究方法方面，从规范研究到更加注重案例研究、比较研究等在协商治理中的应用。但是国外学者的协商治理研究中也存在着一定局限，即始终缺乏或者少有将协商结果与正式的制度有效衔接起来的研究，这可能与西方国家缺乏制度化的协商渠道相关，所以尽管在实践中确实有

① TAE IN PARK, PAN SUK KIM, DAVID H. ROSENBLOOM. The Burgeoning but Still Experimental Practice of Deliberative Governance in South Korean Local Policy Making：The Cases of Seoul and Gwangju［J］. Administration & Society，2017，49（6）：907-934.

② YAN WANG, CHONGHUI WEI. The Chinese Logic of Consultative Governance［J］. Social Sciences in China，2017，38（4）：5-24.

③ BEIBEI TANG. The Discursive Turn：deliberative governance in China's urbanized villages ［J］. Journal of Contemporary China，2015，24（91）：137-157.

一些协商实践对决策产生了直接的影响，但是，大部分协商案例都是对决策没有产生影响或者影响很小，这不得不说是西方协商治理研究的一大遗憾。

二、社会治理共同体的国内外研究现状述评

（一）社会治理共同体的国内研究现状述评

社会治理是国家治理的重要方面。从 2019 年 1 月，习近平总书记在中央政法工作会议中首次提出"打造人人有责、人人尽责的社会治理共同体"，到 2019 年 11 月党的十九届四中全会将其进一步完善为"建设人人有责、人人尽责、人人享有的社会治理共同体"，再到党的十九届五中全会进一步强调"建设人人有责、人人尽责、人人享有的社会治理共同体"。可见，建设社会治理共同体已经成为我国当前创新社会治理的重要内容以及未来社会治理现代化的主要方向。随着党和国家对社会治理共同体概念的提出，理论界也开始了对社会治理共同体的广泛关注。在知网上检索以"社会治理共同体"为主题的文章，截止到 2021 年 6 月 4 日，共得到 520 篇文献。检索结果的计量可视化分析显示，在 2009 年至 2018 年，对社会治理共同体的研究一直保持着低速且缓慢的增长，在 2019 年及以后，理论界对社会治理共同体的研究则呈现出了井喷式的发展趋势。

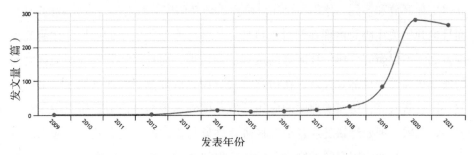

图 1.2　社会治理共同体在中国知网发文量年度趋势分析

（数据来源：中国知网）

由于社会治理共同体提出的时间较短，所以学界对社会治理共同体的研究还处于起步阶段，主要集中在以下三个方面。

1. 社会治理共同体何以提出

为什么会提出社会治理共同体的概念？概念提出背后的主要原因是什么？

提出这一概念又是用来解决什么问题的？围绕这些基本问题学界展开了广泛的谈论。田旭明、马友乐从超越传统社会管理模式的维度出发，认为改革开放以来，过去那种政府管控式的社会管理体制已不符合时代需求，所以需要中国共产党在社会治理领域进行革新来应对中国社会加速转型中出现的新情况与新问题。① 而"社会治理共同体命题的出场是我国传统社会治理的体制机制面临当前困境与挑战反思的结果，是对我国利益格局调整、社会结构变动、社会治理诉求的时代回应"②。王惠基于国家与社会关系的维度认为，社会治理共同体的提出反映了党重新发现社会、关注社会并激发社会主体作用的逻辑递进过程。③ 郭道久、杨鹏飞指出发现社会并且日益重视社会的过程意味着传统的国家与社会二元对立的关系将发生改变，共同体建设"意味着国家与社会之间需要形成紧密联系、合作共赢的协同关系"④。张磊则进一步提出国家与社会之间的合作关系最终有助于"强政府—弱社会"过渡为"强政府—强社会"⑤。李友梅则从我国社会主要矛盾变化的维度出发，论证了社会治理共同体建设符合人们不断增长的美好生活需要，体现出"以人民为中心"社会治理的中国逻辑，同时社会治理共同体也有效平衡了"活力与秩序"的社会治理难题，是中国社会治理实践逻辑的体现。⑥ 范逢春和张天基于社会价值引领的维度论述了社会治理共同体话语可以有效地调和国家治理场域中利益、身份、文化的多样性，从而实现政治统一、经济合作与社会凝聚，进而完成社会认同的建构与社会价值的引

---

① 田旭明. 建设社会治理共同体的内在逻辑与现实应答［J］. 理论探讨，2021（1）：153-160.
② 马友乐. 社会治理共同体：时代解读、现实依据与价值意蕴［J］. 湖北社会科学，2021（3）：49-55.
③ 王惠. 社会治理共同体：新时代中国特色社会治理的全新语境与行动逻辑［J］. 长白学刊，2020（6）：112-115.
④ 郭道久，杨鹏飞. 国家与社会协同："社会治理共同体"的一种理解［J］. 中国治理评论，2020（2）：3-16.
⑤ 张磊. 社会治理共同体的重大意义、基本内涵及其构建可行性研究［J］. 重庆社会科学，2019（8）：39-50.
⑥ 李友梅，相凤. 我国社会治理共同体建设的实践意义与理论思考［J］. 江苏行政学院学报，2020（3）：51-60.

领。① 此外，李青基于社会制度变迁的维度具体论述了社会治理共同体提出的历史进程，并认为社会治理共同体体现了我们党对社会治理规律认识的深化，是对中国特色社会治理经验的科学总结和理性选择。② 当然，随着 2019 年新冠疫情的暴发，许多学者也分别从超大规模复杂国家③、风险社会④、疫情危机⑤等维度思考社会治理共同体的重要作用与价值。

2. 社会治理共同体何以运行

学者不仅从各自的理论维度叙述了社会治理共同体何以提出的问题，而且还进一步探讨了社会治理共同体在实践中该如何具体运行的问题。如郁建兴、任杰认为，社会治理共同体应该是具体的而不应该是抽象的，因为在抽象的社会治理共同体中只能依据人人有责、人人尽责得出每个人都有参与社会治理的义务，而难以明确每个人具体的义务以及针对这些义务所应采取的集体行动和配套激励措施。所以，社会治理共同体应当是"以一定治理空间或载体为承载，比如家庭、组织，更常见的是村和社区"⑥。龚维斌也指出"社区是社会治理共同体建设的最佳单元，当前应以城乡社区为重点开展社会治理共同体建设"⑦。不同于郁建兴和龚维斌所提出的社会治理共同体更适合于小规模的共同体的观点，吴理财认为针对目前城乡基层中出现的"悬浮的政权"与"脱域的社会"等困境，社会治理共同体不应该仅仅体现为一个小规模的共同体，而应该是一个"包含乡镇街道、村或社区、村民组或小区甚至更加细小单元、社会组织和

---

① 范逢春，张天. 国家治理场域中的社会治理共同体：理论谱系、建构逻辑与实现机制 [J]. 上海行政学院学报，2020，21（6）：4-12.

② 李青. 社会变迁背景下中国社会治理共同体的构建理路 [J]. 山东社会科学，2020（6）：77-82.

③ 朱碧波. 论我国社会治理共同体的生成逻辑与建构方略 [J]. 西南民族大学学报（人文社科学版），2020，41（10）：200-206.

④ 辛玉玲. 不确定性常态化趋势下的确定性社会治理——基于共同体理念与合力论视角的疫情防控思考 [J]. 学术交流，2020（10）：150-161.

⑤ 宋爱明. 疫情危机下社会治理共同体中的跨专业合作机制研究——以 GS 县社会工作参与疫情防控心理援助为例 [J]. 社科纵横，2021（2）：86-92.

⑥ 郁建兴，任杰. 社会治理共同体及其实现机制 [J]. 政治学研究，2020（1）：45-56，125-126.

⑦ 龚维斌. 以社区为重点建设社会治理共同体 [J]. 农村·农业·农民（B版），2020（1）：41-42.

公民个体的社会综合体"①。除了讨论社会治理共同体地域适用性，马友乐从微观上描述了社会治理共同体的运行机制，即在社会治理共同体中，"利益和需求是根源动力，居缘和社区是构建基础，规范和情感是联结纽带，协商和合作是运行方式，参与和分享是运行保障，信息和科技是运行支撑"②。刘琼莲较为全面地论述了政治引导机制、法制保障机制、自治服务机制、德治运行机制以及智治创新机制等在社会治理共同体中的作用。③刘培功尤其关注了社会治理共同体运行的协同机制问题，他认为社会治理共同体是一个多元主体合作互动的过程，在多元主体之间构建有效跨部门协同治理机制是社会治理共同体得以形成的关键所在，而跨部门协同治理机制需要通过跨部门协同结构性机制完善与跨部门协同程序性机制优化来实现。④胡小君注意到了民主协商机制在建设社会治理共同体中具有营造利益共同体、协调行动共同体以及凝聚情感共同体的积极作用。⑤由于社会治理共同体本身也表现为一种社会资本的存在，所以还有学者如万志彬等则从社会信任机制的角度论述了其在社会治理共同体建构的关键作用。⑥

3. 社会治理共同体何以实现

社会治理共同体是马克思主义中国化在社会治理领域的最新理论成果，也是当前与未来中国社会治理的目标与方向。那么在中国当前的现实情境下，如何实现社会治理共同体呢？学者主要从理论与实践两个角度对此问题进行了阐述。在理论角度上，江国华和刘文君认为，不同于西方社会治理中的个体本位

---

① 吴理财. 全面小康社会的城乡基层社会治理共同体建设 [J]. 经济社会体制比较，2020（5）：1-7.

② 马友乐. 社会治理共同体：时代解读、现实依据与价值意蕴 [J]. 湖北社会科学，2021（3）：49-55.

③ 刘琼莲. 国家治理现代化进程中社会治理共同体的生成逻辑与运行机制 [J]. 改革，2020（11）：147-159.

④ 刘培功. 社会治理共同体何以可能：跨部门协同机制的意义与建构 [J]. 河南社会科学，2020，28（9）：17-24.

⑤ 胡小君. 民主协商与社会治理共同体建设：价值、实践与路径分析 [J]. 河南社会科学，2020，28（9）：25-31.

⑥ 万志彬. 社会信任视角下社会治理共同体的构建——基于浙江省平湖市当湖街道"友邻善治"的研究 [J]. 社会与公益，2021，12（3）：2-6，10.

思想，我国的社会治理体现为以人民为中心的集体本位思想。① 延续这一逻辑，高晓波指出我国的社会治理共同体建设必然不同于西方社会治理，"社会治理共同体"最显著的特点就是坚持中国共产党的领导和坚持以人民为中心的价值追求，因此可以称之为"中国特色社会治理共同体"②。范逢春、张天在此基础上则进一步提出构建社会治理共同体的理论谱系应该首先需传承中国传统共同体思想，它是社会治理共同体的理论之根；其次要坚持马克思共同体思想，它是社会治理共同体的理论之本；最后应借鉴西方共同体思想，它是社会治理共同体的理论之用。③ 在实践角度上，张贤明、张力伟认为社会治理共同体的实现应沿着强基固本，加强基层党建、专业服务，激发社会组织功能与找回群众，发动群众广泛参与的路径展开。④ 黎伟盛、赵素桃、吴晓霞指出应该要从树立大社会观、大治理观，坚持和完善共建共治共享的社会治理制度，激发社会治理主体的主动性和能动性以及构建智慧科技治理模式来构建社会治理共同体。⑤ 除了从宏观上论述如何构建社会治理共同体，刘伟、翁俊芳从具体的技术治理的角度论述了其在社会治理共同体构建中的双重作用，并指出技术治理若想在构建社会治理共同体中发挥积极作用，就"必须使技术治理走下神话的舞台，消除对技术治理的路径依赖，在社会治理共同体的公共价值与技术治理的工具理性之间找到平衡点"⑥。蔡静诚、熊琳从社区营造的角度论述了社区营造的特点，即能够通过主观的"营造"来改变人与空间的互动关系，通过对社区物理空间的再造来重塑共同体之间的关系。有效的社区营造应该能够在"空间重构中重申空间正义、化解社区矛盾，凝聚社会治理共同体，有利于形成共建共治共享

① 江国华，刘文君. 习近平"共建共治共享"治理理念的理论释读［J］. 求索，2018
（1）：32-38.
② 高晓波. 中国特色社会治理共同体的内涵、理论与构建［J］. 甘肃社会科学，2021
（2）：40-48.
③ 范逢春，张天. 国家治理场域中的社会治理共同体：理论谱系、建构逻辑与实现机制
［J］. 上海行政学院学报，2020，21（6）：4-12.
④ 张贤明，张力伟. 社会治理共同体：理论逻辑、价值目标与实践路径［J］. 理论月刊，
2021（1）：61-68.
⑤ 黎伟盛，赵素桃，吴晓霞. 新时代构建社会治理共同体的逻辑理路与路径［J］. 广西社
会科学，2020（6）：57-63.
⑥ 刘伟，翁俊芳. 撕裂与重塑：社会治理共同体中技术治理的双重效应［J］. 探索与争
鸣，2020（12）：123-131，199-200.

的基层社会治理新格局"①。还有学者如李友梅、张诗博从社会公共性的角度出发论述了"社会治理共同体的建设在深层次上需要公共性的支持"②，应该通过"有效扩展社会治理共同体的包容性与开放性，通过扩容公共利益的共享性来不断增强多元治理主体的联结纽带，并在民主协商的过程中重点培育多元协商治理主体的公共理性与公共精神"③ 等路径来加强社会公共性的培育进而建构一个理性且有凝聚力的社会治理共同体。

综上，国内对社会治理共同体的研究已经取得了初步的理论成果，但是由于社会治理共同体概念提出的时间较晚，国内学者对社会治理共同体的研究尚处于起步阶段，因此，相关研究还存在一些不足之处。主要体现为：一是对社会治理共同体的规范性论证比较多，而实证性的研究成果则比较少；二是对静态的社会治理共同体宏观描述比较多，而涉及社会治理共同体的微观运行机制研究则非常少；三是涉及社会治理共同体的一些元概念和基础理论还需要继续深入研究。如对"共同体"这一概念使用相对随意，缺乏严谨性与规范性；对体现中国特色社会治理共同体的核心特质，如"坚持中国共产党的领导""以人民为中心的集体本位思想"等还需要深度的抽象与凝练；对涉及社会治理共同体的一些基础理论，如马克思共同体理论、西方社会治理中共同体思想，中国传统社会治理中的共同体思想等还需要进一步厘清与挖掘。

（二）社会治理共同体的国外研究现状述评

社会治理共同体是在中国场域中对"建设一个什么样的社会，怎样建设这个社会"这一基本问题提出的中国方案，因此，国外并没有针对社会治理共同体进行的专门研究。虽然缺乏国外对社会治理共同体的专门研究，但是国外存在的一些共同体的思想却可以为中国场域中的社会治理共同体建设提供丰富的理论资源。鉴于此，本书按照西方政治思想史的发展脉络，梳理了西方国家与社会中的几种典型的共同体思想。

① 蔡静诚，熊琳."营造"社会治理共同体——空间视角下的社区营造研究 [J]. 社会主义研究，2020（4）：103-110.
② 李友梅，相凤. 我国社会治理共同体建设的实践意义与理论思考 [J]. 江苏行政学院学报，2020（3）：51-60.
③ 张诗博. 马克思的公共性思想及其对构建社会治理共同体的启示 [J]. 中共成都市委党校学报，2021（2）：35-40.

1. 城邦共同体

城邦共同体产生于古希腊，柏拉图（Plato，Πλατών）在《理想国》中明确地将城邦看作一个共同体，并对城邦共同体进行了初步的设计与想象。比如柏拉图认为在城邦共同体中财产应该是公有的（不包括奴隶）、男女分工各不相同但地位平等、妇女和儿童应当受到特殊保护。同时，在共同体内部按照人的天性划分为统治者、护国者和劳动者等不同的级别，不同等级的人各司其职从而确保共同体内部的和谐，才能过上至善的生活等。后来亚里士多德（Aristotle）在继承老师柏拉图城邦共同体思想的基础上也创新性地提出了一些新的观点，如将城邦共同体看作一个自然而然发展的过程、城邦共同体的本质不是整体化一而是多样性的统一等。整体而言，城邦共同体主要表现出两个基本特征：一是强调城邦共同体的道德至善性，"所有共同体中最崇高、最权威、并且包含了一切其他共同体的共同体，所追求的一定是至善这种共同体就是所谓的城邦或政治共同体"①。二是强调城邦共同体的整体至上性，"城邦在本性上先于家庭和个人，因为整体必然优先于部分"②。

2. 契约共同体

契约共同体产生于近代。与亚里士多德认为共同体是自然形成的观点不同，卢梭（Jean-Jacques Rousseau）认为维系共同体根基的是人类的理性而不是人类道德的至善性。在卢梭的社会契约论中，人们出于对自身利益理性的考量与权衡从而签订了社会契约，让渡自己的全部权利以组成共同体，"这个由全体个人的结合所形成的公共人格，以前称为城邦，现在则称为共和国或政治体"③。卢梭认为，成立这个契约共同体的目的和任务就是要"寻求一种结合的形式，使它能够以全部共同的力量来护卫和保障每个结合者的人身和财富，并且由于这一结合而使每一个和全体相联合的个人又只不过是在服从自己本人，并且仍然像以往一样的自由，这就是社会契约所要解决的根本问题"④。从这里也可以看出，卢梭契约共同体的进步之处就在于在肯定共同体整体性的基础上，同时对

---

① 亚里士多德. 政治学 [M]. 颜一，秦典华，译. 北京：中国人民大学出版社，2003：37.
② 亚里士多德. 政治学 [M]. 颜一，秦典华，译. 北京：中国人民大学出版社，2003：5.
③ 让-雅克·卢梭. 社会契约论 [M]. 何兆武，译. 北京：商务印书馆，2005：21.
④ 让-雅克·卢梭. 社会契约论 [M]. 何兆武，译. 北京：商务印书馆，2005：19.

个体在共同体中的权利与自由也给予了充分的关注。此外，卢梭也克服了霍布斯、洛克等早先资产阶级思想家的妥协性，主张将全部权利以及权力赋予人民，政府只是人民主权的行使者，体现出了较为彻底的人民主权思想。但契约共同体也有明显的局限性，即这种共同体依然体现为一种道德上的共同体或者说抽象的共同体，带有很强的乌托邦色彩。

3. 伦理共同体

与契约共同体思想家所认为的维系共同体的根基在于理性不同，黑格尔（Georg Wilhelm Friedrich Hegel）认为维系共同体的根基在于伦理理念，换言之，共同体只存在于伦理理念之中，共同体就是伦理理念的实践形式。那么，伦理理念在黑格尔那里到底是指什么呢？黑格尔的伦理理念是在批判康德道德哲学的基础上建立起来的，在黑格尔看来，面对资本主义初期市民社会中存在的人与人之间、人与社会之间的冲突，寄希望于康德提倡的道德原则来拯救是不可行的，因为个体的道德选择往往受到现实经验世界的影响和渗透，所以，改变社会的冲突状态与其说道德选择是第一位的，不如说社会环境的决定是第一位的。而这个社会环境就是伦理，是一个综合了道德、法律、制度、风俗等诸多因素的"规定的体系"。因此，黑格尔主张用伦理去超越道德，来消解人与人之间的冲突并维系家庭、市民社会与国家三种形式的共同体发展。当然，黑格尔更侧重于通过思辨逻辑来建构共同体，而忽略了现实历史过程中的共同体，所以，黑格尔的伦理共同体带有浓厚的理性思辨色彩。也正是基于此，黑格尔的共同体理论又被称为是"哲学的共同体"而不是"共同体的哲学"[①]。

4. 现代社会共同体的衰落与"共同体主义"想象中的共同体

18 世纪末 19 世纪初，工业革命的浪潮将西方国家带进了现代社会。现代社会是一个以个体主义为本位的社会。个体主义是整个工业社会建构的逻辑起点，它在缔造工业文明辉煌的同时，也由于过度的"张扬"从而"窒息"了共同体的公共精神，导致了公共生活普遍原则的衰落。"我们据以生活的公共哲学不能

---

① 陈明，曹飒. "共同体"思想的嬗变：从城邦共同体到人类命运共同体 [J]. 理论界，2018（12）：27-34.

维护它所承诺的自由，因为它不能激发共同体感和自由所必需的公民参与。"①现代社会共同体的衰落引发了许多学者的思考，如滕尼斯、涂尔干、鲍曼、麦金太尔、桑德尔等。虽然这些学者出发点各异，理论角度也不尽相同，但都是基于对新自由主义过于强调"自我"而忽略"他者"从而造成共同体困境的现实维度出发，把自己的观点建立在重新设计与想象一个不同于现代社会共同体的理想共同体方面。从这个角度理解，他们对共同体的研究都具有一定的通约性，我们将这样一个学术群体及其共同体思想概括为"共同体主义"②。

（1）滕尼斯的"共同体"思想

1887 年德国社会学家斐迪南·滕尼斯（Ferdinand Tönnies）在其《共同体与社会》的著作中提出了"共同体"与"社会"两个对立性概念。滕尼斯认为以情感为导向的共同体生活主要存在于家庭、村庄以及城市（宗教、师徒关系等）之中，而以利益为导向的社会生活则存在于大城市的生活、民族的生活和世界主义的生活之中。共同体生活主要是从血缘、地缘和友谊中自然生长出来的，是建立在"有关人员的本能的中意或者习惯制约的适应或者与思想有关的共同记忆之上的"有机整体。③ 而"社会只不过是一种暂时的和表面的共同生活，是一种机械的聚合和人工制品"④。因此，共同体代表的才是持久的和真正的共同生活，是一种生机勃勃的有机体。作为传统乡村生活与现代大都市生活两种不同类型生活的亲历者，滕尼斯在面对由工业革命导致的人口流动及其所带来的陌生人社会时，更多地表现出了对田园般乡村生活的无限眷恋，因此滕尼斯主张用回到传统共同体的途径来消解当前共同体面对的困境。

（2）涂尔干的"共同体"思想

现代社会中的个人与社会（共同体）如何维系是埃米尔·涂尔干（Émile

---

① 迈克尔·桑德尔. 民主的不满：美国在寻求一种公共哲学 [M]. 曾纪茂，译. 南京：江苏人民出版社，2008：6.

② 陈明，曹飒. "共同体"思想的嬗变：从城邦共同体到人类命运共同体 [J]. 理论界，2018（12）：29.

③ 斐迪南·腾尼斯. 共同体与社会：纯粹社会学的基本概念 [M]. 林荣远，译. 北京：商务印书馆，1999：265-267.

④ 斐迪南·腾尼斯. 共同体与社会：纯粹社会学的基本概念 [M]. 林荣远，译. 北京：商务印书馆，1999：52.

Durkheim）在《社会分工论》中试图回答的主要问题。与滕尼斯悲观地将"共同体"向"社会"转变看成是社会倒退的观点不同，涂尔干乐观地认为社会从"机械团结"到"有机团结"是一个进步的过程。涂尔干认为，"机械团结"是社会初始的团结状态，成员间具有高度的同质性且集体意识强大稳定，个体人格完全被集体意识吸纳。"有机团结"是现代社会分工的产物。当现代社会分工取代集体意识的一致性而成为个体间的主要联结方式时，个体一方面会越来越感觉到自己与他人的区别，另一方面却又不得不越来越依赖他人，社会由此呈现出个体性与社会性同时增长的局面。① 所以社会分工不仅可以优化经济，而且还可以促进社会团结，实现社会整合，从而使人类能够处于一种和谐的共同体状态。面对现代社会出现的病灶，涂尔干认为，其主要原因不在于社会的分工，而在于传统社会道德的瓦解，因此，需要诉诸社会分工基础之上的道德统一来解决现代社会的病灶。总之，社会分工与道德的统一能够促进现代社会共同体的发展并最终走向团结。

（3）鲍曼的"共同体"思想

齐格蒙特·鲍曼（Zygmunt Bauman）认为滕尼斯所坚持的共同体实质上是一种传统的共同体，这种传统的共同体在现代社会是难以存在的。因为现代社会是一个流动的社会，在流动的社会中，"一切坚固的东西都烟消云散"，人们之间的联系也逐渐变得稀薄，那些曾经给予人安全感的传统的共同体逐渐解体，个体也存在不确定性，出现了身份危机。② 不确定性引发了人们普遍的焦虑和危机感，人们开始向往并追求能够提供安全与确定性的共同体。鲍曼理想中的共同体是一个提供美好、安全与温馨的地方："它就像是一个家，在它的下面，可以遮风避雨；它又像一个壁炉，在严寒的日子里，靠近它，可以暖和我们的手……"③ 但这样的共同体难以协调自由与确定性之间的矛盾，即"失去共同体，意味着失去安全感；得到共同体，意味着将很快失去自由"④。因此，共同体似乎最终成了希腊神话中的坦塔罗——想得到美好，但最终却又失去美好。

---

① DURKHEIM E, W. D HALLS, LEWIS COWER. The Division of Labour in Society [M]. London: Macmillan Press, 1984: 27, 84-85.
② 齐格蒙特·鲍曼. 流动的现代性 [M]. 欧阳景根，译. 上海：三联书店，2002：4-7.
③ 齐格蒙特·鲍曼. 共同体 [M]. 欧阳景根，译. 南京：江苏人民出版社，2003：2-3.
④ 齐格蒙特·鲍曼. 共同体 [M]. 欧阳景根，译. 南京：江苏人民出版社，2003：6-7.

尽管鲍曼对现实共同体的存在持有悲观主义的情绪，但他还是给出了建设共同体的方案：应该在尊重个体差异性的基础上建设"平等权利和责任伦理的相互关心的共同体"①。

(4) 社群主义的"共同体"思想

以麦金太尔、桑德尔为代表的社群主义在对自由主义严厉批判的基础上建构起了对共同体的想象。社群主义对自由主义从理念到制度上进行了多方面的批判，但最根本的批判集中于个人与共同体的关系维度，自由主义主张个人主义，认为个人是第一位的，社会是第二位的，人们组成社会的目的是更好地实现自身利益。社群主义则恰恰相反，他们认为个人不可能脱离共同体单独存在从而实现"无羁绊的自我"，在个人与共同体的关系上，不是个人优先于共同体，而是共同体优先于个人。社群主义认为共同体成员之间联系的情感、共享的价值规范以及"共同体对成员的构成性"是共同体得以形成的三个基本要素。所谓"共同体对成员的构成性"是指"共同体不仅表明了他们是什么，而且也表明了他们作为其成员拥有什么；不仅表明了他们所选择的关系，而且也表明了他们所发现的联系；不仅表明了他们的身份的性质，而且也表明了他们的身份的构成因素"②。显然，符合上述条件的共同体只能是小规模共同体，如邻里、村庄、小城镇等，大规模的共同体如国家等则无法满足上述条件。事实上，社群主义也反对把国家这样的大规模共同体当成是共同体的标准，因为在社群主义看来，现代国家受制于人口规模与地域规模的限制，难以建构成为一种具有情感互联、价值共享以及"共同体对成员构成性"的共同体，所以具有实践功能和道德优势的小规模共同体是社群主义的理想共同体。

5. 马克思的"真正共同体"

与上述"共同体主义"的思想家们主要是从社会关系、概念的角度去演绎的共同体不同，马克思（Karl Heinrich Marx）的"真正共同体"是从关怀现实中人的生存状态出发，以唯物史观为基础，构筑起的独具特色的共同体理论。马克思按照人类社会历史发展顺序，依次探讨了"自然共同体""虚幻共同体"

---

① 齐格蒙特·鲍曼. 共同体 [M]. 欧阳景根，译. 南京：江苏人民出版社，2003：186.

② MICHAEL J. SANDEL. Liberalism and the Limit of Justice [M]. UK：Cambridge University Press，1982：150.

和"真正共同体"（"自由人的联合体"）三种不同类型的人类共同体形式。"自然共同体"存在于前资本主义时期，本质上体现为一种基于血缘和地缘联合的社会关系。"虚幻共同体"是资本主义国家的外在形式，其本质特征体现为阶级专政的政治属性。在"虚幻共同体"中由于只能实现极少数人的自由与发展而无法实现所有人的自由与发展，所以，需要打破"虚幻共同体"建立起"真正共同体"。马克思"真正共同体"是一个什么样的共同体呢？首先，"真正共同体"是社会化的自由个人直接联合的社会共同体。马克思认为私有是个体之间产生分离与对立的根源，而国家这种"虚幻共同体"中介又无法将对立的孤独个体进行有效的联结，所以马克思主张扬弃"虚幻共同体"这种异己中介，主张通过社会化的自由个人的直接联合形成"真正共同体"。其次，"真正共同体"是一个生产力高度发达的共同体，"把生产发展到能够满足所有人的需要的规模……所有人共同享受大家创造出来的福利，通过城乡融合，使全体社会成员的才能得到全面发展"①。通过生产力的高度发展来为人的全面发展提供坚实的物质保障。最后，"真正共同体"是一个实现个人利益与共同体利益和谐统一的共同体。在"真正共同体"中所有人都能够共同地占有生产资料与社会财富，它彻底结束了私有制下那种牺牲一部分人利益以满足另一部分人利益的局面，最终实现了个人利益与共同体利益的有机统一。

第三节　研究思路与方法

一、研究思路

党的十九届四中全会提出了建设共建共治共享的社会治理共同体思想，社会治理共同体体现了我们党对社会治理规律认识的深化，是我们党在社会治理领域的创新，代表着当前与今后社会治理领域发展的目标与方向。那么如何建设一个共建共治共享的社会治理共同体呢？基层是社会治理的基础和重心，因

---

① 中共中央马克思恩格斯列宁斯大林著作编译局. 马克思恩格斯选集：第1卷［M］. 北京：人民出版社，2012：308-309.

此，社会治理主要指基层社会治理。农村社区是基层社会的重要组成部分，而协商治理则是实现基层社会治理共同体的重要机制与方式，因此农村社区协商治理是实现社会治理共同体的重要路径。农村社区协商治理产生于农村社区治理的困境，并被看作当前农村社会治理的创新与未来农村社会治理的主要方向。但现实中的农村社区协商治理经过20多年的发展，依然处在政策实验与政策创新阶段，并没有在全国形成规模化与制度化的发展。实践中阻碍农村社区协商治理的主要因素都有哪些？围绕这些主要障碍的存在又该如何克服与完善？现实中存在的农村协商治理的典型案例又可以给我们提供哪些思考？基于对上述问题的思考，本书共设计了七个章节进行探讨。

第一章，绪论。主要对选题的缘起与研究意义，国内外关于"社会治理共同体""协商治理"的研究现状进行综述，并对研究的主要思路与方法以及研究的创新点与不足进行了论述。

第二章，研究基础。主要对本书存在的"协商治理""农村社区"与"社会治理共同体"三个核心概念和"协商民主理论""治理理论""国家与社会关系理论""马克思经典共同体理论"四个基本理论基础进行了简明介绍。

第三章，社会治理共同体与农村社区协商治理的逻辑关系。主要对社会治理共同体与农村社区协商治理的逻辑关系进行了论述，即社会治理共同体是农村社区协商治理的目标，农村社区协商治理则是实现社会治理共同体的重要路径。

第四章，农村社区协商治理产生的现实背景与实践创新。主要阐明了当前农村社区治理存在的主要困境是农村社区协商治理产生的现实背景，并具体从历史变迁、价值理念、制度功能、行为过程四个方面分析了农村社区协商治理是如何破解当前农村基层社会治理困局且成为当前农村社区治理创新的趋势的。

第五章，农村社区协商治理的实证分析。主要选取了天津市宝坻区亭口镇白毛庄村"六步决策法"作为农村社区协商治理实证研究对象，通过近距离观察、辅助调研问卷等形式，来掌握当前农村社区协商治理的基本运作流程与机理、可以总结的经验以及对未来农村社区协商治理可能产生的启示。

第六章，农村社区协商治理的绩效与限度。主要通过文献的梳理以及对实证案例的观察，一方面总结出了农村社区协商治理在化解矛盾、维护稳定、提升决策的科学性与合法性、巩固党的执政基础、激发社会主体活力等方面的治理绩效；另一方面也分析了农村社区协商治理在实际运作中存在的主体、制度、文化、技术方面的限度，并探析了其存在的主要原因。

第七章"社会治理共同体视域下推进农村社区协商治理发展的路径"。主要是针对农村社区协商治理中存在的主要限度，从优化政治引领、转变政府治理逻辑、社会协商主体赋能、协商治理制度供给、协商治理技术嵌入、协商治理文化营造等方面进行了具体的路径探索。

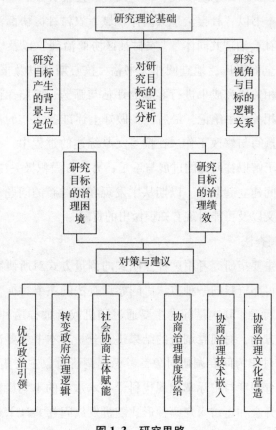

图1.3 研究思路

二、研究方法

研究方法是学术研究中的一种重要工具，其选择和运用直接决定着研究成果的科学性与有效性。本书主要采取文献研究法、案例分析法、访谈法和问卷调查法，对我国的农村社区协商治理进行分析与研究。

（一）文献研究法

文献研究法主要指通过对文献进行搜集、鉴别和整理，以获得相关知识的科学研究方法。文献研究法是一种具有生命力的科学研究方法。这种方法的优势在于其不受时间和空间的限制，操作起来相对简单、自由，且可以在节省时间和花费的基础上，获得较多的信息，是一种高效率的研究方法。文献研究法的基本步骤包括：提出课题或假设、研究设计、搜集文献、整理文献和进行文献综述。首先，本书以"社会治理共同体视域下农村社区协商治理"为研究主题，紧密围绕"社会治理共同体""农村社区协商治理"以及"协商民主"等核心概念尽可能全面而广泛地查阅相关书籍、核心期刊以及报刊等研究成果。其次，对搜集的相关研究成果进行客观的评估与筛选、按照知识编码进行整理和归类，并做好相关读书笔记。最后，在做好上述准备工作的基础上，认真地进行文献综述的撰写与修改工作。在撰写文献综述的过程中，一方面注重分析已有研究结果，了解以往研究的进展与不足；另一方面积极关注最新研究成果，并在新旧研究之间建立起联系。以期从中发现和探讨新的问题和研究空白，明确自己研究的意义以及可能对现有知识做出的贡献。

（二）问卷调查法

问卷调查法主要指研究者用这种控制式的测量方式对所研究的问题进行度量，从而收集到可靠资料的一种方法。问卷调查法的主要特征首先是强调标准化，采用标准化问卷。其次是问卷主要通过随机或者抽样两种方式进行发放。最后在结果实现方面，对问卷调查的结果进行分析。本书主要选取天津宝坻区林亭口镇白毛庄村作为问卷调研对象，考虑到调研对象主要集中在农村社区，且年龄、接受教育程度与实际掌握现代科学技术水平的不均衡性，所以本书主要通过村里集中开会和走访入户两种形式随机发放问卷共计 150 份（白毛庄村总人口 327 人），回收实际有效问卷 137 份，问卷有效率为 91.33%。此外，为了兼顾调研对象是农民这一特殊群体，调研问卷的语言设计尽量体现出通俗易懂的特征，同时为了保证调研问卷的深度，调研问卷的内容设计也尽量体现出内容逻辑的梯度性。问卷整体设计遵循客观性原则、必要性原则、可能性原则和自愿性原则。

（三）访谈法

访谈法主要指通过访问人员和受访人员面对面地交谈来了解受访人员的心理和行为的心理学基本研究方法。访谈法一般分为结构型访谈和非结构型访谈，前者的特点是按定向的标准程序进行，通常是采用问卷或调查表；后者指没有定向标准化程序的自由交谈。本书主要采用非结构性访谈形式，其主要目的是获得更加翔实和生动的"一手资料"，并进一步挖掘问卷调查中尚需继续深化的问题。通过访谈法与问卷调查法的综合运用与"互证"，进而验证研究观点与结论的可信度。围绕访谈法，本书在前期收集的有效信息和相关材料的基础上，首先设计出了"当前农村社区协商治理存在的主要问题和如何完善"的访谈提纲；其次邀请到白毛庄村的村党支部书记、村委会主任、村委委员、党员代表、村民代表以及部分普通村民共计 23 人进行了访谈，在访谈的具体过程中对访谈对象进行了适当的提问与互动。最后，认真做好访谈笔录，在征求受访人员同意的情况下还进行了录音记录。本书中出现的访谈均进行了编码处理。

第四节　研究的创新与局限

一、研究的创新

第一，研究视角的创新。不同的研究者基于不同的研究视角对农村社区协商治理进行了研究。譬如许多研究者倾向于从国家与社会关系的视角来研究农村社区，还有学者从社会矛盾化解的角度、集体行动的角度、乡村振兴的角度等来分析。但还没有研究者选择社会治理共同体这一视角来对农村社区协商治理进行研究。因此，本书选择社会治理共同体作为理论视角来分析农村社区协商治理体现出的研究视角的创新。之所以选择社会治理共同体作为本书的分析视角主要基于以下两点原因。一是社会治理共同体是当前社会治理的主要方向，它能够为农村社区协商治理提供目标意义上的启示。即当前农村社区协商治理就是要朝着建设一个共建共治共享的社会治理共同体而努力。二是社会治理共同体可以为农村社区协商治理提供主体论和方法论意义的启示。社会治理共同体的本质属性是社会性，其实现的基本方法是合作。同样，对于农村社区协商治理而言，也要依靠社会协商治理主体的自觉性以及遵从多元协商治理主体合作的路径，才能够实现农村社区协商治理的价值目标。

第二，研究观点的创新。本书的一个基本观点是，农村社区协商治理从1999 年浙江温岭的民主恳谈肇始至今已有 20 多年的发展历史，在这 20 多年的时间里协商民主逐渐由一个书本上的学术词汇演变为一种具有实际治理效能的治理范式——协商治理。作为一种自下而上探索的"地方性方案"，农村社区协商治理由于其明显的治理优势得到了中央层面的承认与支持，但目前农村社区协商治理的发展仍然是局限于个别区域的地方性创新，并没有在全国范围内形成规模化与制度化的扩散效应。甚至在个别地方推进协商治理的发展过程中还出现了悬浮式协商、控制式协商、投机式协商等协商治理内卷化现象。本书认为，导致这种现象产生的主要原因除了有体制机制性障碍、传统文化障碍、技术性障碍，最根本的原因在于社会协商治理主体的主体性缺失与协商能力的孱弱，即社会协商治理主体的障碍。因此，本书采取了社会治理共同体的视角，通过多元主体共治的社会治理逻辑，围绕当前农村社区协商治理存在的基本问题，尝试着提出解决问题的方案。目前，虽然学界产生了研究农村社区协商治理的大量文章，但是还没有学者从上述观点出发来研究农村社区协商治理，因此，本书围绕这一问题的思考体现出了研究观点的创新。

第三，为农村社区协商治理研究提供了一个新的案例。天津宝坻区推行的"六步决策法"是党政主导农村社区协商治理的典型。2013 年天津市宝坻区在前期充分调研论证的基础上在全区推行以"六步决策法"为代表的农村社区协商民主制度，截止到目前，"六步决策法"已经在宝坻区 21 个乡镇、765 个村全面展开并且取得了良好的社会治理效果。宝坻区的农村社区协商治理也曾先后多次被评为"全国创新社会治理优秀案例""全国乡村典型治理案例"等。虽然宝坻区的"六步决策法"运作已经相对成熟，但鲜有研究者将其作为研究农村协商治理的实证案例进行深入分析，尽管也有少数研究者对"六步决策法"进行论述，但都只停留在介绍性的陈述层面，并没有对其进行理论的深描。本书选择"六步决策法"进行研究，一方面体现了实证案例选择的创新，另一方面也寄希望于通过对这一典型实证案例的深描能够对其他相同或类似事务进行关联、验证与思考。

二、研究的局限

第一，对案例研究的方法与技术掌握不够娴熟。案例研究作为一种研究方法，在使用时必须遵循严谨的方法论路径。它包括选定案例、确定研究的逻辑、收集案例研究的资料、分析案例研究的证据以及撰写案例研究报告等一套明确而又完整的程序。在这一套完整的程序中又隐藏着丰富的案例研究技巧，如在收集案例资料环节，需要了解获取证据的来源以及资料收集的基本原则。在案例证据分析的环节，需要了解一些诸如模式匹配、建构性分析、时序分析等证据分析策略以便进行高质量的分析，等等。几乎每一个环节都需要掌握一些案例研究的方法与技术，而这对于案例研究的初学者而言，是非常具有挑战性的。

第二，对农村社区场域的"地方性知识"了解不够深入。农村社区类型十分丰富，既有以乡镇为基础、建制村为单位和自然村落范围为基础的社区，又有在社区建设的发展进程中重新规划建设的以中心村为聚集地的新社区，还有城乡结合交叉的社区以及在原来村庄基础上改造的农村社区。[①] 笔者长期在高校学习生活，虽然也在积极利用各种机会去接触农村社区、了解农村社区，但显然，仅凭在书本中"第二手资料"的阅读与在有限实践机会中短时间扎根来了解农村社区是远远不够的，这也是研究中存在的不足之处。

---

① 潘屹. 家园建设：中国农村社区建设模式分析 [M]. 北京：中国社会出版社，2009：81.

第二章

核心概念与理论基础

第一节 核心概念

一、协商治理

由于协商治理的出场语境与协商民主理论和治理理论紧密相关，学术界关于协商治理的理解主要存在两种解释路径。一种是协商民主的认知路径，即认为协商治理就是协商民主在实践中的治理体现。如最早对协商治理进行关注的王浦劬就持这种观点。此外，唐皇凤、魏崇辉、王岩等也持类似观点，认为协商治理是"基于协商民主理念与方法而形成的一种治理实践"，从这个角度来看，"基于协商民主的治理可以统称为协商治理"[①]。另一种是从治理的路径来认知协商治理，张敏认为"协商治理是 20 世纪 90 年代以来开始出现的一个新型公共治理范式"，它"体现了当今治理中的民主转向，代表了公共治理发展中的一个前进方向，不论在理论上还是实践上都是一个重大的具有全球意义的治理变革"[②]。胡象明也认为"作为一种适合中国国情的公共治理模式，协商治理

---

① 魏崇辉，王岩. 当代中国协商治理研究之成绩、问题与应对——一个学术规范角度的考察［J］. 长白学刊，2016（6）：50-55.

② 张敏. 协商治理及其当前实践——内容、形式与未来展望［J］. 南京社会科学，2012（12）：72-78.

是一种以中国式民主即协商民主为基础的公共治理模式"①。受益于上述两种研究路径的启发，本书认为，对协商治理的理解离不开协商民主与治理两种理论的重要影响，协商治理可以看作由两种理论聚合延展而形成的一种新型治理范式，它体现了"民主中的治理"与"治理中的民主"的双重逻辑，治理理论侧重于多元主体的共治，协商民主理论侧重于民主协商，多元共治是协商治理的基本结构，但如何实现多元主体的合作与共治，其内在的运行机制则体现为民主协商。从这个角度来看，可以将协商治理定义为自由平等的多元治理主体，通过民主协商的方式进行治理的一种治理范式。由于基层的协商民主一般都具有明显的"解决问题和化解冲突的导向意识"②，农村社区的协商治理可以解释为在农村社区场域中，自由而平等的多元治理主体，通过民主协商的方式进行协调利益、化解矛盾、解决冲突的一种治理方式。

同时需要明确的是，在协商治理概念中，协商民主与民主协商是经常出现的高频词，因此有必要厘清二者与协商治理的关系。如前文所述，协商治理是由协商民主理论与治理理论聚合延展而形成的一种新型治理理论范式，因此，作为一种理论范式的协商民主是协商治理的理论来源与理论基础。除此之外，因为民主协商是协商民主理论应用于实践的表现方式，所以作为一种实践形式的协商治理就主要通过民主协商的方式进行治理实践。简而言之，协商民主是协商治理的理论基础，而民主协商是协商治理的主要方式。

二、农村社区

将"农村"和"社区"结合起来，起源于美国农村社区研究。1915年美国威斯康星大学卡尔平（C. J. Galpin）教授撰写了题为《一个农业社区的社会解剖》（*The Social Anatomy of an Agricultural Community*）的研究报告，这篇合乎科学的、系统的乡村社会学研究报告被认为是美国也是全世界对农村社区进行研究的开端。在这篇研究报告中，卡尔平指出，"农村社区是由一个交易中心与其

---

① 胡象明. 协商治理：中国公共管理体制改革的目标模式 [J]. 学术界，2013（9）：66-72，306.
② 马奔，程海漫，李珍珍. 从分散到整合：协商民主体系的建构 [J]. 中共中央党校学报，2017，21（2）：64-72.

周围分布的众农家合成的"①。换言之，以交易中心为中心点，以其辐射的范围为界限，其内部构成的相对封闭的区域则是农村社区。从定义可以看出，卡尔平更多的是从自然村落的角度来理解农村社区的。在中国，农村社区具有狭义和广义之分。狭义上的农村社区是指党和国家从 2006 年开始倡导建设的"新型农村社区"，其规模介于乡镇与村落之间，其目的是便于集中建设，以提升农村公共服务水平，并促进城乡一体化建设。广义上的农村社区则具有一定的包容性，"是指从自然村组到行政村，或是几个行政村都可以形成农村社区，其重点在于形成一个相对完整的生产、生活的共同体，其尺度与规模千差万别"②。由于农村社区协商具有广泛性、灵活性与多样性的特点，本书中农村社区协商治理采用的是广义上的农村社区概念，即既有以乡镇为基础、建制村为单位和自然村落范围为基础的社区，又有在社区建设的发展进程中重新规划建设的以中心村为聚集地的新社区，还有城乡接合交叉的社区及在原来村庄基础上改造的农村社区。③

三、社会治理共同体

有研究者认为社会治理共同体的概念是一个综合了共同体理论和社会治理理论的复合概念。如高晓波认为"社会治理共同体是社会治理和共同体两种理论体系内在的融合。社会治理理论确定政府、社会、个人治理主体的平等、多元、协商和互动，共同体理论则强调治理主体的利益，即公共利益最大化"④。大部分研究者倾向于用共同体的理论理解社会治理共同体的逻辑，如刘海军和王平就认为"社会治理共同体以'共同体'的理论基础为原点，升华了社会治理的场域、逻辑与价值"⑤，王亚婷和孔繁斌认为将共同体这一理论视角嵌入社

---

① 黎熙元. 现代社区概论 [M]. 广州：中山大学出版社，1998：23.
② 虞志淳，雷振林. 多重视角与尺度的农村社区研究 [J]. 华中建筑，2016，34（12）：149-152.
③ 潘屹. 家园建设：中国农村社区建设模式分析 [M]. 北京：中国社会出版社，2009：81.
④ 高晓波. 中国特色社会治理共同体的内涵、理论与构建 [J]. 甘肃社会科学，2021（2）：40-48.
⑤ 刘海军，王平. 习近平共同体思想的场域、逻辑与价值研究 [J]. 湖北社会科学，2017（5）：5-11.

会治理话语体系中的主要目的是"借鉴其思想中几个重要元素，即相互的情感、彼此的依存和共同的行动"①。张贤明和张力伟在此基础上则进一步认为共同体理论中的重要元素可以对治理网络进行重塑，"有效的治理网络需要以共同体的方式来维系一种自发与稳定的关系，而不是为了某项特定目标与议题产生的暂时性关系"②。延续后一种思路，郁建兴将社会治理共同体定义为"指党委政府、社会组织、普通公众等立足权责对等、互动协商的基本原则，围绕化解社会冲突、解决社会问题和回应治理需求的共同目标，自觉形成的相互关联、相互促进、关系稳定的群体结构"③。本书认为，社会治理共同体概念不能忽略中国共产党领导这个本质特征，党的领导是中国社会治理的政治灵魂和政治轴线。因此，本书在综合已有研究基础上，将社会治理共同体概念补充为：在中国共产党的领导下，平等的社会治理多元主体基于权责对等、民主协商的基本原则，围绕化解社会冲突、解决社会问题和回应治理需求的共同目标，形成的相互关联、相互促进、关系稳定的群体结构。

第二节　理论基础

一、协商民主理论

（一）协商民主理论产生的背景

协商民主理论是 20 世纪晚期兴起于西方国家的一种新的民主理论范式，是针对西方代议制民主体制在政治运行过程中的局限而做出的反思、修正与超越。协商民主理论家认为，在世界全球化与文化多元化的背景下，通过选举来聚合

---

① 王亚婷，孔繁斌. 用共同体理论重构社会治理话语体系［J］. 河南社会科学，2019，27（3）：36-42.

② 张贤明，张力伟. 社会治理共同体：理论逻辑、价值目标与实践路径［J］. 理论月刊，2021（1）：61-68.

③ 郁建兴. 社会治理共同体及其建设路径［J］. 公共管理评论，2019，1（3）：59-65.

民众偏好的代议制民主在面对"多元性、不平等、复杂性问题"的社会时①，越来越难以弥合异质性社会所带来的分裂与冲突及纾解公共决策中多数人难以参与的困境。因此，"为了克服以投票为中心的民主制的缺陷，民主理论家越来越关注先于投票的慎议和舆论形成的过程。民主理论家已经把注意力从投票站的情况转向了公民社会中公共慎议的情况"②。首先，协商民主理论认为在面对多元与差异时，正确的态度应该正视差异，而不是忽视和否定差异，而协商和对话则是放下偏见、欣赏并运用差异，达成集体决策最好的办法。其次，在针对民主意志的形成方面，与选举民主认为投票是聚合民众偏好（preference）的最佳方式不同，协商民主则更注重讨论，强调更佳论证的力量（the force of better argument）。偏好可能是非理性的，通过对话与协商可以改变偏好，从而形成更为合理的意见与观点。选举民主强调"投票中心主义"，即以票数的多少来判断公共意见，谁的票数多就按照谁的意见办；而协商民主则侧重"对话中心主义"，即以论证的质量来决定公共意见，谁的意见对就按照谁的意见办。最后，在民主参与的范围方面，协商民主与参与民主一样，都提倡积极公民的理念，即认为公共政策不仅向所有受到该政策影响的公民开放，也应该对持有不同立场、视角的公民开放，尤其是那些少数群体、边缘群体及弱势群体，他们的意见与观点都应当呈现在协商对话之中。

（二）理解协商民主理论的三种方式

西方学者基于各自的观点与立场，对协商民主进行了不同的阐释，虽然目前对于协商民主的解释并没有形成统一的逻辑。但整体而言，主要有三种理解协商民主的理论方式。第一种是将协商民主理解为一种民主的决策方式。理由如下：首先，协商民主是一个汇集多元信息的过程，尽可能全面地掌握决策信息有助于克服单一决策主体的有限理性，从而有助于实现公共政策的帕累托最优。其次，协商民主是一个提供多元视角的过程，公共政策的制定不仅需要专业的视角，有时也需要兼顾道德与价值的判断，在有限的资源条件下，需要对相互冲突的目的进行平衡与再平衡，而这种平衡单靠专业视角是无法解决的，

---

① 杰弗里·斯多克. 协商民主和公民权利［M］//陈剩勇，何包钢. 协商民主的发展. 北京：中国社会科学出版社，2006：44.
② 威尔·金里卡. 当代政治哲学［M］. 刘莘，译. 上海：上海三联书店，2004：524.

因此需要引入公民的参与和讨论。① 最后，协商民主过程是多元主体参与、讨论和审议的过程，这一过程不仅打破了公共决策的"黑箱"，实现了信息的公开透明，也赋予了公共决策的合法性。"我们看到，在人们对与集体决策相关的内容进行有效协商的能力或机会上，民主都逐渐赢得了合法性。"② 第二种是将协商民主理论阐释为一种治理方式。实践证明，协商民主在面对复杂条件下社会的冲突与矛盾，尤其是在处理充满深刻分歧的道德与文化冲突的公共事务时，具有显著的正相关性。詹姆斯·S.菲什金通过政治实验发现，"协商民主有利于促进互信，扩大共识，从而有助于解决和控制社会冲突"③。此外，协商民主还有助于修复与重塑国家和社会之间的合作关系，改变行政的傲慢与偏见，增强公民参与精神及对公共利益的责任，从而创造更有凝聚力的共同体。第三种是将协商民主理论看作一种公共参与的方式。与精英民主理论认为"民主是一种选出精英并使之合法化的过程"的观点不同，协商民主理论主张民主应该是真实性的而非符号性的，这意味着受到公共政策影响不同阶层的人都应当平等地参与到公共政策中，只有这样才是真正民主的体现。正如约翰·S.德雷泽克所认为的"民主协商的走向表明人们对于真实民主的持续关注，民主控制在很大程度上是实质而非象征性的，且公民应具备参与其中的能力"④。

（三）协商民主理论的代际传递与基本特征

从1980年约瑟夫·比赛特在《协商民主共和政府中的多数原则》一文中首次提出"协商民主"概念发展至今，协商民主已经经历了四十多年的理论延展，并呈现出较为明显的代际传递特征。第一代研究协商民主的代表主要有约翰·罗尔斯、尤尔根·哈贝马斯、伯纳德·曼宁、乔舒亚·科恩等，他们主要完成了哲学意义上协商民主的规范性理论建构，具备一定的理想化色彩，但并未兼

---

① 罗伯特·A.达尔.论民主 [M].李柏光，林猛，译.北京：商务印书馆，1999：79.
② 约翰·S.德雷泽克.协商民主及其超越：自由与批判的视角 [M].丁开杰，等译.北京：中央编译出版社，2006：1.
③ JAMES FISHKIN, TONY GALLAGHER, ROBERT LUSKIN. A Deliberative Poll on Education：What Provisions do Informed Parents in Northern Ireland Want [R]. Political Studies, 2002 (1)：153-208.
④ 约翰·S.德雷泽克.协商民主及其超越：自由与批评的视角 [M].丁开杰，等译.北京：中央编译出版社，2006：1.

顾到现实社会的复杂性。第二代协商民主研究者注意到了现实社会的复杂性对协商民主带来的挑战，他们试图去调和协商民主在理论规范与复杂社会之间的张力，从而使协商民主理论更具现实意义。其主要代表有詹姆斯·博曼、艾米·古特曼、爱丽丝·扬等。第三代协商民主研究者以瓦尔特·巴伯、艾温·欧佛林、约翰·帕金森、詹姆士·费斯金等为代表，在赓续第二代协商民主研究者思想的基础上，第三代协商民主研究者重心转向协商民主的制度安排，即着重于构思一些具有现实可行性的协商制度设计，如公民共识会议、公民陪审团、协商式民意调查、学习圈等。虽然这些具体的制度设计将协商民主从理论陈述转变为一种可操作的说明，但它忽视了另外一个主要问题，即这些各自零散的制度设计并没有得以整体链接，尤其是没有与体制内协商资源进行有效衔接，使协商民主难以发挥出规模效应与系统效应。因此，如何使协商民主由"零散"转向"系统"，就成为第四代协商民主研究者的主要研究方向与目标。第四代协商民主的主要代表有简·曼斯布里奇、卡洛琳·亨德里克斯、约翰·S. 德雷泽克等。

表 2.1　协商民主理论的代际传递与基本特征

代际	代表人物	主要特点
第一代协商民主理论	约翰·罗尔斯、尤尔根·哈贝马斯、伯纳德·曼宁、乔舒亚·科恩等	虽然在哲学意义层面完成了协商民主的理论建构，但没有充分考虑到现实社会的复杂性
第二代协商民主理论	詹姆斯·博曼、艾米·古特曼、爱丽丝·扬等	注意到了现实社会复杂性对协商民主提出的挑战，试图调和协商民主的理论规范与复杂社会之间的张力，从而使协商民主理论更具现实意义
第三代协商民主理论	瓦尔特·巴伯、艾温·欧佛林、约翰·帕金森、詹姆士·费斯金等	着重于构思一些具有现实可行性的协商制度设计，但忽略了协商民主的系统效应与规模效应的发挥
第四代协商民主理论	简·曼斯布里奇、卡洛琳·亨德里克斯、约翰·S. 德雷泽克等	思考协商民主的"系统转向"，注重协商民主的宏观空间与整体效应的发挥

（作者自制）

二、治理理论

（一）治理理论产生的背景：市场与政府双重失灵之外的一种新选择

治理理论产生于 20 世纪 80 年代末 90 年代初，是西方国家在面对市场与政府双重"失灵"的社会背景下进行的一种理论反思与修正。在资本主义初期，亚当·斯密（Adam Smith）的市场经济学说被奉为推动经济发展的圭臬，这种信奉"完美市场""政府守夜人"的经济学说早期确实促进了资本主义经济繁荣，但进入 20 世纪四五十年代，随着资本主义经济危机的周期性爆发，自由放任的市场经济制度开始暴露出诸多弊端，于是强调政府干涉、全面加强政府作用的"凯恩斯主义"开始盛行。凯恩斯主义帮助资本主义国家摆脱了经济危机并推动了资本主义经济的复兴，但发展到 20 世纪 70 年代，实行凯恩斯主义的西方国家又普遍陷入经济滞胀的发展困境。所以为了改变"政府失灵"、摆脱经济滞涨，20 世纪 80 年代，西方国家兴起了"新公共管理运动"，即通过引入市场竞争和企业管理的方法来重塑政府形象与职能，明确政府"掌舵者"的角色，积极引导市场和社会的力量来提供公共物品和公共服务。在市场和政府的价值选择上，"新公共管理运动"再一次选择了市场。"新公共管理运动"虽然在不同程度上解决了西方国家政府所面临的财政危机和信任危机，对公共部门的管理的改善也做出了显著贡献，但同时也忽略了公共部门与私人部门之间的根本性区别，用企业管理代替公共管理在一定程度上会给政府带来"公共性"的衰落及社会公平的缺失等问题。西方国家历次改革实践促使越来越多的人意识到，"市场失灵与国家失败都是不可避免的事情，全能市场与全能政府都是不可能也是不可为的选择。因此，唯有在市场与政府这两种不完善的可选事物之间做出不完善的抉择，亦即两者之间不完善的结合"①。而治理正是市场与政府两种不完善结合之外的一种新选择。

（二）理解治理理论的几种代表性观点

治理理论虽然一经提出就迅速成为政治学、管理学、社会学等诸多学科的显学，但治理理论的内涵与外延至今还充满模糊性与多样性。正如乔恩·皮埃

---

① 查尔斯·沃尔夫. 市场，还是政府：不完善的可选事物间的抉择 [M]. 陆俊，谢旭，译. 重庆：重庆出版社，2007：35.

尔（Jon Pierre）和 B. 盖伊·彼得斯（B. Guy Deters）所说："今天治理的概念在被广泛地应用，但不够精确，在文献中呈现出大量替代性的甚至是相互矛盾的含义。"① 其中，詹姆斯·N. 罗西瑙（James N. Rosenau）、杰瑞·斯托克（Jerry Stoke）、R. 罗茨（R. Rhodes）及全球治理委员会提出的治理概念比较具有代表意义。治理理论的创始人罗西瑙认为治理是一种"由共同的目标所支持的一系列活动，这个目标未必出自合法的以及正式规定的职责，而且它也不一定需要强制力量克服挑战而使别人服从。治理就是这样一种规则体系：它依赖主体间重要性的程度不亚于对正式颁布的宪法和宪章的依赖"②。杰瑞·斯托克概括了治理的五个核心观点，包括"治理的组织机构（政府之外组织机构，但也包括政府本身）、治理的边界和责任（存在模糊的问题）、治理中的关系（复杂与依赖）、治理网络（治理实践的主要形式）、治理中的政府权威（可以影响最终结果）"③。罗茨在总结了治理的六种类型（国家治理、公司治理、政府治理、善治治理、社会治理与自组织网络治理）的基础上认为，治理具有如下特征：首先，治理是一个比统治具有更宽泛意义的概念，它包含非国家行动者，并且各行动者具有相互依赖的关系；其次，网络中的各行动者出于交换资源的需求及共同的目标追求都会保持持续性互动；再次，这种互动是根植于信任，并受到网络行动者共同协商认可的规则约束的博弈性互动；最后，网络成员是一种自组织形式，享有高度的自主权，不需要对国家权力负责。④ 全球治理委员会在《我们的全球伙伴关系》研究报告中对治理做出的界定，即"各种公共或私人组织、个人或机构管理其共同事务的诸多方式的总和。它是使相互冲突的或不同的利益得以调和并采取联合行动的持续过程。这既包括有权迫使人们服从的正式制度和规则，也包括人们同意或以为符合其利益的各种非正式的制度

---

① JON PIERRE, GUY PETERS. Governing Complex Societies: Trajectories and Scenarios [M]. New York: Palgrave Macmillan. 2005: 24.

② 詹姆斯·N. 罗西瑙. 没有政府的治理 [M]. 南昌：江西人民出版社，2001：10-15.

③ 杰瑞·斯托克. 作为理论的治理：五个论点 [M] // 俞可平. 治理与善治. 北京：社会科学文献出版社，2000：34.

④ R. A. W. RHODES. The New Governance: Governing Without Government [J]. Political Studies, 1996 (4): 1-2.

安排"。①

（三）理论争鸣的焦点与两种价值取向

尽管治理理论的概念与内涵充满着矛盾性与歧义性，但细梳与总结不同学者的观点后发现，"政府公共部门在治理中的作用如何发挥"是争议的焦点。"政府公共部门在治理中的作用"从左至右可形成一条清晰的观念谱系。在观念谱系的最左端，是以詹姆斯·N. 罗西瑙提出的"没有统治的治理"为代表，罗西瑙虽然承认政府也是网络治理主体中的一员，但同时也强调"治理主体并非指向政府，也可能不靠政府的权威予以强制实施，即无政府的治理"②。罗西瑙的观点表达出一种"去国家"化的后现代理论色彩。与罗西瑙的"无政府治理"略有不同，罗茨的治理理论虽然也强调了网络的自主性，即政府在网络中并不具有超越其他行动者的特殊权力，网络成员无须对政府权力负责，但罗茨并不排斥政府的参与，他认为政府只能间接地对网络进行管理，是一种最低限度的参与。所以，罗茨的治理理论更偏向于谱系的中左端，持有类似观点的还有约普·科彭简（Joop Koppenjan）、埃里克·汉斯克利金（Eric Hansklikin）和托尼·伯瓦尔德，他们都认为政府正在由传统科层制的纵向层级结构转型为平行的网络结构，因此政府只是网络众多行动者中的普通一员，并对网络治理保持一种最低限度的参与治理。与上述学者观点不同，乔纳森·格利克斯（Jonathan Glikes）和莱斯利·菲尔波茨（Lesley Phillpots）与通过对英国体育部门的一项实证研究表明，政府与网络中的其他行动者并不是平等的伙伴关系；相反，是一种"非对称性的网络治理关系"，即在治理网络中，政府通过制定政策及高度控制政策的实施发挥着主导作用，而网络中的其他行动者对政府有着依赖关系，并不具备与政府平等协商的地位。凯瑟琳·多米特（Catherine Dormett）和马修·弗林德斯（Matthew Flinders）通过 2010—2014 年英国政府对非政府公共机构的管理变革研究表明，由于政府具备合法的强制能力，在实际的网络治理中政府并不是普通的行动者，而是"一种十分独特的行动者"。学者罗伯特·阿格拉诺夫对上述现象进行了理论的概括，认为网络虽然可以改变政

---

① OXFORD UNVERSITY PRESS. Our Global Neighborhood: the Report of the Commission on Global Governance ［M］. Oxford: Oxford University Press, 1995: 2-3.

② 詹姆斯·N. 罗西瑙. 没有政府的治理 ［M］. 江西: 江西人民出版社, 2001: 10-15.

府的层级形式，但改变的程度非常有限。"网络只是以最微弱的方式改变了国家的边界，它们并没有以任何方式替代公共官僚制。"① 他认为政府依然在治理中占主导作用的学者应该分布在治理谱系的中右端。相对于上述学者的观点，乔恩·皮埃尔（Jon Pierre）与盖伊·彼得斯（Guy Peters）对政府在治理中的能力与作用持一种更为积极或激进的意见。他们认为政府在解决冲突、保持一致、分配资源等方面居于相对优势，因此政府在治理中应当保持中心位置。治理中政府的作用不是可有可无的；相反，比过去更为需要，并且没有其他机制可以替代政府的作用。提出过"治理理论失灵"的鲍勃·杰索普（Bob Jessop）也认为，治理并不是万能的，治理网络也会因为多元行动者的分歧而难以通过沟通达成目标一致，也会面临边界模糊而产生效率与责任的两难困境等。因此，杰索普寄希望设计"元治理"的角色来摆脱治理的困境。杰索普认为，国家应该在元治理中发挥重要作用，尤其是在订立规则秩序、促进集体行动、充当"上诉法庭"、代表弱势方利益等方面发挥着更为积极的作用。

　　总而言之，不同学者对"政府应该在治理体系中如何发挥作用"均存在不同的观点与意见，但也可以将上述学者的治理观点抽象为"社会中心论"和"国家中心论"两种价值趋向。"社会中心论"者强调网络的自组织与独立性，具有明显的"去国家化"倾向，"国家中心论"者则更主张国家在治理体系的主导作用。这两端形成一个连续谱，不同学者的观点都可以在这一谱系找到相对应的位置。

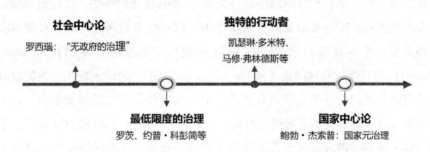

图 2.1　"政府公共部门在治理中的作用"谱系图（作者自制）

---

① ROBERT AGRANOFF. Inside Collaborative Networks：Ten Lessons For Public Managers［J］. Public Administration Review，2006，66（S1）：56-65.

三、国家与社会关系理论

（一）传统的国家与社会关系：分离与对立

早在古希腊时期，国家与社会是作为一个整体并融合在城邦制之中的。人作为城邦的一员，完全从属于城邦。后来，随着罗马帝国的建立以及疆域的不断拓展，人们难以像在城邦时期那样直接参与国家政治生活，国家便开始逐渐淡出人们的视野并变得日益遥远，于是人们有了更多的时间与精力从事私人领域的生活。这些变化为后来国家与社会的走向分离奠定了基础。最初，陈述国家与社会分离的思想肇始于以洛克为代表的自由主义政治哲学家的"社会契约论"，"社会契约论"假定了国家产生之前存在一个自然状态，人们为了更好地在自然状态中生存，便缔结了契约，由此产生了国家。所以，社会先于或者外于国家而存在。虽然"社会契约论"中所指的"社会"是"与自然状态相对的政治社会或国家，而不是指与国家相对的实体社会"①。但它赋予了社会先于或外于国家的身份与生命，这实质上表明，在自由主义哲学家思想的先验条件假设中已经暗含了国家与社会分离的事实。此后，随着市场经济和工业革命的不断发展，原先与自然状态对应的社会逐渐演变成为具有独立经济体系的、与国家领域相对应的实体市民社会。黑格尔是主张对市民社会与国家进行分离的经典作家之一，在他看来，市民社会与国家具有不同的规定性。"市民社会是个人利益的产物，是一切人反对一切人的战场"②，"在市民社会中，每个人都以他自身为目的，其他一切在他看来都是虚无"③。基于此，市民社会不可避免地会走向自我削弱，因此需要一个外部力量进行干预与救济。黑格尔认为国家代表的是普遍利益，只有国家有能力去矫正市民社会中的非正义缺陷，并将其所代表的特殊利益融合进代表普遍利益的国家共同体中。所以在二者的关系方面黑格尔认为是国家决定市民社会。马克思基于历史唯物主义的方法论以现实的人为逻辑起点，批判地继承了黑格尔的观点。在承认市民社会与国家分离的前提

---

① 邓正来，J.C. 亚历山大. 国家与市民社会：一种社会理论的研究路径 [M]. 北京：中央编译出版社，1999：79.
② 黑格尔. 法哲学原理 [M]. 北京：商务印书馆，1961：309.
③ 黑格尔. 法哲学原理 [M]. 北京：商务印书馆，1961：197.

下，马克思强调国家来自市民社会。在国家与市民社会的关系方面，马克思认为不是国家决定市民社会而是市民社会决定国家，并且国家未来的命运会不可避免地走向消亡，国家最终会回归社会并完成与社会的统一。

（二）国家与社会关系的现代转向：互动与合作

国家与社会关系由"一元论"走向"二元论"是历史的进步，符合工业社会时期人类文明发展的逻辑与规律。但随着"国家—市场—社会"三元结构的建立，以及人类文明进入后工业社会，这种相互分离并且对立的"二元论"由于无法适应与解释现实而逐渐话语式微，而主张国家与社会走向互动与合作的理论范式则开始发展并走向勃兴。

20世纪80年代末90年代初，米格代尔基于对第三世界政治社会现实的观察研究，先后出版了《强社会与弱国家》《国家权力与社会力量》《社会中的国家》等一系列著作，并建构起了"社会中的国家"这一新的国家与社会关系研究路径。米格代尔认为以往的国家中心主义过于强调国家在经济社会发展中的能动作用，而忽视或者无视社会可能会对国家产生影响和控制作用。国家与社会实际上是相互影响相互作用的关系。"国家和社会彼此之间分组整合、合纵连横的互动过程，以及国家同其试图控制、影响社会群体之间的互动过程。"① 沿着米格代尔"社会中的国家"路径，1997年，皮特·埃文斯编写了《国家与社会协同》一书。埃文斯通过对一些国家提供的基本公共服务和社区建设项目的观察研究，得出了国家与社会二者可以互为条件，并且通过一定的制度设计能够将国家嵌入社会或者让公众参与公共服务，从而实现国家与社会协同共治的结论。埃文斯在米格代尔的"社会中的国家"研究基础上又推进一步，即认为国家与社会之间不仅相互影响、相互形塑，而且国家与社会还可以互为条件、相互成就、协同共治。20世纪80年代末90年代初，兴起于西方发达国家的"新公共管理运动"为萨拉蒙近距离观察国家与社会之间的关系提供了绝佳的实践素材。"新公共管理运动"超越了将政府作为公共管理与公共服务的一元主体的传统思维，主张在国家与社会之间建构一种新型关系，即鼓励政府通过购买公共服务等方式，将企业、社会组织等政府外的主体都纳入政府的公共管理与

---

① 乔尔·S. 米格代尔. 社会中的国家：国家与社会如何相互改变与相互构成 [M]. 李杨，郭一聪，译. 南京：江苏人民出版社，2013：4.

服务之中，通过发挥多元主体的积极作用，来解救"政府失灵"问题。萨拉蒙将"新公共管理运动"所塑造的国家与社会之间的关系称为"伙伴"关系。

（三）国家与社会分析框架下的三种理论范式

围绕着国家与社会分析框架主要产生了三种理论范式，即"社会中心论""国家中心论"和"国家与社会互动论"。"社会中心论"强调社会先于国家，国家服从于社会，社会是社会变革力量的主要来源。在市场与政府关系方面，"社会中心论"主张重视市场的自主性，认为通过市场的自发调节机制就可以实现资源的优化配置与经济发展，因此，政府无须干预，只需要服从市场力量的安排即可。整体而言，"社会中心论"主张自由主义思想与市场经济相结合模式的优点是显著的，因为它能够极大地解放并促进生产力的发展，使资本主义"在它不到一百年的阶级统治中所创造的生产力，比过去一切世代创造的全部生产力还要多，还要大"①。但这种模式的弊端也是显而易见的，即过分强调市场和社会的自主性会导致社会自主性与国家整体性之间的结构失衡，进而产生周期性的资本主义经济危机并沦陷为"自身目标的囚徒"。此外，这种基于英、美两国的地方经验性知识生成的"社会中心论"在解释其他国家尤其是第三世界国家的历史与现实时也面临着理论的局限性。"国家中心论"是基于德、日两国包括一些欧洲国家（法、俄）和发展中国家的成长经验提出的一种理论范式。它强调国家是政治行为的主体，国家是经济社会发展的主导性力量。"国家中心论"的核心概念是国家自主性，即"对特定领土和人民主张其控制权的组织，国家可能会确立并追求一些并非仅仅是反映社会集团、阶级或社团之需求或利益的目标"②。并且这些目标是由"组织凝聚力很强的国家官僚集体，尤其是与当前主流社会经济利益相对独立的职业官僚集团"通过确定的公共政策来实现的。"国家中心论"成就过一批东亚的"发展型国家"，使这些国家快速地走向了现代化发展道路，但是"国家中心论"容易产生国家权力的官僚化，国家对社会力量的宰制，也容易使社会失去生机与活力。

---

① 中共中央马克思恩格斯列宁斯大林著作编译局. 马克思恩格斯选集：第1卷［M］. 北京：人民出版社，2012：405.

② 彼得·埃文斯，迪特里希·鲁施迈耶，西达·斯考克波. 找回国家［M］. 方力维，莫宜端，黄琪轩，等译. 北京：三联书店，2009：10-11.

无论是"社会中心论"还是"国家中心论"都存在二元对立的理论预设，或是倚重社会而轻视国家，或是偏爱国家而忽略社会，都没有看到现实中国家与社会相互影响相互形塑的关系，都没有把社会与国家统一起来。将社会与国家进行链接并将其看作一个"共同体"的是米格代尔，在米格代尔看来，国家与社会相互影响并在"相互作用的过程中相互改变着各自的结构、目标、规划以及社会控制"①。国家与社会相互影响的结果会在理论上产生四种可能：一是国家全面控制社会，二是国家吸纳社会并与之合作，三是社会改变国家，四是国家与社会隔离。在现实中，比较常见的是第二种和第三种模式。② 后来埃文斯与萨拉蒙则通过实证研究证明了国家与社会不仅可以相互影响、相互作用，还能够在互动的基础上产生良性的协同关系或者伙伴关系，这为以后思考如何使国家与社会关系由互动走向共强提供了理论支持与理论想象。

四、马克思经典共同体理论

（一）马克思经典共同体理论的生成基础

共同体是人与社会存在的基本方式。构建一个公平、正义、合理的共同体是人类社会永恒的命题。马克思在其一生的革命实践和理论研究中，孜孜以求地探索着人类社会的"真正共同体"，并逐渐形成了马克思经典共同体理论。马克思经典共同体理论是马克思主义共同体理论的重要组成部分。近年来，随着习近平"构建人类命运共同体"思想的提出，学界进一步从各个维度加强了对马克思经典共同体理论的相关研究，但对于马克思经典共同体理论的生成基础众说纷纭、莫衷一是。基于对马克思经典共同体理论形成的纵向历史过程分析，本书认为，马克思经典共同体理论的产生与对资本主义社会的批判紧密相关，甚至可以说，马克思经典共同体理论中"真正共同体"就是在对资本主义市民社会共同体与资本主义国家"虚幻共同体"进行批判的基础上形成的。

---

① 米格代尔. 社会中的国家：国家与社会如何相互改变与相互构成 ［M］. 李杨，郭一聪，译. 南京：江苏人民出版社，2013：58.

② 李姿姿. 中国农民专业合作组织研究：基于国家与社会关系的视角 ［M］. 北京：中央编译出版社，2011：36.

"物质利益是马克思主义整个世界观的基础。"① 马克思坚决反对将伦理道德甚至是宗教信仰等意识形态当作共同体形成的基础，而是坚持从物质利益的现实角度出发，认为共同利益是维系共同体存在并发展的核心与基础。虽然资本主义的市民社会共同体也是以共同利益为基础，是"利益把市民社会的成员彼此连接起来"②，但它绝不是马克思所言的"真正共同体"，因为马克思的"真正共同体"其立足点是整个人类社会。而市民社会却具有狭隘性与自私性，"实际需要、利己主义是市民社会的原则……实际需要和自私自利的神就是金钱"③。马克思不仅批判了资本主义的市民社会共同体，而且也批判了资本主义国家的"虚幻共同体"。马克思认为，随着生产力的不断发展，私有制的产生以及社会分工的出现，原始社会共同体内部的共同利益逐渐分化出一些特殊利益。共同利益与特殊利益之间的日益分化形成了两个相互冲突且不可调和的对立阶级，为了调节阶级之间的斗争与冲突，需要有一种表面上凌驾于社会之上的力量，即"国家"的出现。国家为了获得出场的合法性，通常都会标榜自己是全体社会共同利益的代表。"每一个企图取代旧统治阶级的新阶级，为了达到自己的目的不得不把自己的利益说成是社会全体成员的共同利益。"④ 但事实是，国家在名义上代表的是全体成员的共同利益，在实质上却是在维护资产阶级的特殊利益。因此马克思批判性地指出："从前各个人联合而成的虚假的共同体——是一个阶级反对另一个阶级的联合，因此对于被统治阶级来说，它不仅是完全虚幻的共同体，而且是新的桎梏。"⑤ 要打破这种桎梏，就需要消除特殊利益与普遍利益之间的矛盾，建立共产主义，最终实现每个人自由而全面发展的"自由人的联合体"即"真正共同体"。可见马克思经典共同体理论是在对资本主义

---

① 中共中央马克思恩格斯列宁斯大林著作编译局. 列宁全集：第二十七卷 [M]. 北京：人民出版社，1958：339.

② 中共中央马克思恩格斯列宁斯大林著作编译局. 列宁全集：第三十八卷 [M]. 北京：人民出版社，1959：25.

③ 中共中央马克思恩格斯列宁斯大林著作编译局. 马克思恩格斯全集：第3卷 [M]. 北京：人民出版社，2012：194.

④ 中共中央马克思恩格斯列宁斯大林著作编译局. 马克思恩格斯全集：第1卷 [M]. 北京：人民出版社，2001：180.

⑤ 中共中央马克思恩格斯列宁斯大林著作编译局. 马克思恩格斯选集：第1卷 [M]. 北京：人民出版社，2001：199.

市民社会共同体和国家"虚幻共同体"进行扬弃与超越的基础上建立起来的。对资本主义市民社会共同体和国家"虚幻共同体"的批判是马克思经典共同体理论形成的重要基础。

（二）社会性是马克思经典共同体理论的本质

马克思以"现实的人"作为研究共同体的逻辑起点，基于历史唯物主义的方法论，把人类历史上出现的共同体划分为"自然共同体""虚幻的共同体"和"真正共同体"三种形式。"自然共同体"出现在前资本主义时期，由于生产力水平低下，人们为了更好地生存免受来自外界的危险与伤害，便在血缘与地缘的基础上，自愿结成了互帮互助的"自然共同体"。"自然共同体"的生成逻辑表明了其所具备的社会属性，即"自然共同体"本质上是体现为一种基于血缘与地缘社会关系的集合。工业革命以后，在现代性浪潮的推动下，"自然共同体"转变成了国家"虚幻共同体"。马克思之所以将国家称为"虚幻共同体"是因为国家表面上代表的是全体人民共同利益，但实际上却是为极少数掌握特殊利益的人服务的。隐藏在全体人民的共同利益背后的是国家的阶级本质，"人类有史以来的一切国家都是阶级的国家，国家的实质是阶级专政"[①]。所以，"虚幻共同体"在本质上体现为阶级专政的政治属性。马克思认为在资本主义国家这种"虚幻共同体"中，无法充分实现所有人的自由与发展，因为"个人自由只是对那些在统治阶级内发展的个人来说是存在的，他们之所以有个人自由，只是因为他们是这一阶级的个人"[②]。而要真正实现所有人的自由与发展，就必须要打破国家这种"虚幻共同体"，然后建立起"真正共同体"。未来"真正共同体"将不再是一个体现为阶级专政的政治共同体，而是一个体现为"自由人联合体"的社会共同体。因为"只有当现实的个人把抽象的公民复归于自身，并且作为个人，在自己的经验生活、自己的个体劳动、自己的个体关系中间，成为类存在物的时候，只有当人认识到自身'固有的力量'是社会力量，并把这种力量组织起来因而不再把社会力量以政治力量的形式同自身分离的时候，

---

① 王惠岩，韩冬雪. 政治学原理［M］. 北京：高等教育出版社，1999：36.
② 中共中央马克思恩格斯列宁斯大林著作编译局. 马克思恩格斯选集：第1卷［M］. 北京：人民出版社，2001：199.

只有到了那个时候，人的解放才能完成"①。

（三）和谐是马克思经典共同体理论的价值旨趣

如何处理个体与共同体之间的关系，是共同体理论不得不回答的一个基本问题。马克思反对将个体与共同体对立起来的观点。他认为"应当避免重新把'社会'当作抽象的东西同个体对立起来，个体是社会存在物"②。一方面，构成共同体基础的是现实中的个人；另一方面，个体也不能脱离共同体，只有在共同体中才能实现个人的自由与发展。因此，个体与共同体应该是相互依赖与相互成就的和谐关系。在人类社会最原始的共同体即"自然共同体"中，由于个体的弱小和局限使其不得不依附于强大的共同体而生存，因此，个体与共同体之间体现为一种"弱个体—强共同体"的不平等关系。在资本主义的"虚幻共同体"中，市民社会催生了个体主义，个体主义被看作整个工业社会建构的逻辑起点并缔造了辉煌的工业文明。因此，资本主义的"虚幻共同体"体现的是一种"强个体—弱共同体"的不平等关系。个体主义的无限"张扬"，不仅"窒息"了共同体的公共精神，而且造成了公共生活道德的普遍衰落。所以建立在"'个体'上的王国只能是短命的。浪费过大，没有积累的可能，衰竭现象接踵而来"③。因此，基于"强个体—弱共同体"关系建立起来的共同体也不是未来真正共同体所追求的目标与理想。马克思认为，未来在共产主义社会建立的"真正共同体"应当是能够实现个体与共同体和谐发展的共同体，即共同体与个体之间是一种相互促进与相互成就的和谐的关系，共同体不再凌驾于个体之上，个体也不再忽视共同体的利益。一方面，随着生产力的发展和物质财富的积累，共同体可以为个体实现自由发展提供基本的物质保障；另一方面，个人又会以主体的身份自觉地参与共同体的生产与生活中，并在共同生产与生活基础上的社会交往中完成了自我的确认和对彼此的承认。个体的自由发展最终会促进共同体的真正繁荣。个人利益与公共利益也会在"真正共同体中"实现和谐与统一。

① 中共中央马克思恩格斯列宁斯大林著作编译局.马克思恩格斯全集：第3卷［M］.北京：人民出版社，2012：189.
② 中共中央马克思恩格斯列宁斯大林著作编译局.马克思恩格斯全集：第3卷［M］.北京：人民出版社，2012：302.
③ 弗里德里希·尼采.权力意志：重估一切价值的尝试［M］.张念东，等译.北京：商务印书馆，1996：591.

第三章

社会治理共同体与农村社区协商治理的逻辑关系

党的十九届四中全会提出了建设共建共治共享的社会治理共同体的概念，社会治理共同体是推进国家治理体系和治理能力现代化总体目标在社会治理领域的具体表现，也是推进国家治理体系和治理能力现代化的社会基础。它体现了我们党对社会治理规律认识的深化，是当前与今后社会治理领域发展的方向与目标。那么如何建设一个共建共治共享的社会治理共同体呢？众所周知，基层是社会治理的基础和重心，因为，"推进改革发展稳定的大量任务在基层，推动党和国家各项政策落地的责任主体在基层，推进国家治理体系和治理能力现代化的基础性工作也在基层"①。因此，社会治理主要是指基层社会治理，在此之中农村社区是基层社会的重要组成部分。而协商治理由于具备独特的价值意义与工具优势被看作是实现社会治理共同体的重要路径。所以，社会治理共同体与农村社区协商治理二者之间主要体现为目标与路径的逻辑关系，即建设一个共建共治共享的社会治理共同体是农村社区当前发展的主要目标，而农村社区协商治理则是通往目标的进步之梯。

第一节　社会治理共同体是当前农村社区协商治理的目标与愿景

社会治理共同体不仅仅是我们党对社会治理领域认识的高度理论自觉，也

---

① 中共中央文献研究室，中央党的群众路线教育实践活动领导小组办公室. 习近平关于党的群众路线教育实践活动论述摘编 [M]. 北京：党建读物出版社，2014：12.

是我们党在面对社会变迁与社会转型过程中出现的各种风险、问题与矛盾的现实应答。这种回应可以用卡尔·波兰尼（Karl Polanyi）的"双向运动"（double movement）理论模型给予解释。卡尔·波兰尼在《大转型：我们时代的政治与经济起源》（*The Great Transformation：The Political and Economic Origins of Our Time*）中将现代社会的变化解释为自发调节的市场经济的扩张和寻求自我保护的社会相互作用的"双向运动"，即"市场力量的扩张或早或晚会引发旨在保护人、自然和生产组织的反向运动，而保护性立法与其他干预手段是这种反向运动的特征"①。事实上，也可以将社会治理共同体理解为是市场化所带来的现代社会变迁（change）和社会所能提供的制度化（institutionalization）之间的一种双向运动，即把制度供给视为应对社会需求变化以求自我保护的解决方案。这种观点也得到了政治学的支持，如美国著名的政治学家塞缪尔·P. 亨廷顿（Huntington Samuel. P）在其《变化社会中的政治秩序》一书中也认为，现代性是稳定的，但是现代化却往往是不稳定的，现代化的过程中带来的一系列变化最终会演变为新的社会需求，这些需求会对现有的社会秩序造成冲击与挑战，故而应对这些变化最有效的办法就是不断地提高社会制度化的水平，即通过积极的制度变革与创新来维护现有的社会秩序。

新中国成立 70 多年以来，中国社会沧桑巨变，既有曲折徘徊，又有高歌猛进。整体而言，根据不同历史时期社会主要形势与主要矛盾的变化，我们党和国家对社会治理的制度供给也依次经历了从社会管控到社会管理再到社会治理最后到社会治理共同体四个不同的历史时期，其中，每一段历史时期的制度供给都体现出对上一段历史时期社会治理制度的创新与升级。通过对中国社会 70 多年发展长时段的历史透视，我们可以发现，这一时段既是社会的重要作用不断被凸显的过程，也是我们党和国家逐渐意识到社会的积极作用，并且重新找回社会的过程。

---

① 卡尔·波兰尼. 大转型：我们时代的政治与经济起源 [M]. 冯钢，刘阳，译. 杭州：浙江人民出版社，2007：112-115.

一、重新发现社会：社会管控—社会管理—社会治理—社会治理共同体

（一）社会管控（1949—1978 年）

1949 年 10 月 1 日新中国成立，被压迫的广大劳动人民掌握了国家政权，翻身成为国家与社会的主人，这为新中国成立奠定了根本政治前提与社会制度基础，也开辟了中国社会发展的新纪元。

新中国成立后，由于此前长时段地陷入社会动荡与政治分裂的"总体性危机"之中，社会整体处于百废待兴的局面。政治上，由于新中国还没有完全解放，社会仍然留存着巨大的危机与隐患。国民党遗留下的百余万残余军队、潜伏在人民群众中的特务分子以及局部地区的反革命分子等反动分子活动依然猖獗，他们刺探情报、策划反革命暴乱、袭击地方政府，甚至妄图颠覆新生的基层政权，给人民群众的生命和财产安全造成了严重威胁。据统计，"在 1950 年 1 月至 10 月间，全国各地发生反革命暴乱竟有约 818 次，仅 1950 年上半年，全国就有约 4 万干部和群众被杀害。1950 年国庆前夕，美国特务机关还操纵指使意大利人李东安、日本人山口隆一等国际间谍分子，企图在国庆节时炮击天安门，谋害党和国家领导人"①。经济上，新中国面临的是一个农业减产、工厂倒闭、交通梗阻、物资奇缺、物价飞涨、失业人员无数的烂摊子，即便是在全国最为富庶的上海和江浙地区，资金和物资也非常匮乏，大批民族资本企业甚至连基本的再生产都无法维持。诚如周恩来所说，"我们所接受的这个摊子，不仅是烂的，而且是乱的，没有条理，没有材料"②。据统计，"1949 年和抗战前的最高年份比，工业产值降低了一半，其中重工业生产大约降低 70%，轻工业生产降低 30%。交通梗阻，运输困难，有上万公里铁路线路、3200 多座桥梁和 200 多座隧道遭到严重破坏，全国主要交通干线几乎没有可以全线通车的"③。思想文化上，旧社会留存的"会道门"等封建迷信势力盛行，不仅传播迷信邪说，而且部分会道门还被敌特分子利用，成为破坏国家政权建设的反动组织。此外，社会上黄、赌、毒等现象也广为存在，尤其是娼妓制度还普遍存在。由于社会

---

① 沈云锁，潘强恩. 共产党通史：第三卷 [M]. 北京：人民出版社，2011：319.
② 中共中央文献研究室. 周恩来经济文选 [M]. 北京：中央文献出版社，1993：56.
③ 中共中央文献研究室. 周恩来经济文选 [M]. 北京：中央文献出版社，1993：67.

长期处于战争状态，许多为生活所困的妇女被迫把卖淫作为职业，受人摧残蹂躏。这一制度的存在不仅败坏了社会风气，而且也严重毒害了人民群众的身心健康。据统计，"国民党政府覆灭前夕，全国娼妓数目远远超过历史上任何一个朝代。上海解放前夕登记在册的妓院有 800 多家，妓女 9000 余人，但据国民党政府统计，该市娼妓的实际数目在 10 万人以上"①。

面对这些烂摊子，中国共产党急需"除旧与布新"。一方面有步骤地推行"一化三改"运动，发展以公有制计划经济为特征的工商业，使得国民经济得以迅速发展，实现了新民主主义向社会主义的转变；另一方面则开展"三反""五反"运动，巩固新生政权，在此基础上大力革除旧社会的陋习弊端，消灭娼妓、禁绝毒品，扫除黑恶势力，建立社会新秩序。当然，受制于新中国刚刚成立，社会事业百废待兴的特殊国情需要以及实行计划经济体制的影响，中国共产党选择了一条国家全面管控社会、高度组织化的社会治理路径，具体体现为在城市基层建立了单位制度和街居制，在农村基层则成立了互助组、合作社和人民公社，通过这样的基层社会组织结构，把全体社会成员纳入了自上而下的行政化社会管控模式中。因为这一时期的社会基本上被行政主导，"社会资源以计划配置为主，社会整合以行政手段为主，社会事业发展由国家或集体包办"②，社会缺乏活力和自主性，所以这一时期的社会治理模式被看作是社会管控模式。

（二）社会管理（1978—2002 年）

改革开放尤其是党的十一届三中全会以来，党和国家决定把工作重心转移到以经济建设为中心的社会主义现代化建设上来。因此，促进经济发展与改革经济体制构成了当时主要的历史背景与现实主题。1982 年党的十二大提出要正确贯彻计划经济为主、市场调节为辅的原则，即一方面坚持有计划的生产和流通（国民经济的主体）；另一方面允许部分产品的生产和流通不做计划，通过市场的价值规律进行自发的调节。1984 年党的十二届三中全会通过的《中共中央关于经济体制改革的决定》指出要打破传统观念，建立起在公有制基础上实行

---

① 有林，郑新立，王瑞璞. 中华人民共和国国史通鉴：第一卷（1959—1956）［M］. 北京：红旗出版社，1993：80.

② 魏礼群. 坚定不移推进社会治理现代化：新中国 70 年社会治理现代化历程、进展与启示［J］. 社会治理，2019（9）：5-14.

有计划的商品经济的经济体制改革模式。《决定》同时也肯定了商品经济的重要作用，认为只有充分发展商品经济，才能真正搞活经济。1987 年党的十三大提出并系统地阐述了社会主义初级阶段理论并制定了"一个中心（以经济建设为中心），两个基本点"的党在社会主义初级阶段的基本路线。1992 年党的十四大确立了建立社会主义市场经济体制的改革目标，并提出要坚持走中国特色的社会主义道路，抓住有利时机，加快改革开放步伐，集中精力把经济建设搞上去的命题。1997 年党的十五大报告延续了十四大报告中关于经济发展与改革的思路。报告认为，发展是硬道理，经济建设依然是全党全国工作的中心，今后的各项工作也都要围绕并服务于这个中心，继续解放和发展生产力，努力建设有中国特色的社会主义经济。

　　社会主义市场经济在确立和发展的同时也引发了中国社会的利益分化，而社会利益的分化则孕育着中国社会治理的开端与发展。从 1978 年至 2002 年，这一时期的社会治理的主要内容包括：一是基层社会自治模式得以确立。社会管控时期，基层社会治理的模式主要是单位制与人民公社制，随着经济体制改革的深入，人民公社制和单位制逐步退出历史舞台，取而代之的是以居民委员会和村民委员会为代表的基层群众自治制度的出台与实施。1989 年与 1998 年《城市居民委员会组织法》与《村民委员会组织法》的颁布标志着基层自治已经进入了法治化、制度化与规范化的运行轨道。二是开始对民间组织进行管理。伴随着政治控制的放松和社会利益的分化，民间组织的"野蛮生长"引起了党和国家的重视，1988 年，民政部专门成立的"社会团体管理司"标志着国家开始将社会组织纳入了管理体系中。最初国家对民间组织的管理实行的是由民间组织登记管理部门与业务主管单位双重管理的体制。之后，为了更好地适应民间组织的发展需要，民政部对民间组织的管理开始尝试着实现从"一元"向"多元"转变，最终形成现在的"分类管理模式"①。三是确立公共服务市场化改革导向。受社会主义市场经济体制改革的影响，市场化逐渐成为这一时期公共服务改革的主导原则，政府开始打破包揽体制，允许社会资本进入教育、医疗、住房等公共服务领域，公共服务出现了明显的市场化、产业化倾向。四是社会

---

① 康晓光，韩恒. 分类控制：当前中国大陆国家与社会关系研究 [J]. 开放时代，2008（2）：30-41.

发展被纳入国家发展战略中。1982 年,《国民经济和社会发展第六个五年计划》中专门增加了"社会发展"的内容,自此之后国家颁布的"五年规划"中不仅有了"社会发展"的内容,而且名称也由之前的"五年规划"或者"发展国民经济规划"转变为"国民经济和社会发展计划(规划)"。这表明党和国家开始重视社会领域的改革与发展。① 五是开始对社区建设进行探索。为了配合城市经济改革和承接单位制解体后造成的社会管理真空,社区服务和社区建设开始进入政府的政策文本。2000 年,中央办公厅、国务院办公厅向全国发布了《关于在全国推进城市社区建设的意见》,开始在全国范围内正式推广社区建设。此后,社区开始成为中国社会治理体系最基础的建制单元。六是将社会管理列入政府的基本职能。随着社会事务的大量产生和社会问题的层出不穷,党和国家日益意识到社会管理的重要性。1993 年,党的十四届三中全会提出了要强化社会管理职能部门。1994 年,在全国召开了社会发展工作会议,并制定了《1996—2010 全国社会发展纲要》。1998 年的《国务院机构改革方案》首次明确提出了"社会管理"的概念并将其列入政府的基本职能。

综上所述,在这一时期,由经济发展所引发的社会问题已经开始得到党和国家的关注与重视,社会正逐步从经济体制改革中分离出来并表现出一定的独立性。党和国家也在不断地根据社会发展的形势对社会治理的体制机制进行适度的调整。但就整体而言,由于经济体制改革是这一时期工作的重心,作为整体意义上的社会管理体制改革并没有纳入改革的重点领域,虽然有适度的调整,但这些调整也只是作为经济体制改革的配套措施,用于服务经济建设和经济体制改革的总目标。所以,从这个意义上来讲,"社会发展依然处于经济体制改革的从属地位,而且社会管理体制的行政包办色彩浓厚"②。也正是从这一意义上而言,可以将这一时期党和国家对社会治理理解为是"社会管理"阶段。

(三)社会治理(2002—2019 年)

在以"经济建设为中心"的工作思路的指导下,这一时期我国的经济发展取得了举世瞩目的成就。2018 年,是中国改革开放 40 周年,我们用 40 年的时

---

① 魏礼群. 当代中国社会变革和治理全景式记录 [J]. 社会治理, 2017 (3):5-14.
② 陈鹏. 中国社会治理四十年:回顾与前瞻 [J]. 北京师范大学学报 (科学社会版),2018 (6):12-27.

间走完了一些发达国家的百年历程，创造了中国经济增长的奇迹：启动改革开放的前40年，我国是全球第三大贫困国家，经济增长甚至低于撒哈拉以南的非洲国家；改革开放后40年，我们实现了40年年均9%以上的经济增长速度，到2009年，我国的经济规模按照市场汇率计算，已经超过了日本，成为世界第二大经济体。党的十八大以来，以习近平同志为核心的党中央在关注经济增长速度的同时，更加关注经济发展的质量，提出经济发展要"转方式、调结构、提质增效"，推动经济更有效率、更有质量、更加公平、更可持续地发展。十八大以来，"国内生产总值从54万亿元增加到82.7万亿元，年均增长7.1%，占世界经济比重从11.4%提高到15%左右，对世界经济增长贡献率超过30%"①。中国已经成为名副其实的经济大国。

然而我们在偏重经济建设与发展的同时，社会领域却日益暴露出许多深层次的社会问题，集中表现在："城乡、区域、经济社会发展很不平衡，人口资源环境压力加大；就业、社会保障、收入分配、教育、医疗、住房、安全生产、社会治安等方面关系群众切身利益的问题比较突出。"② 由于由经济社会发展的不协调性所引发的诸多社会问题已经严重影响到了我国的经济发展和社会稳定，所以在2002年，党的十六大第一次提出构建社会主义和谐社会的目标，这一时期社会治理的主要内容都是围绕着构建和谐社会总目标而展开的，具体内容主要包括：其一，建构社会管理的基本格局。2004年党的十六届四中全会首次提出构建"党委领导、政府负责、社会协同、公众参与"的社会管理基本格局。后来，党的十八大在此基础上又增添了"法制保障"内容，即构建"党委领导、政府负责、社会协同、公众参与、法治保障"的社会管理基本格局。其二，改革社会管理体制。中央和地方层面都对社会管理体制改革进行了积极探索。首先在地方层面对社会管理体制进行试点改革，然后在总结地方试点经验的基础上，制定并印发了《全国社会管理创新综合试点指导意见》，用于指导全国社会管理创新试点工作。其三，确定将改善民生作为社会建设的重点任务。2007年

① 中共中央党校（国家行政学院）课题组．改革开放40周年中国社会经济发展研究［M］．北京：人民出版社，2018：258.

② 中共中央关于构建社会主义和谐社会若干重大问题的决定［EB/OL］．中国政府网，2006-10-11.

党的十七大首次提出社会建设，并将其与经济建设、政治建设、文化建设并列为中国特色社会主义事业总体布局，明确提出社会建设的重点是保障与改善民生，努力形成全体人民学有所教、劳有所得、病有所医、老有所养、住有所居的和谐社会。其四，打赢脱贫攻坚战，全面建成小康社会。十八大以来，党和国家全面打响了脱贫攻坚战，并围绕如何脱贫攻坚做出了一系列重大战略部署和具体安排。目前，我国脱贫攻坚取得全面胜利，消除了绝对贫困，贫困群众获得感普遍增强。其五，推行公共服务均等化。由于推行公共服务的市场导向改革引发了"看病难""上学难""住房难"等诸多严重的社会矛盾，所以这一时期的公共服务改革主要是反思政府在公共服务中的缺位，并开始推行更加注重社会公平的公共服务均等化改革。其六，加快形成现代社会组织体制。随着社会治理重要性的日益凸显，如何更好地引导社会组织健康有序地发展开始逐渐提上政策议程。2012年党的十八大报告提出要"加快形成政社分开、权责明确、依法自治的现代社会组织体制"。至此，政社分开、权责明确、依法自治构成今后我国社会组织改革的基本方向。

综观这一时期社会治理领域的改革发现，首先，社会领域正逐渐从我国的经济领域和政治领域中独立出来。尤其是党的十七大将"社会建设"作为中国特色社会主义事业四位一体的重要组成部分更进一步表明了"社会"已经开始作为一个独立领域而出现。其次，随着社会领域重要性的不断凸显，党和国家开始探索社会领域的治理规律，并且积极地进行了社会管理体制创新与改革。最后，由于社会公共需求的增加与政府提供的有限公共服务之间的矛盾，党和国家越来越注重市场与社会组织的力量进入社会治理领域的积极作用，并将其吸纳进社会治理主体的范畴，建构起"党委领导、政府负责、社会协同、公众参与、法治保障"的社会管理基本格局。由于这一时期"社会"已经作为一个独立的领域开始发挥作用，并且由之前被管理的客体跃升为社会治理的主体，我们也将这一时期党和国家对社会治理的探索称为"社会治理"时期。与此相呼应的是，2013年党的十八届三中全会首次提出"社会治理"的概念，用以替代之前的"社会管理"。

（四）社会治理共同体（2019年至今）

2017年10月，党的十九大报告提出"打造共建共治共享的社会治理格局"，之后在 2019 年 1 月的中央政法工作会议上，习近平总书记重申打造"共建共治共享的社会治理格局"这一要求，并在此基础上首次提出要"打造人人有责、人人尽责的社会治理共同体"。2019 年 10 月，党的十九届四中全会在"打造人人有责、人人尽责的社会治理共同体"的基础上，又补充了"人人享有"这一概念，并将其正式表述为"要完善党委领导、政府负责、民主协商、社会协同、公众参与、法治保障、科技支撑的社会治理体系，建设人人有责、人人尽责、人人享有的社会治理共同体"思想。之后，在历次党和国家关于社会治理的政策文本表述中，"建设人人有责、人人尽责、人人享有的社会治理共同体"这一概念与思想没有发生任何改变。例如，2021 年 3 月经两会授权发布的《中华人民共和国国民经济和社会发展第十四个五年规划和 2035 年远景目标纲要》继续强调要"健全党组织领导的自治、法治、德治相结合的城乡基层社会治理体系，完善基层民主协商制度，建设人人有责、人人尽责、人人享有的社会治理共同体"。2021 年 4 月，中共中央、国务院发布的《关于加强基层治理体系和治理能力现代化建设的意见》又将"坚持共建共治共享，建设人人有责、人人尽责、人人享有的基层治理共同体"作为当前加强基层治理体系和治理能力现代化建设的工作原则。

　　社会治理共同体思想主要是基于我国当前的内外部环境变化而提出的。于内部环境而言，我国当前社会主要矛盾发生了变化。新中国成立后，我国生产力水平低下，人民物质生活物资极度匮乏，因此，当时社会的主要矛盾体现为人民群众日益增长的物质文化需求同落后生产力之间的矛盾。改革开放四十多年之后，在以"经济建设为中心"思想的指导下，我国已经从一个物质匮乏型社会转向了物质相对富裕型社会。美国政治社会学家罗纳德·英格尔哈特认为，"随着人们基本的物质生活得到满足，人们的需求则会转向后物质主义，即更加注重生活质量、自我价值的实现、环境保护以及政治民主等诉求"。① 基于对我国当前社会发展形势的科学判断，2017 年党的十九大提出"中国特色社会主义进入新时代，我国社会主要矛盾已经转化为人民日益增长的美好生活需要和不

---

① 罗纳德·英格尔哈特. 静悄悄的革命：西方民众变动中的价值与政治方式 [M]. 叶娟丽，韩瑞波，译. 上海：上海人民出版社，2017：3-5.

平衡不充分的发展之间的矛盾"① 的重要论断。社会主要矛盾的变化表明了人民不仅对物质生活有了更高的要求，而且对我国的民主、法治、公平、正义、安全、环境等方面也提出了比以往更高层次的要求。"人民对美好生活的向往就是我们奋斗的目标"②，党的十九届四中全会社会治理共同体思想的提出，其实质就是将人民群众对美好生活的需要，通过制度化的形式，吸纳进社会治理的范畴。在社会治理共同体中，一方面通过社会与政府"共建共治"，将人民群众对美好生活的需求反映到当前的社会治理政策议程中来；另一方面通过社会治理结果的普惠性"共享"，不断满足人民群众对美好生活的需求，从而激发社会治理主体的动力与活力，更好地实现社会与政府的"共建与共治"，最终完成"共建共治共享"的螺旋上升式的循环。

于外部环境而言，社会治理共同体主要是应对风险社会带来的挑战。现代社会是一个充满风险的社会，既有来自现代社会内部的内源性风险，也有来自外部自然界的外源性社会风险，且内源性风险与外源性风险往往相互交织，错综复杂。2019 年年底新冠疫情的暴发堪称是"新中国成立以来在我国发生的传播速度最快、感染范围最广、防控难度最大的一次重大突发公共卫生事件"③。"这次抗击新冠肺炎疫情对国家治理体系和治理能力是一次大考。"④ 社会治理是国家治理的重要方面，面对疫情的严峻挑战，迫切地要建构一个"人人有责、人人尽责、人人享有"的社会治理共同体。因为像重大突发公共卫生事件这一类的社会风险都有"扩散与联结效应"，即只要风险发生了，就会与政治、经济、文化、社会、环境等诸多领域紧密相连。所以，在面对现代社会风险时，几乎没有任何一种单一的管理模式能够完全奏效，必须借助多元化的社会力量系统性地去处理风险所带来的各种危机。所以社会治理共同体思想的提出也是

---

① 习近平. 决胜全面建成小康社会　夺取新时代中国特色社会主义伟大胜利：中国共产党第十九次全国代表大会上的报告［N］. 人民日报，2017-10-28（1）.

② 中共中央文献研究室. 十八大以来重要文献选编：下［M］. 北京：中央文献出版社，2018：560.

③ 习近平. 在统筹推进新冠肺炎疫情防控和经济社会发展工作部署会议上的讲话［N］. 人民日报，2020-02-24（2）.

④ 习近平. 在中央政治局常委会会议研究应对新型冠状病毒肺炎疫情工作时的讲话［J］. 求是，2020（4）：1-3.

当前应对风险社会之所需。

综上，社会治理共同体相对于社会治理而言，其更加尊重社会的主体地位，更加注重社会主体的诉求，充分体现了"以人民为中心"的治理理念。此外，相较于社会治理而言，社会治理共同体不仅强调治理主体的多元性，而且更强调多元治理主体之间的团结与合作，因此，从上述两层意义理解，社会治理共同体是党和国家根据社会发展形势变化在社会治理领域进行的制度回应与创新，是对之前社会治理模式的优化与升级，是比社会治理模式更加高级的一种治理模式。

二、社会治理共同体的运行机理：人人有责，人人尽责，人人享有

社会治理共同体是当前社会治理的理想图景，那么如何将社会治理共同体从理想变为现实呢？实践中社会治理共同体如何运转、其内在的机制又体现为什么呢？本书认为，现实中社会治理共同体的运行需要一个从观念到行动再到结果的完整过程，这三者之间互为因果，层层递进，缺一不可。

（一）观念维度：人人有责

将共同体概念嵌入社会治理中主要是借助共同体的逻辑对社会治理网进行重构。仅从"治理"的角度来理解社会治理可能更强调社会治理网络中的多元治理主体，即政府不再是垄断社会治理的唯一主体，市场主体、社会主体都可以凭借自身的优势与特长参与到当前的社会治理中来。众多治理主体之间存在着既竞争又合作的两种基本关系。不可否认，有序的竞争依然是当今社会发展的主要动力之一，但如何促进更好的合作进而产生"1+1>2"的合作效应可能是当前社会治理中多元治理主体更需要面对与解决的问题。"共同体"的希腊语词源为 Koinonia，意指人们在彼此联系的基础上形成的部落、群体、集团或联盟。按照这一宽泛释义，人类历史上产生了众多标准不一的共同体的形式。比如按照马克思人类社会历史发展观来看，有原始社会的氏族共同体、封建社会的教会共同体、资本主义社会的市民共同体以及未来共产主义社会的"真正共同体"。再比如按照西方政治思想史的脉络又产生了城邦共同体、契约共同体、伦理共同体以及与自由主义相对的社群共同体等。尽管共同体的类型纷繁芜杂，但是共同体的内核要素却一直恒定不变，即它表达出了共同体成员之间"相互的情感、彼此的依存和共同的行动"①。尤其是处在风险社会之中，当面临外部环境压力的冲击时，更容易激发共同体内部这种"共生共在"② 逻辑的生成与成长。"共生共在"逻辑要求社会中的每一个治理成员都有责任去参与社会治理。然而，虽然中国当前也有部分市场力量和社会力量已经进入社会治理格局中，但这部分力量却十分有限，大部分的社会治理工作还都是由政府在承担与兜底。造成这种非均衡治理格局固然有许多因素，诸如对政府管理模式传统路径的依赖、社会力量整体的孱弱等，但首先应该解决的是责任意识的问题，即很多市场与社会治理主体还有没意识到自己有社会治理的责任，总是以为"社会治理是政府的工作，与自己无关，或者关系不大"。责任是"与某种特定的社会角色或机构相联系的职责，指分内应做之事或没有做好分内应做之事而应承担的否定性后果"③。著名的"英格尔斯效应"④ 指出一个国家现代化制度的转型需要这个国家的人们在心理上或者意识上首先进行现代化的转变，否则将会导致制度转型的失败。因此，当前建设社会治理共同体的首要条件是要让每一个治理主体都要充分地意识到发挥各自的治理优势，积极地参与社会治理，为社会治理贡献力量是每个治理主体应尽的责任。

（二）行动维度：人人尽责

社会治理共同体的运转不仅需要观念层面的"人人有责"，更需要行动层面的"人人尽责"。结构功能主义认为社会系统是由职能不同却又相互作用的一系列个体构成的，社会系统的均衡发展依赖个体功能的充分发挥、结构的合理安排以及互动联系的制度化水平。社会治理共同体本身就是一个由不同社会治理主体构成的社会系统，因此，"人人尽责"需要对每一个社会治理主体的责任进行科学与明确的划分，这是社会治理共同体有效运转的前提条件。一般而言，参与社会治理共同体的治理主体主要包括党政、社会组织以及公民等三种类型，因为中国共产党是中国特色社会主义各项事业的领导核心，所以，社会治理共

---

① 王亚婷，孔繁斌. 用共同体理论重构社会治理话语体系［J］. 河南社会科学，2019, 27（3）：36-42.

② 张康之. 论风险社会中的人的共生共在［J］. 海南大学学报（人文社科版），2021, 39（4）：100-109.

③ 田秀云，白臣. 当代社会责任伦理［M］. 北京：人民出版社，2008：3.

④ 英格尔斯. 人的现代化［M］. 殷陆君，译. 成都：四川人民出版社，1985：8.

同体的治理格局呈现出"一核多元"的基本特征，即中国共产党是多元社会治理主体的核心与中轴，其他社会治理主体都在中国共产党的领导之下发挥作用。具体而言，党在社会治理共同体中的职责是总揽全局，协调各方。需要指出的是，"总揽"并不是事无巨细全部兜揽，而是体现为在政治、思想与组织上的"总揽"。即在政治上，党要引领社会治理的政治方向，坚持走中国特色社会主义的社会治理现代化道路；在思想上，党要将社会主义核心价值观作为社会治理的思想基础，用以凝聚与团结社会各方力量；在组织上，要利用党组织横向到边、纵向到底的组织优势协调社会各治理主体之间的关系，并组织、协调与动员社会治理主体积极参与社会治理。政府的主要职责体现三个方面：一是要正确处理政府与市场和社会之间的关系，充分发挥市场在资源配置中的决定性作用，充分发挥社会力量和公民在治理社会中的积极作用，做到不越位，不缺位，不错位。二是统筹设计社会治理的制度体系，为社会治理提供良好的政策与法律环境。三是积极提供社会治理的基础设施和公共服务。四是监督社会治理行为主体的行为。五是引导、培育与支持社会组织的成长。社会组织的职责体现三个方面：一是反映与表达公众的利益诉求；二是承担部分政府职能，为政府分担责任；三是提供多元化的公共服务，满足社会多元利益的需求。公众在社会治理中的责任具体体现为利益表达、参与协商与监督反馈，这不仅需要公众努力提升社会治理的主体意识和道德水平，还需要积极养成社会治理的公共意识与公共理性。

（三）结果维度：人人享有

人人享有是指多元社会治理主体在积极主动参与社会治理后，能够对其共同治理的成果进行合理分配的相关行为、活动或制度。将人人享有作为社会治理共同体的落脚点首先体现出了社会治理的公平性，即只要治理主体共同参与社会治理，为社会治理做出了应有的贡献，社会治理共同体就会赋予每个参与治理主体"社会应得"的基本权利。"社会应得"意味着"公共资源或公共服务的共享性，它是分配正义的核心，强调在社会意义上每个社会成员享有基于平等社会地位和政治身份所获得的社会权利和经济利益"①。其次体现出了社会

---

① 张国清. 分配正义与社会应得［J］. 中国社会科学，2015（5）：21-39，203-204.

治理的人民性，不同于之前社会管理模式中"以经济建设为中心"的价值导向，共享概念的提出充分体现了当前社会治理中"以人民为中心"的价值理念。习近平在论述共享发展理念时强调，共享不仅是当代中国发展的出发点和归宿，也是中国特色社会主义的本质要求。因此，"坚持共享发展，必须坚持发展为了人民、发展依靠人民、发展成果由人民共享，作出更有效的制度安排，使全体人民在共建共享发展中有更多获得感，增强发展动力，增进人民团结，朝着共同富裕方向稳步前进"①。最后体现出了中国特色社会主义社会治理的优越性。西方国家在追求社会和人的发展过程中常常将"抽象的人"作为逻辑起点，而马克思却将"现实的人"作为社会发展的基础，并坚持将社会发展的结果实现全民的全面共享，即"共享国家经济、政治、文化、社会、生态各方面建设成果，全面保障人民在各方面的合法权益"②。通过全方位、全过程的共享来不断提升人民的获得感、幸福感和安全感。

当然，人人享有也有一定的条件限制。首先，并不是所有人都具备"人人享有"的资格，前提是必须是共同体的成员，并且在社会治理过程中做到了人人有责与人人尽责义务，然后才能够实现人人共享的权利。其次，人人享有需要分阶段、分步骤地渐进实现，不能一蹴而就。因为实现共同富裕是一个从低级到高级、从不均衡到均衡的发展过程，所以，"富裕总有先有后，不可能整齐划一"③，应该允许一部分人先富起来，以先富带动后富，最终实现共同富裕。最后，人人享有不是人人平均享有。历史证明，过去我们搞的平均主义实际上是不成功的，"吃'大锅饭'，实际上是共同落后，共同贫穷"④。"平均主义思想是贯彻执行按劳分配原则的一个严重障碍，平均主义的泛滥必然破坏社会生产力。"⑤ 因此，社会发展应该允许合理的差异化发展，通过合理的差异化发展，一方面不断地提升社会生产力的水平；另一方面也能够确保社会发展的矛盾始终处于可调和的状态，只有这样才能建设一个既充满活力又有良好秩序的

---

① 中共十八届五中全会在京举行 [N]. 人民日报，2015-10-30 (1).

② 习近平. 习近平谈治国理政：第二卷 [M]. 北京：外文出版社，2017：215.

③ 虞崇胜. "共同富裕"的再思考 [J]. 同舟共进，2011 (10)：24-25.

④ 邓小平. 邓小平文选：第三卷 [M]. 北京：人民出版社，1993：374.

⑤ 中共中央关于经济体制改革的决定 [EB/OL]. 中华人民共和国中央人民政府网，2008-06-26.

现代化社会。

三、农村社区协商治理：建设一个共建共治共享的农村社会治理共同体

（一）我国农村社区发展历程

早在 20 世纪三四十年代，以吴文藻、费孝通为代表的一批学者就开始对我国农村社区进行研究。费孝通先生在吸收与消化滕尼斯"共同体"概念的基础上，将我国的农村社区理解为"农户聚集在一个紧凑的居住区内，与其他相似的单位隔开相当一段距离，它是一个由各种形式的社会活动组成的群体，具有其特定的名称，而且是一个为人们所公认的事实上的社会单位"① 的小共同体。显然，费孝通先生眼中的农村社区实际是中国延续几千年的传统乡村或者自然村落，与我们现在的新型农村社区并不一致。费孝通先生引进社区概念之后，由于当时我国正经历抗日战争与解放战争的磨难，国内建设问题始终没有提上政策议程，社区建设也就一直没有能够引起人们的关注与重视。新中国成立后，在农村实行农业合作化道路，普遍建立了"三级所有，队为基础"的人民公社制，社区作为一个陈旧的名词似乎已经被忽略与遗忘。直到改革开放后，随着我国农村经济的恢复与发展，"社区"这一概念才又重新回归人们的视野。

农村社区概念首次出现在党和国家的政策文本中是在 2006 年 10 月党的十六届六中全会上通过的《中共中央关于构建社会主义和谐社会若干重大问题的决定》中，该决定不仅要求"积极推进农村社区建设"，而且也明确了我国城乡社区的发展目标，即"把社区建设成为管理有序、服务完善、文明祥和的社会生活共同体"。2007 年 10 月，党的十七大报告重提城乡社区的发展目标，"把城乡社区建设成为管理有序、服务完善、文明祥和的社会生活共同体"。2015 年 5 月，中共中央办公厅、国务院办公厅在发布的《关于深入推进农村社区建设试点工作的指导意见》中指出"农村社区是农村社会服务管理的基本单元"，要"创新农村基层社会治理，提升农村公共服务水平，促进城乡一体化建设"。2017 年 6 月，中共中央、国务院在发布的《关于加强和完善城乡社区治理的意见》中再次强调要"完善城乡社区治理体制，努力把城乡社区建设成为和谐有

---

① 费孝通. 江村经济——中国农民的生活 [M]. 北京：商务印书馆，2001：25.

序、绿色文明、创新包容、共建共享的幸福家园"。2021 年 4 月，中共中央、国务院发布了《关于加强基层治理体系和治理能力现代化建设的意见》，该意见指出统筹推进乡镇（街道）和城乡社区治理，是实现国家治理体系和治理能力现代化的基础工程。应当坚持共建共治共享，建设人人有责、人人尽责、人人享有的基层治理共同体，不断提升基层治理体系与治理能力的现代化。

从上述我国农村社区发展的历程可以看出，第一，我国农村社区类型多样，既有费孝通笔下延续千年的传统乡村，也有 2006 年之后我国为了提升农村公共服务与公共基础设施水平、促进城乡一体化建设的新型社区。第二，我国农村社区的功能逐渐多样化，传统意义上的农村社区更多是基于地缘意义上的生活共同体，现在的社区除了基于地缘意义上的生活共同体，还承载了更多治理功能，是一种集多种功能于一体的复合共同体。第三，不论社区的功能发生什么变化，社区始终寄托着人们对共同体的希冀与期望。从最初费孝通先生"聚焦乡村经济动力"① 的"小共同体"到改革开放后党和国家在政策文本中表达的"管理有序、服务完善、文明祥和的社会生活共同体"，再到"和谐有序、绿色文明、创新包容、共建共享的幸福家园"，最后到现在"建设人人有责、人人尽责、人人享有的基层治理共同体"的目标都表达了人们想要使社区成为共同体的美好愿望。

（二）农村社区协商治理的目标：建设一个共建共治共享的农村社会治理共同体

由于协商治理适应了时代发展要求，所以近些年来党和国家在基层社会治理中不断地提倡协商治理。2012 年党的十八大报告中首次提出要"积极开展基层民主协商"。2015 年，中共中央办公厅、国务院办公厅发布了《关于加强城乡社区协商的意见》，强调"城乡社区协商是基层群众自治的生动实践"，并就城乡社区协商的内容、主体、形式、程序等进行了细化与明确。2021 年中共中央、国务院在发布的《关于加强基层治理体系和治理能力现代化建设的意见》中再次强调要增强基层的议事协商能力，完善基层民主协商制度，对涉及群众切身利益的事项要确定并重点展开协商，同时完善座谈会、听证会等协商方式。

---

① 费孝通. 江村经济——中国农民的生活［M］. 北京：商务印书馆，2001：25.

　　党和国家之所以在基层社会治理中重视协商治理除了其本身适应了时代发展需求，还主要因为通过协商治理有利于建设一个共建共治共享的农村社会治理共同体。把我国农村社区努力建设成为一个共建共治共享的治理共同体不仅是对农村社区发展规律的尊重，也是党和国家对农村社区治理的最终理想图景。以选举为代表的村民自治模式在基层治理中通常存在着一些局限，如村民自治的基本功能是实现"民主选举、民主决策、民主管理与民主监督"，但现实中的村民自治往往注重与体现在民主选举方面，而在民主决策、民主管理与民主监督方面体现得并不充分。换言之，村民只有在民主选举的时候充分地参与村庄的治理，但对于民主决策、民主管理与民主监督却缺少机会和渠道进行充分参与。再如村民委员会"行政化"的问题，即村民委员会越来越忙于行政工作的完成，自治的功能却逐渐萎缩，对许多村民来讲，村民委员会俨然是国家权力的代表，而并非一个自我管理、自我教育、自我服务的基层群众性自治组织。上述种种情况导致的结果是，村民更多的时候是以"他者"的眼光在看待"自治"问题，对村庄共同体的意识越来越无感、疏离，甚至是逃避。

　　协商治理的出现为改变上述存在的问题提供了契机与思路。首先，协商治理并不排斥选举，它在尊重与承认选举的合理价值的前提下，更注重民众对政策制定的参与。约翰·S. 德勒泽克（John S. Dryzek）指出"民主走向协商，表明人们在持续关注着民主的真实性，即民主控制是实质性的而不是象征性的，而且公民有能力参与其中"①。其次，协商治理不仅关注决策的结果，而且也关注决策的过程。许多经典的协商民主理论家都倾向于将协商的定义理解为是一个民主的过程。如古特曼和汤普逊就认为协商民主"就是通过公民的广泛参与、相互交流，并在追求公共利益的前提下，寻求可行方案的过程"②。最后，协商治理重视民众在参与过程中的体验，而这种沉浸式的体验最终会有助于归属感与认同感的建构。诚如拉普（Lappe）、弗朗西斯·摩尔（Frances Moore）在《美国的加速：重建我们的国家，重塑我们的生活》中所强调的那样，在漫长低

---

① 约翰·S. 德勒泽克. 协商民主及其超越：自由与批判的视角［M］. 丁开杰，等译. 北京：中央编译出版社，2006：1.

② 陈剩勇. 中国的协商政治传统与地方民主发展［M］//陈剩勇，何包钢. 协商民主的发展. 北京：中国社会科学出版社，2006：80.

效的公共事务的协商中，就公民而言，最重要的不是获得瞬间民主的快感，而是一种持续的尊重、关怀和意见共享。① 而恰恰是这种"持续的尊重、关怀和意见共享"能够把"官方的决定"变成"我们的决定"，从而增进民众对政策、公共事务乃至于对所在地域单元，甚至是国家的认同。在农村社区治理中嵌入协商治理的模式就是想利用协商治理上述的这些治理优势，唤醒村民的主体意识，激发村民主体参与治理热情，将村民纳入村庄治理的过程中，通过共建共治共享，努力建设一个人人有责、人人尽责、人人享有的农村社会治理共同体。

第二节　农村社区协商治理是实现社会治理共同体的重要路径

农村社区协商治理之所以被看作是实现社会治理共同体的重要路径，一方面是因为农村社区是实现社会治理共同体的基本场域，另一方面，农村社区的协商治理是通往并实现社会治理共同体的重要机制。

一、社会治理共同体建设的重点在基层社会

在社会治理共同体这一概念中，很多学者都把注意力放在了"治理"与"共同体"这两个子概念上，并对其进行了充分的研究与解读，但鲜有学者关注到"社会"这一子概念。人们之所以会忽视"社会"这一概念是因为在许多人看来"社会"这一概念太熟悉，根本无须解释与申论。熟悉的地方没有风景，也许是因为人们对"社会"太过于耳熟能详，反而导致了人们对"社会"概念的习焉不察。理论上的含糊必然会带来实践中的困惑。一个常见的现象是，对于中国特色社会主义伟大事业总体布局的五大建设（经济建设、政治建设、文化建设、生态建设、社会建设）中的四大建设（经济建设、政治建设、文化建设、生态建设），人们都能够找到明确的抓手，唯独对社会建设的抓手让人感觉不知从何抓起。"如经济建设要抓招商引资，政治建设要抓党的建设，文化建设

---

① LAPPE, FRANCES MOORE, PAUL MARTIN DU BOIS. The Quickening of America: Rebuilding Our Nation, Remaking Our Lives [M]. San Francisco: Jossey - Bass, 1994: 181.

要抓教育科学，生态建设要抓环境治理等，唯有社会建设不知从何抓起，总感觉'社会'无处不在却又无迹可寻，工作起来很茫然。"① 那么，社会治理共同体中的"社会"究竟指什么？为了明确社会治理共同体中"社会"的具体概念与基本内涵，有必要对社会的概念进行梳理、甄别与确证。

（一）社会的概念

在我国古代，"社会"一词一般是分开做单字使用的。"社"的含义主要是指祭祀土地神的活动，后来引申为人们因为共同的兴趣而结成的群体或者人们聚集的场所；"会"则是指人们的聚集与集会。"社会"偶尔也会连起来使用，最早见于《世说新语补·德行上》，"王叔治七岁丧母，母以社日亡，来岁邻里修社会，叔治感念亡母，哀甚初丧，邻里为之罢社"②。其义也是指祭祀土地神的聚会。可见，不论是"社"与"会"的分开使用，还是连起来一起使用，社会一词的基本含义是指人们因为某种关系而联结在一起所进行的活动，或者形成的团体，或者聚集的场所。

西方国家最早关于"社会"的含义与我国古代"社会"的含义基本相近。都是指因为某种关系而形成的社会联结。据考证，社会的英文"society"是由拉丁文"societās"演变而来，其词根"social"的意思就是指一种基于自愿的结交、结伴、结群等关系。③ 英文"society"最早出现在14世纪，从14世纪一直到16世纪中叶，"society"都指的是一种积极的交往或同伴关系或为了某种目的的自愿结合。④ 但自17世纪以来，"society"经历了一个从抽象化到实体化的过程，即不再把社会看作一个基于人们关系的抽象总称，而将其看作一个区别于国家与个人且相对应的实体存在。如卢梭在《社会契约论》中就将社会看作人们之间基于契约关系而产生正式联结行动的产物。19世纪斯宾塞的"社会有机体论"也倾向于将社会解释为一个类似生物但又超越生物的有机实体。进入20世纪尤其是21世纪以来，在全球化、信息化等多重因素的影响下，单一的社会

① 冯仕政. 社会治理与公共生活：从连结到团结 [J]. 社会学研究, 2021, 36 (1)：1-22, 226.
② 冯天瑜. 经济·社会·自由：近代汉字术语考释 [J]. 江海学刊, 2003 (1)：22-26.
③ 崔应令. 中国近代"社会"观念的生成 [J]. 社会, 2015, 35 (2)：29-57.
④ RAYMOND WILLIAMS. Keywords：A Vocabulary of Culture and Society（Revised Edition）[M]. New York：Oxford University Press, 1985：291-292, 293-295.

实体越来越无法满足对复杂现实社会的解释与想象。20世纪80年代以来，在后现代主义者的理论质疑下，人们逐渐突破了实体社会的概念，更强调"从关系的角度，从无边界的、动态过程的角度以及从消解社会结构与个体能动性等一系列二元对立的角度来理解社会"①。不难看出，社会这一概念在西方经历了从最初强调人与人之间的交往联结到独立于国家和个人并对个人产生规范性影响的实体领域再到回到强调联结动态过程的多重关系网络的过程。

今天，在中国语境中使用的"社会"概念来自西方，"最早把'society'翻译成'社会'的是日本人，这一词汇约在20世纪初传入中国，尔后才在中文里流行开来"②。在引用到中国之初，"社会"仍然沿用了中国古代的含义，即单纯地强调人与人之间因联结进行的活动，形成的团体与聚集的场所。发展到现在，"社会"一词的含义已经逐渐多样化，它不仅是指一个独立于国家的实体性社会领域，如20世纪上半叶中国对"社区"一词的发明与创造，而且也包括后现代主义视角下的基于动态过程的多重关系网络。

（二）社会治理共同体建设中的"社会"主要指基层社会

尽管发展到今天，社会的含义已经非常的多样化了，但是在官方的政策文本中，社会主要指的还是一个相对独立于国家与个人的实体性领域。作为一个实体性领域，社会又可以划分为不同的类型。比如目前较为常见的是把社会划分为广义和狭义的社会。广义的社会主要是指整个社会大系统，狭义的社会主要是指与政治、经济、文化等相并列的一个子系统。陆学艺曾经将社会划分为大、中、小三种类型。"大社会"相当于"整个国家"，"中社会"是指"大社会"减去"经济"之后的剩余部分，而"小社会"则是"大社会"减去经济、政治、文化等更多内容之后的剩余部分。③ 还有学者从具体问题具体分析的视角将社会划分为四种类型。④ 第一种类型的社会主要是指涉及人民群众最关心的就

---

① 李晓斐．社会［J］．广西民族大学学报（哲学社会科学版），2021，43（3）：9-14.
② 木村直惠．"社会"概念翻译始末：明治日本的社会概念与社会想象［M］//孙江．亚洲概念史研究：第二卷．顾长江，译．北京：商务印书馆，2018：245.
③ 陆学艺．关于社会建设的理论和实践［J］．国家行政学院学报，2008（2）：13-19，112.
④ 王春光．新时代的社会建设——学习解读十九大报告［J］．领导科学论坛，2018（10）：44-59.

业、教育、医疗等民生问题的社会事业；第二种类型的社会主要指用以维护社会的和谐与稳定的社会管理；第三种类型的社会主要指涉及诸如城乡关系、阶层关系等的社会结构；第四种类型的社会则专指社会组织。

不同于上述学者基于不同标准划分的社会类型，本论文社会治理共同体中的"社会"主要是指基层社会。社会如若按照从上到下的纵向结构来划分，它可以划分为上层社会和下层社会或者是基层社会，社会治理共同体中的"社会"具体是指基层社会，这主要与我国社会治理的宗旨有关。与西方社会将"个人中心主义"作为社会治理的逻辑起点不同，我国社会治理则奉行"以人民为中心"的价值旨归。而"以人民为中心"中的"人民"则源自马克思唯物史观中的"人民观"。与唯心史观强调社会是由少数个人英雄所支配与决定的观点不同，马克思唯物史观充分肯定了人民在历史中的地位与作用，认为人民不仅是物质财富与精神财富的创造者，而且也是推动社会变革的决定力量。可见，马克思唯物史观中的"人民"主要是指与上层社会精英人物相对应的处于基层社会中的占绝大部分人口的广大劳动者。所以从这层意义上而言，社会治理共同体中的"社会"主要是指基层社会。以"人民为中心"的社会治理主要体现为三个方面。首先，坚持人民的主体地位。习近平总书记指出，"中华人民共和国的一切治理活动都需要尊重人民主体地位，尊重人民首创精神，拜人民为师"①。其次，坚持治理的结果由人民共享，即不仅坚持治理结果全民共享，而且也坚持治理结果的全面共享。最后，坚持治理的结果由人民去评判。"检验我们一切工作的实效，最终都要看人民是否真正得到了实惠，人民生活是否真正得到了改善，人民权益是否真正得到了保障。"②

二、农村社区是基层社会的基本场域

基层社会中的"基层"是一个具有中国特色的弹性概念，不同学科对基层有着不同的理解。政治学学科倾向于将基层理解为政治体系的最末端或者最低层级。对于政治体系的最低层级到底是指哪一层级学界也有不同的看法，大致

---

① 习近平．习近平谈治国理政：第二卷［M］．北京：外文出版社，2017：296.
② 习近平．习近平谈治国理政：第一卷［M］．北京：外文出版社，2014：28.

存在三种认知观念：一种认为基层是指包括县/区及以下的组织和空间单元①，一种认为基层是指县/区以下，包括城市街道和农村乡镇及以下的组织和空间单元，还有一种则认为基层特指社区。② 考虑到社区这一层级是距离人民群众最近的层级，所以，本书中的基层社会主要是指社区。社区通常有两种常见的概念，一种是指地域社会，另一种指情感关系。本书正是结合这两方面来论述农村社区是如何作为我国基层社会的基本场域的。

（一）作为地域意义上的农村社区是我国基层社会的重要组成部分

我国基层社会主要由城市社区和农村社区构成。虽然伴随着中国城镇化步伐的加快，城市社区变得越来越多，但农村社区依然是当前我国基层社会的基本场域。这不仅体现在当前我国的农村社区数量与人口规模方面，而且也体现在农村社区对于当前基层社会发展的重要意义方面。截止到 2018 年，我国共有596450 个村，其中 556264 个村委会，40186 个涉农居委会；317 万个自然村；15 万个 2006 年以后新建的农村居民定居点。③ 截止到 2019 年，中国地域意义上的农民有 5.52 亿，占中国总人口的比重为 39.40%；户籍意义上的农民有 7.79亿，占中国总人口的比例为 55.62%。④ 不论按照哪一种统计口径计算，数据背后都体现了一个庞大的农民群体。所以，在这种情况下，"即便我国城镇化率达到 70%，农村仍将有 4 亿多人口。如果在现代化进程中把农村 4 亿多人落下，到头来'一边是繁荣的城市、一边是凋敝的农村'，这不符合我们党的执政宗旨，也不符合社会主义的本质要求。这样的现代化是不可能取得成功的!"⑤

---

① 王思斌. 新中国 70 年国家治理格局下的社会治理和基层社会治理 [J]. 青海社会科学，2019（6）：1-8，253.

② 李慧凤，郁建兴. 基层政府治理改革与发展逻辑 [J]. 马克思主义与现实，2014（1）：174-179.

③ 国务院第三次全国农业普查领导小组办公室，中华人民共和国国家统计局. 第三次全国农业普查主要数据公报（第一号）[EB/OL]. 中国政府网，2017-12-14.

④ 国家统计局. 中国统计年鉴 [M]. 北京：中国统计出版社，2020.

⑤ 习近平. 把乡村振兴战略作为新时代"三农"工作总抓手 [J]. 求是，2019（11）：1-3.

（二）作为情感意义上的农村社区是基层社会的主要表征

农村社区不仅是一个地域共同体，而且也是一个充满乡土人情的共同体。相较于地区、国家、民族等大的共同体，农村社区更符合滕尼斯笔下建立在血缘、地缘以及共同记忆基础上的小共同体样态。在小共同体中，人们基于共同的情感、记忆、依赖以及内心倾向等自然感情形成了诸如家庭、亲属与邻里等密切联系的有机群体。尽管后来的涂尔干重构了滕尼斯的共同体理论，认为这种古老的、传统的共同体是建立在低度社会分工与高度集体意识之上的机械团结，而非基于现代社会分工基础上而形成相互依赖的有机团结。然而不可否认的是，人们越是进入现代社会的共同体，就越是怀念传统社会的共同体。鲍曼把这种现象理解为是自由与确定性之间的矛盾，即个体追求现代社会的自由就要以牺牲共同体所提供的安全与确定性作为代价，而享受了共同体的安全与确定性就要牺牲大部分自由，这两者之间是一种鱼与熊掌难以兼得的矛盾。换言之，现代化虽然可以给人类带来文明与进步，但却无法安顿好人们的心灵归宿，漂泊在现代化中的人们一直在找寻着内心归属与认同，现代化不止，找寻亦不会停止。

与农村社区相比，城市社区更像是一个现代化的社区。在城市社区内，由于人们更多的是基于地缘关系而集中居住在一起，除地缘外的大部分社会关系都在社区场域之外，所有城市社区更像是一个"夹生人"的社会，虽然有稳定的栖居之所，但始终存在情感共同体的建设困境。所以有学者指出，城市社区其实"更像是一个具备强烈行政色彩的行政管理区域，已经不再是或者至少不再主要是一种体现人文情感意义的社会共同体了"①。农村社区由于生产生活都在一起，且社会阶层较少，人口同质性较强，彼此之间产生的社交多，因此常被看作一个充满乡土人情的熟人社会，并在此基础上形成了以家庭为核心、建立在血缘与地缘基础上的"差序格局"关系网络。由于是以血缘和地缘为基础的，所以"差序格局"遵从的是"对人不对事"的处世哲学，也因为"对人不对事"的处世原则，所以在乡土社会中的人们多采用的是无讼和礼治来维持社

---

① 郎友兴，陈文文．"扩"与"缩"的共进：变革社会中社区治理单元的重构——以杭州市江干区"省级社区治理与公共服务创新试验区"为例 [J]．南京师大学报（社会科学版），2019（2）：90-99．

会秩序。不同于依托国家权力而执行的法治，礼治主要是依靠人们一代代流传下来的传统来施以教化，判断是非与化解矛盾，所以，农村社区不仅是一个人情社会，而且也是基层社会中最能表现中国传统文化的基本单元。尽管近些年来，随着城镇化的步伐加快，大部分农村社区都走向了现代化的发展道路，代表着传统农村社区的核心要素诸如家庭、血缘、地缘、传统文化等都受到了冲击甚至重构，但不可否认的是，农村社区依然是现代化社会中人们找寻传统文化之根的地方，依然是生活在城市社区中的人们所要找回"乡愁"的地方。

三、协商治理是实现社会治理共同体的重要机制

如前文所述，协商治理是由协商民主理论与治理理论聚合延展而形成的一种复合型理论范式。因此，在它的理论图景中展现了"民主中的治理"与"治理中的民主"的双重逻辑，即治理理论多侧重于多元主体的共治，协商民主理论则侧重于民主协商，多元共治虽然是协商治理的基本结构，但如何实现多元主体的合作与共治，其内在的运行机制还是要凭借民主协商。协商治理借助民主协商机制不仅有利于营造多元共治的利益共同体、协调多元共治的行动共同体，而且还可以凝聚多元共治的情感共同体，从而最终实现社会治理共同体。

（一）民主协商有利于营造社会治理的利益共同体

利益共同体是社会治理共同体的物质基础，治理主体参与社会治理的前提是首先能够形成利益共同体。民主协商则有利于营造社会治理的利益共同体。"治理"与"管理"的不同之处主要在于治理是一个多元主体共治的过程，而管理是一个政府一元主体单向施政的过程。因此，"管理"不需要协商，因为只有政府一个管理主体，而"治理"则非常需要协商，因为它存在着包括政府在内的多个地位平等的治理主体。在这种情况下，政府如若还是依赖传统的、自上而下的发号施令方式不仅会压抑其他主体的治理活力，而且也会导致治理结果的失败，产生"1+1<2"的效应。迈克尔·曼教授曾经将国家权力划分为强制性权力和基础性权力。[①] 传统国家经常使用强制性权力，它反映了国家对社会的控制，强制性权力一般是国家精英所独享的，是不需要与市民社会团体进行

① 刘昶. 迈克尔·曼论国家自主性权力 [J]. 上海行政学院学报, 2016, 17 (1): 76-85.

制度化协商的行动权力，而建制性权力是现代民主国家所常用的一种权力，它反映了国家能够有效渗透社会并获得社会支持后在其疆域范围内实施政治决策的能力。它反映了国家与社会之间的互动，即国家要想有所抱负就必须实现国家与社会的合作，而合作最好的方式就是民主协商。因为通过民主协商能够识别多元社会中的差异，尊重不同意见与偏好的表达，在此基础上经过理性的沟通与辩论，最终形成意见的聚合与共识，并以此作为建构公共政策的基础和依据。也正是因为如此，所以才有学者认为，民主协商在识别并重视所有人的需要与利益、促进不同意愿之间的相互理解、对共同利益的关注以及形成有约束力的公共政策方面"是一种具有重大潜能的民主治理形式"[1]。

（二）民主协商可以协调社会治理的行动共同体

行动共同体是社会治理过程的形式，然而多元治理的治理主体的社会治理共同体要联合行动并不必然一定会产生合作的行为。由于每个治理主体都有着各自的利益诉求以及行动逻辑，所以必然会产生竞争行为。合理有序的竞争也是社会治理共同体中多元治理主体间关系的正常表现，也就是说既存在合作又存在竞争的社会治理共同体才是健康的社会治理共同体。理想是丰满的，现实却是骨感的。多元主体间既合作又竞争毕竟是一种理想性关系，现实中社会各治理主体之间的博弈往往充满了复杂性，要想达到这种理想关系仅仅依靠外部诸如行政、法律规定等硬性的权力是远远不够的，或者还未必能够达到理想效果。社会治理是一项包罗万象的系统工程，涉及教育、就业、收入分配、社会保障、医疗卫生、社会安定等，像行政、法律规定等这类硬性权力虽然使用起来见效快，且约束力强，但它未必能够触及社会治理的方方面面，在应对千差万别、形式各异的社会问题时，标准化的处理模式也未必能够适用于所有社会情境。所以，社会治理还需要更多地采用诸如民主协商这样的柔性权力，因为基于论证、商谈与说服产生的共识或者合意产生的公共决策要比单向的、自上而下命令式的公共决策更具有可接受性。相对于行政、法律法规等硬性权力，民主协商这种柔性权力的优势在于一方面它可以快速地进入不同的社会情境采用具体问题具体协商的方式去应对不同的社会问题与社会矛盾；另一方面则在

---

① 陈家刚. 协商民主 [M]. 上海：上海三联书店，2004：3.

于基于广泛协商而产生的共识和行动更容易被各社会治理主体所接受和实施。当然,这并不是完全否定行政、法律法规等硬性权力在社会治理中的合理性,而是强调应该将这两种不同类型的权力相互结合,取长补短,统筹兼顾。

(三)民主协商可以凝聚社会治理的情感共同体

情感共同体是社会治理的最终目标。社会治理共同体的最终目标是要通过社会各治理主体的共建共治与共享,建成一个人人有责、人人尽责和人人享有的情感共同体。当前情感共同体建设的最大困境则在于社会治理主体对参与社会治理普遍"无感",尤其是对社会公众而言,他们始终认为社会治理是政府的事情,与自己没有多大关系,缺乏参与社会治理的意识。存在这种情况的原因一方面是因为传统政府是一个全能主义的政府,所以社会公众对政府包揽一切的管理方式还存有路径的依赖;另一方面是源自中国几千年传统政治文化对社会公众的影响。传统政治文化对公众的影响既是强大而有力的,又是潜移默化的。"如果将社会政治生活看作是辽阔海洋上的冰山,那么隐藏在冰山下面那庞大的部分便是社会的政治文化。"① 传统政治文化不仅要求民众对君主的绝对服从,而且还宰制了民众的主体意识,即"他们不能代表自己,一定要别人来代表他们,他们的代表一定要同时是他们的主宰,是高高站在他们上面的权威,是不受限制的政府权力,这种权力保护他们不受其他阶级侵犯,并从上面赐给他们雨水和阳光"②。所以社会治理的情感共同体建设当务之急是需要唤醒社会民众的参与意识,一方面需要政府转变职能,给社会充分赋权;另一方面也需要社会公众自我力量的成长。民主协商为凝聚社会治理的情感共同体提供了有效条件。通过多元治理主体的民主协商,政府可以倾听到社会的不同声音,改变传统的单中心决策模式,放下行政的傲慢,转变政府的意识;通过民主协商,政府更加清楚当前哪些是由政府应该做的,哪些是政府不应该做的,哪些是当前社会可以做的,哪些是当前社会不可以做或者做不了还需要政府帮助与解决的,进而转变政府的职能;通过民主协商,可以让社会治理主体有效地参与到

---

① 王沪宁. 转变中的中国政治文化结构 [J]. 复旦学报 (社会科学版),1988 (3):55-64.

② 中共中央马克思恩格斯列宁斯大林著作编译局. 马克思恩格斯选集:第1卷 [M]. 北京:人民出版社,2012:693.

当前社会治理的实践过程中，以此逐渐激活社会治理主体的在场意识和主体意识；把他们（政府）的决策，转变为我们（政府+社会）共同的决策，增强社会治理主体的认同感与归属感；通过民主协商，可以增进社会多元治理主体之间的沟通与交流，理解与包容，为凝聚情感共同体建构有利的条件。

第四章

农村社区协商治理产生的现实背景与实践创新

　　新中国成立以来，乡村治理的历次改革与创新都体现为对当时现实治理困境的应答。如新中国成立后人民公社制的实施就是针对当时基层社会一盘散沙，无法集中力量进行社会主义建设的困境而创新的基层社会管理模式，而当前的村民自治模式也是针对改革开放后由家庭联产承包制的实施导致基层出现"管理真空"困境而进行的改革与创新。当前，随着现代化的不断发展，农村社区治理也出现了许多新情况、新问题与新困境，在既有治理模式无法有效应对的情况下，亟待新的治理模式去回应，农村社区协商治理就是在这样的现实背景下应运而生的。

第一节　农村社区治理困境是产生农村社区协商治理的现实背景

　　当前，农村社区治理困境既是农村面临外部环境与内部环境交互作用的结果，也是主观作用和客观作用共同影响的结果。具体而言，主要体现在以下几个方面。

一、流动社会背景下的个体脱域：从熟人社会到半熟人社会

（一）流动社会背景下的农村社区

齐格蒙特·鲍曼用"流动的现代性"思想对现代化理论进行了重新解释。他认为，社会不断发展进步，从农业社会到工业社会再到后工业社会，每个发

展阶段都是暂时的，当社会出现停滞不前时，其内在的结构矛盾会不断地促进社会转型升级。现代化的早期是一个由政治或经济权威所控制的"稳固的现代性"，呈现出"沉重的、固态的、系统性"的主要特征。① 当前的社会呈现出的现代性是一个"流动的现代性"，不受时间和空间的约束，具有"流动的、轻快的、网络性"② 等特点。因此，不确定性始终是"流动的现代性"最本质的特征。当然，"流动的现代性"并非指整体社会结构的流动，而是指人们具体生存与生活方式的流动。"流动的现代性"不仅会给个体带来生存的困境，而且也会深层次地影响社会的秩序与价值规范。譬如，流动的社会加剧了个体的产生，脱离整体的个体往往会产生孤独感、不安全感及对生存的焦虑与恐惧感。尤其应当注意的是，个体化产生还会带来公共生活的衰落，即人们只关心个体与私人的问题，而不再去关心如何创建一个公平正义的社会。再如，流动的社会瓦解了原来社会的稳固结构并使其变得碎片化，在流动的社会中，既有的价值规范变得越来越多样与不定，道德之间的界限变得日益模糊与混沌，由此使人们的行动缺失了确定性的道德标准。

改革开放以来，随着中国城市化、工业化、信息化的不断加快，中国业已进入一个人口、资本、信息等高速流动的现代化社会。习近平总书记在 2019 年新年贺词中讲道："一个流动的中国充满了繁荣发展的活力，我们都在努力奔跑，我们都是追梦人。"③ 人口是社会的主体，流动社会首先指的是人口的流动。以人口流动为例，20 世纪 80 年代以来，中国流动人口进入了空前活跃期。1980 年全国流动人口只有 657 万人，到 1990 年已达到 2135 万人，十年间流动人口增长了 1478 万人，增长率为 225%；2000 年全国流动人口达到 1.02 亿人，较之上个十年流动人口增长了 8065 万人，增长率达到 379%；2010 年全国流动人口达到 2.20 亿人，较之 2000 年流动人口增长了 1.18 亿人，十年间增长率为 165%；2020 年全国流动人口进一步上升到 3.76 亿人，较之 2019 年流动人口增长了 1.56 亿人，十年间流动人口增长率为 70%。④

---

① 齐格蒙特·鲍曼. 流动的现代性 [M]. 欧阳景根，译. 上海：上海三联书店，2002：3.
② 齐格蒙特·鲍曼. 流动的现代性 [M]. 欧阳景根，译. 上海：上海三联书店，2002：3.
③ 国家主席习近平发表二〇一九年新年贺词 [EB/OL]. 人民网，2018-12-31.
④ 根据 1980—2020 年中国统计年鉴整理而得。

尽管中国在过去的 40 年中人口流动非常活跃，但不可否认的是，农村人口向城镇人口的流动依然是中国人口流动的主流。据统计，自改革开放以来，我国的人口城镇化水平持续升高。1980 年我国城镇人口占总人口的比重只有 19.4%，到 1990 年已经达到 26.41%，十年间增长了 7.1 个百分点；2000 年我国城镇人口比重上升到 36.2%，十年间增长了 9.8 个百分点。2010 年我国城镇人口快速增长，城镇人口比重达到了 50%；根据 2020 年全国第七次人口普查的数据，2020 年我国城镇人口比重已经上升到 63.9%，这标志着我国已经成为典型的城市社会。[①] 农村人口向城镇人口的流动一方面促进了我国经济发展，尤其是强有力地推动了我国城镇化发展；另一方面对我国农村地区的社会结构乃至社会价值产生重要的影响。正如鲍曼所关注的那样，流动的现代性虽然是灵活的、轻便的，但同时也会带来个体认同的虚化、社会结构的碎片化及道德价值的失序化。

（二）农村社区：从熟人社会到半熟人社会

费孝通先生曾在《乡土中国》一书中提出了"熟人社会"的概念，用来解释与描述中国传统农村自然村落的主要社会关系。他认为在中国传统乡土社会中人们基于血缘和地缘关系结成了具有亲密关系共同体的"熟人社会"。"熟人社会"一般具有以下基本特征：一是缺乏流动性，因为传统村庄是与土地紧密联系在一起的，"土地是他们的命根"[②]，所以发展出了以农耕为主要劳作方式的经济形式，而土地是不能流动的，所以村里人"世代定居是常态，迁移是变态"[③]。也正因为如此，对于村里人来说，"生于斯、长于斯、终老于斯"是其一生的写照。二是同村之人交往密切。由于缺乏流动，不同村的人交往少，生活较为封闭，各自保持着相对隔离的圈子。但是在各自隔离的圈子里，人们彼此熟悉而亲密，熟悉到"每个孩子都是在人家眼中长大的，在孩子眼里周围的人也是从小就看惯的"[④]。熟悉到不需要语言交流，利用敲门声甚至是脚步声就可以判断来者的身份。三是熟人之间的交往依赖"不假思索的可靠性"，这种可

---

① 根据第三次、第四次、第五次、第六次、第七次全国人口普查数据整理而得。
② 费孝通. 乡土中国 [M]. 北京：北京大学出版社，2012：10.
③ 费孝通. 乡土中国 [M]. 北京：北京大学出版社，2012：11.
④ 费孝通. 乡土中国 [M]. 北京：北京大学出版社，2012：13.

靠性源自对关系熟稔之人的一种天然的信任依赖，是发自内心的信任惯性而无须依靠外在的约束与规定。四是熟人之间矛盾的调节主要依靠人情关系或礼治进行调节，很少诉诸法律，因此，传统的乡土社会也被称为"无讼"的社会。五是熟人之间共享一套"地方性共识"。"地方性共识"是熟人社会中的情面规矩，在"熟人社会"中，从人们一出生，就进入了被提前安排好的社会关系之中，这种先验性的生活环境是培养人们亲密关系的基础。每个人都有一生足够长的时间，去慢慢学习与领悟熟人社交的"地方性共识"。

近代以来，中国被迫加入了现代化进程，作为后发型的现代化国家，中国在现代化进程中表现出了强烈的赶超性。相较于那些先发型的西方现代化国家，我国的现代化进程无论是在空间上还是在时间上都呈现出了"压缩性"的特点，即我们仅用了几十年的时间就经历了西方国家上百年的现代化历程。在这样一个快速的现代化转型过程中，传统的乡村社会在市场化、城镇化等多重冲击下，业已发生诸多变化，例如，一方面，大批农村青壮年开始突破血缘与地缘关系的限制，进城务工；另一方面，伴随着新型农村社区的建设，大批村庄合并及沿海经济发达地区村庄工业化、市场化进程加快，村庄外来人口迅速增加。所以，此时的村庄已经不是彼时的"面对面的社群"，面对上述已经发生改变的乡村社会，学者提出了不同的解释范式，如"后乡土社会"① "无主体熟人社会"② "陌生的熟人"③ "半熟人社会"④ 等。不难发现，在众多解释性概念中，"熟悉"是其核心变量。换言之，它们都是围绕着"熟悉"这一核心特征而展开的对于当前农村社区现状的不同表述。但是对于"熟悉"的程度如何，或者说"熟悉"到什么程度，本文认为，贺雪峰提出的"半熟人"社会是最为合适的表述，即当前的农村社区既不同于中国传统乡土社会中的熟人社会，也不同于现代社会中的陌生人社会，而是处于"半熟人社会"状态。

现代化浪潮冲击下的农村社区"半熟人社会"具有以下基本特征：一是村

① 陆益龙. 后乡土中国 [M]. 北京：商务出版社，2017.
② 吴重庆. 无主体熟人社会 [J]. 开放时代，2002（1）：121-122.
③ 杨华. 陌生的熟人：理解 21 世纪乡土中国 [M]. 桂林：广西师范大学出版社，2021：1-2.
④ 贺雪峰. 新时期中国农村社会的性质散论 [J]. 云南师范大学学报（哲学社会科学版），2013，45（3）：72-78.

民交往密度变疏，熟悉程度降低。随着城乡人口不断、快速地流动，农村社区的多元性与异质性日益增强，基于血缘与地缘关系建立的人情关系开始不断被稀释，传统村庄邻里之间知根知底的局面也逐渐被打破，人们之间的交往无论是频度还是深度都不如传统熟人社会中的密切与深入。二是村民公认的"地方性共识"影响日渐式微。由于村民不再像之前那样熟悉与亲密，村民之间不再享有"不假思索的可靠性"的默契，适用于熟人之间的人情礼俗的约束性也日渐弱化。利益原则开始凸显，成为人际交往的行动逻辑。三是村民对村庄的认同感与归属感有所弱化。传统社会中，村民对村庄都有着强烈的认同感与归属感，即便是出门在外的游子，最终考虑的也是如何"叶落归根"。而生活在现代农村社区中的人们，由于常年流动在外，他们更多地致力于融入新的城市生活，对于生于斯长于斯的地方反而充满了疏离感。当然，需要指出的是，尽管在流动的现代性的涤荡下，农村社区已经远离了熟人社会，但不可否认的是，与城市的现代化程度相比，今天的中国农村社区无论是在经济方式还是在社会结构、交往方式等方面仍然保留着大量的"乡土本色"。正如有学者所认为的，"转型期乡村社会性质脱离了乡土社会、熟人社会、礼俗社会的意涵，但又不是城市社会、陌生人社会、法理社会所能完全概括的""当前中国农民生活心智结构的变化，并未使乡村走向城市式的法治秩序，也并未使熟人社会变成陌生人社会。因而'半熟人社会'可以成为分析当前乡村社会性质的中层概念"。[①] 半熟人农村社会结构的出现，使之前适用于熟人社会的治理模式不再有效，农村社会治理将伴随着农村社会结构的变化而出现变革与创新。

二、现代社会治理复杂性情境中的多元利益冲突与整合

如果以人类生产方式的变革为人类社会发展的依据，那么人类社会次第经历了从农业社会到工业社会再到后工业社会三个阶段的发展过程。纵观人类社会发展历程可以发现，随着社会分工的发展、社会生产力水平提高及人类社会文明发展水平的提升，人类社会的发展也实现了从低级到高级、从简单到复杂的演进。

[①] 陈柏峰.半熟人社会：转型期乡村社会性质深描 [M].北京：社会科学文献出版社，2019：3.

（一）现代社会是一个复杂社会

农业社会是一个相对简单的社会。在农业社会中，以家庭为主要单元的农耕经济是其主要经济方式。农耕经济的主要特点是自给自足，不需要市场和商品流通，所以农耕经济既相对封闭又相对简单。经济基础决定上层建筑，农耕经济生产方式决定了农耕社会的生产关系也比较简单。在农业社会中，由于生产力水平整体不高，劳动分工比较低，社会分化程度也不高，社会关系与社会网络都相对简单。加之交通的不便和信息的闭塞，社会整体的流动性比较低。面对总体简单的农业社会，国家治理方式和手段也比较简约。黄宗羲曾经提出了著名的"集权的简约治理"概念，用来描述农业社会中国家对社会的治理的实践。即在中央集权体制下，伴随着人口的增长和扩张统治的需求，帝国政府广泛地使用了半正式的行政方法，依赖基层自身提名的准官员来进行县级以下的治理。这些准官员任职期间没有俸禄，在工作中也极少产生文书，一旦被县令批准任命后，便拥有较大空间上的治理裁量权。县衙一般不介入基层社会的治理，除非在发生纠纷和控诉时才会介入。"集权的简约治理"维护了中国两千多年农业社会生产和生活的基本秩序。

工业社会是一个低度复杂的社会。对于农业社会而言，工业社会中社会分工较为发达，社会整体的分化程度较高。尤其是市场经济的发展，一方面促进了社会生产力水平的提高，另一方面产生了多元的利益主体与复杂的社会关系。伴随着交通工具与信息技术的持续更新与升级，工业社会与外界的联系越来越广泛，社会流动的速度、广度与深度也相较从前更快、更宽与更深。面对日益复杂且流动不居的社会，简单的治理方式难以为继，如何实现有效的社会治理？工业社会提供的答案是控制，其具体的方式是通过制度或技术的手段来实现权力对社会的合法控制。控制既有约束性的控制也有激励性的控制，但无论是这两者中的哪一种，其意图都是想将社会控制在一个可预见和可规范的范围之内。当然，随着工业社会的不断发展，对社会的控制不再是赤裸裸的权力控制和财富控制，而是通过更为隐蔽的方式，诸如对信息控制来完成其意图。

人类社会自进入20世纪80年代以来，便开始了由工业社会逐渐向后工业社会的过渡。后工业社会是一个高度复杂的社会。一方面，社会分工越来越精细化，社会分化程度也越来越高，社会越来越像一个个分隔而立的堡垒；另一方面，随着全球化、信息化与网络化时代的到来，又加速了社会矛盾与风险的联动性。"蝴蝶效应"、"黑天鹅"事件和"灰犀牛"事件的发生就恰恰证明了复杂社会中联动效应的不可预测性与不可忽视性。"在走向后工业社会的过程中，秩序、可预测性和可靠性都将被复杂性、不确定性和风险所取代。"① 纵观人类社会发展的历史，从男耕女织的农业社会到电气轰鸣的工业社会，再到全球化与信息化的后工业社会，每一次社会的进步，都伴随着社会复杂程度的升级，而面对人类社会中不断出现的复杂变量和未知变量，我们似乎最终也没有办法将其予以根除，所以，"在一定程度上复杂性和不确定性就是我们时代的基本特征"②。

（二）复杂社会的治理中的多元利益冲突与整合

20 世纪后期以来，"对人类的一个封闭的、片段的和简化的理论的丧钟敲响了，而一个开放的、多方面的和复杂的理论时代开始了"③。人类该如何应对复杂理论与复杂社会的到来？应对复杂社会首先应该了解复杂社会。即当我们面对复杂社会时，我们需要知道什么是复杂社会，什么导致了复杂社会的产生？复杂社会的主要特征又是什么？

约瑟夫·泰恩特在《复杂社会中的崩溃》一书中认为，"异质性"是理解复杂社会的一个核心概念。"异质性"不仅表现为社会组织结构上的多样性，而且也体现为人口在这些组织结构中的分布。一个社会的异质性越大，社会的复杂性就会随之增大。人类从原始狩猎社会到帝国社会就是一个异质性增强的过程，也是一个复杂化的过程。异质性是复杂社会的核心变量，那么人类社会的异质性又是如何产生的呢？人类社会的异质性来自社会分工，社会分工是人类社会进化过程中的必然结果。涂尔干认为，人类社会之所以会出现社会分工，是因为人口集中程度的提高和成员之间联系的不断加强的结果。人口集中程度的提高和联系的加强加剧了人们之间的竞争，为了在竞争中更好地生存，他们就必须从事相互联系且专业不同的工作。假使人们从事的都是一种类型的职业

---

① 张康之. 时代特征中的复杂性和不确定性 [J]. 学术界，2007（1）：49-58.

② 张康之. 时代特征中的复杂性和不确定性 [J]. 学术界，2007（1）：49-58.

③ 埃德加·莫兰. 迷失的范式：人性研究 [M]. 陈一壮，译. 北京：北京大学出版社，1999：173.

或相近类型的职业，那么人们之间很容易相互侵犯。所以为了避免人类之间相互侵犯行为的发生，增加人类生存的机会，社会分工就成为一件再正常不过的事情了。"在个人竞争的条件下，成就取决于专心致志地从事同一种工作。这种专注精神又会产生合理的工作方法、技术发明以及高超的技艺……随着技艺又出现了各种行业的流派，最后有了管理各种职业的职能机构。凡此种种，不论是直接的还是间接的，都在产生并加强着人与人之间的差异。"① 由此观之，社会分工制度是人们之间产生差异的根源。随着社会分工的不断发展，社会分化的程度也越来越高，不仅瓦解了具有同质性的传统社会，而且也进一步加剧了异质性现代社会的到来。

由于异质性是复杂社会的核心变量，复杂社会的外在特征必然体现为多元性。多元性体现在复杂社会中的方方面面，宏观方面，诸如利益的多元性、经济的多元化、价值的多元性、文化的多元化等；微观方面，诸如人们的衣、食、住、行等都体现出了多元化的特征。客观而言，多元性是社会走向文明的标志，因为它体现了对人的尊重，社会是人构成的，"人上一百，形形色色"，不同的人有不同的需求，把所有人的不同需求都定于一尊显然不符合社会发展的基本规律，因此，多元化与多样性是文明社会的象征。但是，社会的多元化同样也会带来社会治理的复杂性，尤其是在面对多元利益的冲突与矛盾时，如何有效地整合矛盾与平衡冲突成为现代社会治理的重点与难点。工业社会中传统的治理思维是控制，"现代性话语将世界看作一种可能性的非均衡性扩散，对事件的霸权式阐释便会成为预见和控制事件的手段。这种含有规划和设计意义的控制几乎总是与命令行为相关联"②。因为工业社会的生产方式就是标准化的生产，通过机器生产流水化的产品一模一样，所以在这种情况下，使用控制方式进行社会治理方式是符合工业社会内在发展需求的。但是当工业社会走向后工业社会，当社会越来越走向异质化与多元化，那么再使用控制的思维与方式去平衡复杂社会中的多元利益的矛盾与纠纷不仅难以奏效，甚至还会起到相反的作用。

---

① R. E. 帕克，E. N. 伯吉斯，R. D. 麦肯齐. 城市社会学 [M]. 宋俊岭，郑也夫，译. 北京：商务印书馆，2012：17.

② 齐格蒙特·鲍曼. 立法者与阐释者：论现代性、后现代性与知识分子 [M]. 洪涛，译. 上海：上海人民出版社，2000：4.

譬如，面对复杂多元的利益冲突，政府总是条件反射地选择加强管控的方式去解决。问题越是复杂难以解决，政府越是强化自身控制社会的能力。然而一味地强调控制而非疏解造成的最终结果可能是："政府本是追求确定性而加强控制，反而堵塞了社会矛盾的释放路径，导致社会运行变得更加不确定。"①

三、村民委员会"行政化"趋势下的忙碌与疲倦

从 1982 年我国宪法确定了村民委员会是"基层群众性自治组织"的性质之后，村民自治制度已经历了 40 余年的发展历程。村民自治制度是中国共产党领导我国亿万农民建设中国特色社会主义民主政治的一项伟大创举。通过国家部分治理权力向基层社会的让渡和下放，有效地解决了在人民公社体制解体后，我国农村社会在面临国家退出社会的分离过程中出现的基层公共治理问题。村民自治制度的确立从根本上改变了农村政社合一、以政代社的传统社会治理方式，开创了中国农村实现直接民主和依法自治的新的治理模式，为我国农村经济社会的发展与稳定做出了应有的贡献。但是村民自治在具体的实践运行过程中也暴露出一些新的矛盾与问题，其中最饱受诟病的是村民委员会的（以下简称"村委会"）"行政化"问题，作为自治性的村委会，缘何会出现行政化的倾向？

（一）村委会"行政化"的现实逻辑：社会治理重心的下移

村委会的"行政化"是指原本作为农村基层群众自治组织的村委会，其主要工作并没有体现在组织基层群众实行自治方面，反而始终围绕着上级政府的意志来开展工作，不仅要做好政府自上而下的行政工作，还要对其负责。村委会"行政化"的主要表现体现为村干部的职业化和村组织管理的专业化，即村委会的运作模式越来越倾向于科层化的趋向，村委会逐渐演变为一级"类行政"组织。

村委会趋向于"行政化"，与当前的现实背景密不可分。党的十八大以来，推动社会治理重心下移成为我国社会治理的新内涵。社会治理重心下移具体是

指"资源、服务、管理放到基层"①。以资源下沉为例，2006年国家取消了农业税及面向农民收取的各种费用，为了有效维持取消农业税后农村的生产生活秩序和促进农业农村的现代化发展，国家开始向农村大规模的转移资源。在大量资源下乡的背景下，首先需要解决两个最基本的问题。一是资源如何落地的问题；二是如何防止资源下乡过程中的腐败和其他问题导致的资源浪费，从而最大限度地保证资源的安全性与有效性问题。在解决资源如何落地问题方面，国家主要存在以下几种方式：（1）通过"一卡通"直接到户的项目，如农业综合补贴；（2）项目制，如乡村道路等公共基础设施建设；（3）需要村民评议的"一卡通"项目，如低保；（4）精准扶贫项目；（5）公共服务项目，如党群服务中心建设；（6）一事一议奖补项目；（7）公共服务资金。② 然而无论上述方式中的哪一种，最终都需要村委会的介入才能实施。如享受"一卡通"资源拨付的人员评定问题，项目落地时利益如何分配的问题，都离不开村干部的协助。而在如何防止资源下乡过程中的腐败和其他问题导致的资源浪费，最大限度地保证资源的安全性与有效性方面，国家不得不倚仗严格的规则与标准进行有力监督。因此，资源大量下乡的同时必然伴随着国家权力的下乡，伴随着国家的监督下乡，伴随着国家规范与标准的下乡。在这种情况之下，村委会的主要精力不仅要用于完成资源下乡的各项行政工作，而且还要密集地面对监督下乡的各种检查。据统计，只有6个至7个科室的乡镇政府，每年可能要"迎接"几十个甚至上百个县级、市级、省级职能部门的检查。岁末年终，更是乡镇迎检的繁忙时期，有时几个检查组同时进驻乡镇，各种检查考核重复而叠加，干部也只能"忙于应付"。③ 村委会是基层治理的最后一公里，处在"乡政村治"格局下的村委会的工作力度由此可想而知。由于资源下乡的大部分工作都有相应的规则与标准，村干部的自主决定权与实质性治理权力越来越少，而只能越来越按上级的规范和程序进行治理。当然，除了资源下乡，社会治理还包括其他诸如社会治安与稳定、文体教育、环境卫生等诸多治理事项与任务，这些都进一步加剧了村委会"行政化"的倾向。

---

① 中共中央关于深化党和国家机构改革的决定［EB/OL］.新华网，2018-03-04.

② 贺雪峰.村级治理的变迁、困境与出路［J］.思想战线，2020，46（4）：129-136.

③ 周少来.乡镇政府缘何容易陷入"形式主义泥潭"［J］.人民论坛，2018（1）：22-24.

（二）村民委员会"行政化"后的忙碌与疲倦

面对当前自上而下诸多的治理任务及频繁的督察检查，村委会自身就会变得非常忙碌。以前人们形容基层村委的工作是"上面千条线，下面一根针"，现在除了"上面千条线，下面一根针"，基层村委会的工作还面临着"上面千把锤，下面一根钉"的现状。

村委会的忙碌与疲倦除了与当前国家社会治理重心下移的现实背景有关，还与我国政府的体制及村委会的组织资源相关。层层加码的"压力型体制"是当前我国地方政府行为的主要特征，"上级政府通过政治动员、行政发包的方式，渐次把经济发展、市场监管、公共服务与社会管理等方方面面的工作任务分配和下派给下级政府或相关单位，并实施责任到点或人的考核机制"①。在压力型体制中，由于村委会处于体制的最末端，处在任务与考核无法分解的最底层，村委会往往成为压力型体制下面临工作任务最重、考核压力最大的一级。此外，村委会的组织资源也非常有限。一是村委会自身规模不大。根据 2018 年最新修订的《中华人民共和国村委会组织法》的规定，村民委员会由主任、副主任和委员由 3~7 人组成。所以即便在人口较多的行政村，村委会的成员也不会超过 7 人。二是村委会成员的工作能力也相对有限。尤其是随着近些年互联网与大数据的迅速发展，乡村治理越来越凸显出数字治理的趋势与倾向。尽管这几年不断地有大学生补充进入村委会队伍，但是与当前形势发展需求相比，村委成员的能力还需要进一步提升。所以，当上级政府目标与任务过多而村委会自身的组织资源又非常有限时，村委会经常面对繁重的工作任务往往力有不逮，面对有限的组织资源又无计可施，面对上级各种严厉的检查与考核而又不得不做。由此，忙碌与疲倦便成为村委会工作的一种常态，"白加黑""5+2"也成为村委会工作的日常现象。应当给予肯定的是，近些年在村委会辛苦与忙碌的背后，党和国家关于农村的各项方针政策都得到了认真的贯彻与落实，农村工作也取得了非常的成就。但同时也应当注意，长期的忙碌与疲倦也会催生基层工作的形式主义和基层工作者的"职业倦怠"，从而给基层治理工作带来阻力与困扰。如当前久禁不绝的"文山会海"、"过度留痕"、"虚假留痕"现象，

---

① 荣敬本，崔之元，王拴正，等. 从压力型体制向民主合作体制的转变［M］. 北京：中央编译局出版社，1998：17-28.

以及部分基层工作人员中存在"庸、懒、散"现象就是当前基层形式主义和"职业倦怠"的真实写照。

四、村民自治运行中的"悬浮"与"空转"

村民自治是指依照我国宪法和法律，村民依法对村委会进行直接选举，并且对村务实行自我管理、自我教育、自我服务、自我监督的一项基本政治制度。通过村民自治制度，认识到村民自治之所以重要，是因为它不仅构成了我国社会主义民主政治的重要内容，而且也是我国乡村治理体系的基础。

（一）村民自治是乡村治理体系的基础

2017 年，党的十九大报告首次提出，要"加强农村基层基础工作，健全自治、法治、德治相结合的乡村治理体系"。在三治融合的乡村治理体系中，自治、法治与德治三者不是并列关系。其中，自治是乡村治理的基础。自治是人类社会成本最低的一种社会治理方式，因为它能有效地激发人的主体性。马克思认为，人的主体性是人在认识世界、解释世界及改造世界中所体现出的自主性、能动性和创造性。在社会实践活动中，激发人的主体性可以使人自觉地、自愿地、自由地发挥聪明才智，主动去改造客观对象，从而达到理想的预期目的。所以，自治不仅是一种成本最节约的治理方式，也是一种最优的治理方式。当前，我国宪法明确规定基层群众自治是我国的一项基本政治制度，所以，村民自治是乡村治理的本质属性，乡村治理不可能弱化或者游离这一本质属性之外。应该通过村民自治制度不断地实现好并发挥好民主选举、民主决策、民主管理、民主监督的政治功能。民主选举是把选择村干部的权利交还到广大村民手中，由村民通过投票直接选举村干部；民主决策是指在村民通过在农村设立村民会议或村民代表会议，对涉及村里重大相关事项，按照少数服从多数的民主原则进行研究决定；民主管理，就是要积极动员广大村民共同参与村内公共事务管理，共同维护村内公共秩序。民主监督则是指广大村民可以充分利用村务公开等形式来监督村干部行为、村委会工作以及村里的相关重大事项。民主选举、民主决策、民主管理与民主监督之间相互促进，缺一不可，共同构成了一个完整且系统的基层民主体系。

法治是乡村治理保障。法治是维持乡村治理制度秩序的底线和准则。仅依靠自治并不能解决乡村治理中所有问题，还需要通过法治来保障乡村治理的有效运行。首先应该通过法治规范公权力的运行，公权力既来自人民就应该确保公权力以合法、公平、公正、透明、有效的规范运行，从而更好地服务于人民。其次通过法治维护农民的合法权益，充分保障村民知情、表达、参与、监督等各项自治权利，维护好土地承包权、宅基地使用权、集体收益分配权等合法权益。最后应加大普法力度，普法不是简单地灌输普及法律条文知识，而是要培养包括村干部在内的全体村民的法治精神和法治思维。

德治是乡村治理支撑。德治是一种适用范围非常广泛的社会行为调节机制。律法再细致，也不可能穷尽社会治理的方方面面，而德治既可以应用于集体，也可以聚焦至个人，既可以兼顾至社会的上上下下，也可以统筹到社会的里里外外。此外，不同于法治外在、强制性的硬性规定，德治更注重人们内心情感的教化与引导。所以只有法治与德治相结合，德法并重，刚柔并济，才能够达到治理的最佳效应。当然德治并不是先验性的，人并不是天生就具有良好的道德，道德还需要在后天的实践中被不断地培养。道德的培养关键要养成权责对等的意识，生活中很多道德规范就是以权责对等为基础的，如父慈子孝、兄友弟恭、尊老爱幼、相亲相爱等。当然，德治的培养需要一个长期内化的过程，不能强制性地灌输道德戒律，而是要通过"濡化"来不断滋养村民的道德尊严感。

（二）村民自治的"悬浮"与"空转"

村民自治是我国农村在人民公社体制解体以后，在中央实施土地联产承包责任制的背景下，由村民自下而上探索出的一种基层社会的治理模式。村民自治的模式一经出现便得到了党和国家的承认与支持，并在政府主导下进行了强制性制度变迁。学术界最初对村民自治寄予了很高的期望，认为村民自治从根本上改变了中国长期以来的自上而下授权方式，是现阶段中国民主政治的突破口。① 然而经过近40年的发展，村民自治无论是在民主功能还是在治理效能方面的表现都不算优异，有些地方的村民自治还出现了"悬浮"与"空转"的现象，学术界对村民自治的研究热情也逐渐趋于冷淡，甚至有学者还提出了村民

---

① 徐勇. 中国农村村民自治 [M]. 武汉：华中师范大学出版社，1997：2.

自治已经无法适应并容纳农村社会的发展需要，村民自治的历史使命已经终结，或者得出村民自治已"死"的判断。①

　　导致村民自治出现"悬浮"与"空转"的因素有许多，具体而言，是综合了经济、政治、社会等诸多因素的结果。首先，就经济角度而言，集体经济的羸弱是导致村民自治出现"悬浮"与"空转"的重要原因。基层民主政治的实践离不开经济基础的支持，一旦失去了经济的支撑与援助，自治便难以为继。一个普遍的现实情况是，自改革开放后，在中国广大农村地区，除了很少的行政村现在还有村级企业，绝大多数行政村的集体资产和集体经济发展都非常羸弱，甚至不复存在，这导致了村级组织既没有力量去组织村民，也没有动力去组织村民。所以在村民自治中一个常见的现象是"除了很少经济发达地区的村民自治运转成绩斐然外，其他大部分地区均遭遇很大的困难，自治出现悬空，很难实现乡村自我治理"②。其次，就政治角度而言，"乡政村治"的乡村治理格局是导致村民自治出现"悬浮"与"空转"的主要原因。虽然在"乡政村治"的治理格局下，"乡政"与"村治"之间的关系在官方的政策文本中被明确表述为是一种"指导与被指导"的关系，但是在具体的实践运行中，乡镇政府利用组织资源优势将这种"指导与被指导"的关系变成了"领导与被领导"的关系。如乡镇通过主导村两委的换届选举、村两委干部的薪酬与绩效考核等方式，使法理上只对村民负责的村干部变成了对乡镇负责的工作人员。伴随着当前社会治理重心的下移，大量的工作事务都需要村委会去承接与承担，在行政工作的挤压下，村委会反而没有时间与精力组织群众进行自治工作了。就当前农村社会结构角度而言，农村劳动力人口的流失是村民自治出现"悬浮"与"空转"的关键原因。改革开放 40 多年，随着市场经济和城镇化的发展，农村大量劳动人口涌向了城镇，农村出现了"空心化"的现象，即村里大部分青壮年外出务工，而留守的则基本是老人与儿童。农村的"空心化"必然会带来资金、技术、人才等资源的流失，同时也给村民自治造成一系列困境，如村两委

---

① 参见沈延生的《村政的兴衰与重建》、党国印的《"村民自治"是乡村民主政治的起点吗》《中国乡村民主政治能走多远?》以及冯仁的《村民自治走进了死胡同》等研究成果。

② 邓大才. 村民自治有效实现的条件研究：从村民自治的社会基础视角来考察 [J]. 政治学研究，2014（6）：71-83.

选举的后继无人，村庄权力缺乏有效监督，公共事业缺乏效参与，等等。当然，除了上述诸多因素的影响，村民自治制度自身也存在一些原因。如村两委班子之间的矛盾，民主选举与民主决策之间、民主管理和民主监督之间的脱节，行政村地理单元设置的大小等。

面对村民自治出现的"空转"与"悬浮"现象，党和国家高度重视，并采取了一系列的帮扶举措以确保村民自治制度的正常和有效运转。如驻村干部制度、村财乡管制度、乡镇政府考核村干部制度、项目进村制度等。虽然这些制度和措施的实施一定程度上为村民自治提供了人、财、物的支持，尤其是项目制的实施，明显地提升了农村的基础设施和公共服务的水平，但客观而言，这些制度和措施在促进村民自治体系结构的优化及功能的改善方面作用有限，甚至伴随着资源的输入会为乡镇政府支配村委会创造制度化条件。所以只有政府单方面的帮扶举措根本上无助于改善乡村自治的困境，未来还需要从激活乡村治理主体的内在动力，探索多元复合治理的形式如协商治理，以构建"治理有效"的乡村治理体系。

第二节 农村社区协商治理是应对当前农村社区治理困境的实践创新

党的十九大报告提出要"加强农村基层基础工作，健全自治、法治、德治相结合的乡村治理体系"。自治、法治与德治并非简单的并列关系，在乡村治理体系中，自治始终是基础与核心，这不仅与以村民自治为代表的基层群众自治是我国基本的政治制度的政治属性有关，而且还与自治本来就是乡村治理的本质属性有关。然而，以自治为主要基础的乡村治理，当前在其发展的具体过程中，遭遇到了来自内外部因素的挑战，使其难以适应与容纳农村经济社会发展的需求。针对此现状，党的十九大报告将"治理有效"作为实现乡村振兴的总目标和总要求之一，如何才能在当前农村社会治理困境中实现"治理有效"呢？协商治理为解决这一现实难题提供了新的思路与对策。

一、从总体性支配到协商治理：我国农村社区治理模式的历史变迁

不同的历史发展阶段，对应着不同的社区治理模式。以新中国成立后的历史为时间纵轴，我国农村社区的治理主要经历了从人民公社到村民自治，再到协商治理三种不同的治理模式。

（一）人民公社模式

1949 年新中国成立后，面对国家积贫积弱，社会民生凋敝的现实，为了能够有效组织与动员广大社会力量巩固与发展新生政权，党和国家积极进行土地改革，打破封建势力控制乡村社会的权力格局，实现了广大农民"耕者有其田"夙愿，使农民从此翻身成为真正的主人。农民土地所有权有效解决之后，为了进一步促进农村生产力的发展和避免因土地改革带来的土地集中和新贫富分化现象，党和国家决定实行合作社这种"半社会主义性质的"经济组织形式，将分散的、个体的农业经济和手工业经济，逐步地改造成社会主义经济。随着农业合作化进程的不断推进，1958 年，农业合作化进程达到了合作社的高级阶段即人民公社阶段。同年，党的八届六中全会通过了《关于在农村建立人民公社问题的决议》，决定在农村普遍建立人民公社，并强调"人民公社要实行政社合一体制"，所谓政社合一就是"乡党委就是社党委，乡人民委员会就是社务委员会"①。

在人民公社体制下，由于实行政社合一的管理体制，国家通过生产、分配、交换、消费等手段实现了对社会全面控制，孙立平将这种社会称为"总体性社会"②。在"总体性社会"中，政治、经济与意识形态高度重叠，由于消灭了封建社会的统治阶层，国家对社会的控制形式由之前"国家—民间精英—民众"三层结构变成了"国家—民众"双层结构。"国家—民众"双层统治结构的形成实质上加强了国家对社会支配与控制。客观而言，这种支配与控制的逻辑在一定历史时期符合了当时社会发展的客观形势需求，它成功地将一盘散沙的中

---

① 中央档案馆，中共中央文献研究室. 中共中央文件选集：一九四九年十月——一九六六年五月 [M]. 北京：人民出版社，2013：407.

② 中国战略与管理研究会社会结构转型课题组. 中国社会结构转型的中近期趋势与隐患 [J]. 战略与管理，1998（5）：1-17.

国乡村社会在短时期内高效率地组织起来，集中力量进行社会主义建设，使我国只用 20 多年的时间就由一个农业国跃升为工业国，实现了工业化。但与此同时，它也束缚了社会发展的活力，抑制了农民生产的积极性，从而导致了农村农业生产效率的低下和农民生活普遍的贫困。据统计，1977 年，"全国农业人口每年每人的平均收入仅有 60 元，有将近 1/4 的生产队年人均收入在 40 元以下"①。所以，人民公社制度这种总体性的支配治理模式从长远来看并不利于生产力的发展，后来随着改革开放的到来与家庭联产承包责任制的实施，最终退出了历史舞台。

（二）以"选举"为主的村民自治模式

实施村民自治并不是国家顶层的理性设计，而是村民为了改变现状而主动探索的"实践发生"。为了改变极度贫困的生存现状，安徽小岗村的村民率先探索出一条实行家庭联产承包责任制以解放农村生产力的道路。家庭联产承包责任制的具体做法：生产队与农户签订契约，生产队的集体耕地允许农户以家庭为单位承包，农户承包的土地每年的产出要自负盈亏，保证"缴足国家的，留够集体的，剩下的全是自己的"。

家庭联产承包责任制的实施一方面使农民在具体的生产经营方面获得了极大的自主权，充分调动了农民生产的积极性，促进了农村生产力的发展；另一方面使生产队丧失了对土地等生产资料的控制权，人民公社的组织权威日渐衰弱，农村社会出现了去组织化甚至是无组织化后的"真空状态"。治理的"真空状态"必然会造成社会秩序的混乱，进而损害农民的权益。为了改变这一状态，农民又开始自发地组织起来，成功地探索出一条村民自治之路。1980 年广西宜州区屏南乡合寨村村民第一次直接选举产生的村民委员会，被看作我国历史上的第一个村民自治性质的基层组织。村民自治作为农村基层社会治理的创新方式得到了党和国家的认可与支持，1982 年我国宪法规定了村民委员会"基层群众性自治组织"的性质。1987 年全国人民代表大会常务委员会通过的《中华人民共和国村民委员会组织法（试行）》对村民委员会的性质与功能进一步明确，

---

① 中华人民共和国财政部，《中国农民负担史》编辑委员会．过渡时期和社会主义初级阶段的农村经济与农民负担 1949—1985［M］//中国农民负担史：第四卷．北京：中国财政经济出版社，1994：336．

"村民委员会是村民自我管理、自我教育、自我服务的基层群众性自治组织，实行民主选举、民主决策、民主管理、民主监督"。村民自治无疑是中国农民探索的伟大创举，它填补了人民公社解体后农村基层社会治理的空白，改变了传统几千年干部"自上而下"的任命方式，激发了农民自我管理、自我教育、自我服务、自我监督的主体性意识，实现了农民的当家做主的民主权利，形成了中国特色的基层民主模式，具有划时代的历史意义。村民自治模式确定之后迅速在全国得以推广，进入了快速发展的制度化发展时期，但随着时代的不断发展，尤其是进入 21 世纪以来，在实践中随之出现了一些制约村民自治的瓶颈问题，其中最饱受诟病的是村民委员会行政化问题与村民自治功能萎缩的问题。如何有效解决这个问题，还需要在今后实践中进一步探索与完善。

（三）多元共治的协商治理模式

村民自治作为基层群众的自治性组织，本质上是一种处于国家正式权力之外的社会自治，因此其运行不具有强制性，是一种较松散的组织形式。松散的村民自治组织"只是一个与集体土地产权相关联的行政村村民的'成员身份自治'共同体，或者说它不可能将基层所有民众甚至包括全体村民的利益纳入权利分配的体系当中"①。实际上，虽然我国在农村实行村民自治制度，但国家的力量从未从社会领域中退出，尤其是在当前，社会治理重心不断地向基层转移，伴随着大量的资源进入乡村，国家权力（各种规范、程序、标准、检查与监督等）与市场权力（各种资本）也开始下乡。所以在乡村的治理场域中，始终存在着包括国家权力、市场权力、村民自治社会权力等多元的治理力量。

社会治理的复杂性决定了任何一方单独的治理力量都不可能有能力去独自应对。因为在今天公共事务治理中，即便是最有力量的政府，也不可能全部拥有"能够解决综合、动态、多样化问题所需的知识、信息以及工具"②。所以，无论是基于利益的相互联系，还是资源的相互依赖，多元共治的协商治理模式都越来越成为当前社会治理的理性选择。协商治理是集协商民主理论与治理理

① 周庆智. 改革与转型：中国基层治理四十年［J］. 政治学研究，2019（1）：43-52，126.
② B. 盖伊·彼得斯. 政府未来的治理模式［M］. 吴爱明，夏宏图，译. 北京：中国人民大学出版社，2001：68.

论两种理论于一体的新型治理范式,它一方面强调治理理论中的多元主体的参与,认为这是协商治理的基本前提;另一方面也主张协商民主理论中的民主协商,认为民主协商是实现多元共治的内在运行机制。所以,无论是协商治理蕴含的价值诉求还是其内在的运行机制都积极契合了当前基层社会发展形势的客观需要,这也是协商治理成为基层社会治理创新主要方向的根本原因。目前,许多农村社区都在积极探索适合本地实际情况的协商治理模式,实践中也涌现出一批农村社区的协商治理的创新实践,如最早的浙江温岭的民主恳谈会、河南邓州的"四议两公开"、成都市"村民议事模式",以及天津宝坻区的"六部决策法"等。值得注意的是,虽然这些"地方性方案"有效解决了当地发展中的一些现实问题,并对其他地方探索协商治理提供了经验意义,但这些"地方性方案"目前仅停留在政策试验阶段,远没有在全国形成规模化、常态化的制度形式。不仅如此,在个别地方甚至还出现了诸如选择性协商①、形式主义协商②和悬浮性协商③等内卷化的发展倾向。因此,未来农村社区的协商治理发展需要做好两方面的工作。一方面需要不断地扩大发展规模,使局限于个别地方的"地方性方案"上升为全国普遍性的经验知识;另一方面需要不断地完善协商治理在实践中出现的问题,促进协商治理的良性发展。

二、理念的创新:从"中心—边缘"的控制,走向"多中心"的合作

近代以来,由于人类自我意识的觉醒,使得社会关系中处处表现出以自我为中心的图景,而基于这种社会关系延展开的社会建构也呈现出了"中心—边缘"结构,或者可以更进一步地认为,"中心—边缘"结构不仅存在于社会领域,而且存在于工业社会中的所有领域。即便是在等级严格的官僚制体制中,也存在"中心—边缘"结构。"中心—边缘"结构衍生出了控制的逻辑,因为在"中心—边缘"结构中,"边缘"没有自主性,是依附"中心"而存在的,

① 郭道久,路旖帆.制度、利益和风险:地方公共事务选择性协商治理的影响因素——基于滨州市棚户区与城中村改造的比较 [J].天津行政学院学报,2018,20 (3):11-18.
② 季丽新.中国特色农村民主协商治理机制创新的典型案例分析 [J].中国行政管理,2016 (11):51-57.
③ 付建军.张春满.从悬浮到协商:我国地方社会治理创新的模式转型 [J].中国行政管理,2017 (1):44-50.

所以,"中心"与"边缘"之间必然体现为一种"命令与服从"的单向度的控制关系。当人类社会进入 20 世纪 80 年代,后工业社会的特征逐渐开始显现,那种传统的基于"中心—边缘"结构控制导向的治理方式开始出现"失灵"。因为工业化社会整体上是一个低度复杂且相对确定的社会,"中心—边缘"意味着秩序,通过控制可以实现社会的稳定与发展,而后工业社会则是一个高度复杂且并不确定的风险社会,由于风险和不确定性无处不在,并且随时、随地都可能发生,后工业社会表现为明显的"去中心化"和"无中心化"趋势。"去中心化"和"无中心化"意味着人们之前在工业化社会中基于"中心—边缘"结构所做出的各种制度安排及行动策略将不再有效。那么在面对高度复杂且充满不确定性的后工业社会,人类又该如何遵从什么样的社会行动逻辑呢?风险社会的不确定性导致了每个地点都有可能成为"中心",因此,后工业社会必定是一个充满"多中心"的社会,在"多中心"的社会中人们往往会由于风险的不确定性而产生基于利益考量之上的一荣俱荣、一损俱损的强烈共情感,这种超验性的共情感不仅让人们越发明晰了人类本质上是一个休戚与共的命运共同体,而且还会驱使人们建立起合作的动机与行为。所以,在后工业化的社会中,基于"多中心"的合作将是人们社会行动的主要逻辑。

中国农村社会治理变革的历史进程也深受这两种不同结构行动逻辑的影响。如在人民公社时期,人民公社体制就明显体现出了"中心—边缘"结构的控制逻辑,主要表现在:一是国家对社会的控制。人民公社体制中,国家对社会的控制整体体现为一种"总体性"的强控制格局,即公社不仅从宏观上控制着农村的政治、经济、文化等,而且还从微观上控制着农民具体的生产与生活。二是城市对农村控制。为了优先发展城市工业,国家通过人民公社体制,以税收和工业产品和农业产品之间的不等价交换的"剪刀差"等方式,优先为城市工业发展积累了大量资金。据统计,"1952 年,农业资金以税收方式流入工业部门的比例为 55.9%,而以'剪刀差'方式流入工业部门的比例为 44.1%;此后,税收方式的比例不断下降,到 1990 年下降至 7.2%,而'剪刀差'方式的比例不断上升,1984 年升至最高达 88.6%"[①]。当然,剪刀差也造成了中国城乡发展

---

① 姜春云. 中国农业实践概论 [M]. 北京:中国农业出版社,2001:62.

的二元差距，这种不平等的城乡关系一直影响到现在。三是中央对基层的控制。中央通过人民公社"三级所有，队为基础"的组织体系，可以直接"一竿子插到底"，实现国家意志与每个村民的对接。到了村民自治时期，虽然国家对社会、城市对农村及中央对基层的"中心—边缘"控制关系有所减弱，如国家权力有序从农村社会中撤出，止步于乡镇一级；国家取消了农业税；城市工业也开始反哺农村农业，中央也不再直接控制基层农村，但是，整体而言，国家对农村社会的治理并没有从根本上改变控制导向。当然，随着农村社会现代化进程的不断发展，一个较之从前不同的现象开始出现并变得越发明显，就是在广大农村地区逐渐出现了除党和政府治理主体之外的其他多元治理主体，如市场、社会组织、新乡贤等治理主体。尽管它们的力量还相对弱小，但是不能因此而忽视了它们在当前农村社会治理中所发挥的积极作用，尤其是在面对政府单一的行政控制措施无法再像之前那样达到应有的效果，甚至难以发挥效果之时，多元社会治理主体的作用与优势就会体现得更加明显与突出。所以，在当前的农村社会治理中，党和国家越来越提倡或倾向于采取多元治理主体合作的逻辑来共同应对社会治理中出现的问题与矛盾，而协商治理正是多元主体合作治理逻辑的一种具体方式。

三、制度的创新：从"以政代社"到"承认社会"再到"政社协同"

人民公社时期，农村社会没有任何独立性，完全存在高度组织化在人民公社体制之中。人民公社实行的是"政社合一"的管理体制，即人民公社既是国家基层政权组织，又是农村社会的生产与生活组织。生产队作为农村最基层的社会管理组织，负责安排农民关于生产生活的一切事务，换言之，农民的一切需求都是在生产队中解决的。所以"政社合一"的实质是"以政代社"①。"以政代社"不仅使国家政权过多的干预经济发展，造成了经济生产效率的低下，而且也束缚了社会发展的活力，使社会失去了自我调节的机制与能力。例如，人民公社限制城乡之间人口的自由流动，农民只能世世代代被固定在土地上，从事农业生产。即便是在从事农业生产的具体过程中，农民作为农业生产的主

---

① 陈文科．"政社合一"的实质是以政代社［J］．经济问题探索，1980（5）：79-80，78.

体，基本上也都没有安排生产劳动的自主权，什么时候应该种植、具体应该种植什么以及不同农作物分别应该种植多少，都要听从生产队的安排。此外，农民的社会交往，乃至家庭生活同样也受到人民公社的严格限制。所以"以政代社"完全忽视并抑制了农村社会的独立性和自主性，把政治与社会具有完全不同属性和功能的两个领域混淆并捆绑在一起，虽然在一定历史时期内产生了积极效应，如为我国的工业化发展做出了巨大的历史贡献，但是从长远看，这种理念违背了农村生产力的发展规律，正如恩格斯所认为的，当政治权力与经济发展沿着相反的方向起作用时，"政治权力能给经济发展造成巨大的损害，并能引起大量的人力和物力的浪费"①。

村民自治时期，是国家开始尊重与承认农村社会的时期。自 1978 年以来，为了适应生产力的发展要求，变革不适应生产力发展的生产关系，我国农村在经济领域和社会领域进行了两场自上而下的深刻改革。其中，社会领域的改革主要体现在：一是进行了政社分开、撤社建乡的改革。1983 年 10 月，国务院在发布的《关于实行政社分开建立乡政府的通知》中提出，撤销人民公社，建立乡（镇）级政府和村委会的要求后，全国各地积极响应，纷纷实行政社分设，建立乡（镇）政府和村委会。"到 1985 年春，全国撤社建乡工作就已经基本完成。"② 接着进行了村民自治。1982 年我国宪法规定村委会是"基层群众性自治组织"，1987 年《中华人民共和国村民委员会组织法（试行）》进一步明确了村委会基层群众性自治组织的性质与民主选举、民主决策、民主管理、民主监督的民主政治功能。随着我国乡镇和村民委员会的广泛建立及村民自治的实施，我国农村"乡政村治"的管理模式被正式确立。"乡政村治"划分了两种不同属性权力的边界。"乡政"指的是乡（镇）一级政权，是国家设立在农村最基层的一级政权组织，它体现的是国家的强制力，具有强烈的行政性和集权性特征；而"村治"具体指村民委员会，是农村基层群众性自治组织，具有明显的民主性和自治性特征。在"乡政村治"管理模式的制度安排下，国家权力被限制在乡（镇）一级，由此，"乡政"和"村治"之间不再体现为"命令—服从"

---

① 中共中央马克思恩格斯列宁斯大林著作编译局 . 马克思格斯选集：第 4 卷 [M]. 北京：人民出版社，1972：483.

② 中共中央党史研究室 . 中国共产党的九十年 [M]. 北京：中共党史出版社，2010：717.

的上下级行政关系，而是指导与被指导的柔性关系。整体而言，"乡政村治"模式取代"人民公社"模式反映了国家对农村社会的尊重与承认，国家权力开始从农村社会中有计划的适度退出，"除了计划生育、治安维稳以外，国家权力极少干预农民具体的日常生活"①，这客观上为促进农村社会的发育和实现农村社会的自我治理创造了一定的制度空间。

党的十八大以来，农村社会开始进入政社协同治理的新时期。自实施家庭联产承包责任制以来，农民重新获得生产经营自主权，中国农村社会再次回到分散生产经营的状态。分散经营的小农经济无法聚集起产业的规模效应，尤其是在面临市场经济的冲击时，分散的小农经济表现出了明显的被动与不适应。再加上20世纪90年代后期乡镇企业普遍衰落，使乡镇财政收入不得不依赖农民的税收，进一步加重了农民的负担。因此，在实施家庭联产承包责任制不久后，全国大部分农村地区都出现了农业生产增长乏力、农村税费征收困难、农民负担沉重等问题。随后逐渐演变成为具有全国性的"三农"问题。为了解决"三农"问题，21世纪初，党和国家开始进行农村税费改革，并在2006年取消了农业税及面向农民收取的各种费用。取消农业税是中国5000年农业史上具有里程碑意义的改革，它标志着国家不再向农村社会汲取资源，农民因此也可以获得更多的改革成果。但农业税取消后也产生了一些负面结果，尤其是对农村现有的治理模式带来了挑战。具体表现在，取消农业税后，由于缺乏资金投入，农村社会的公共基础设施、公共服务及公共事业的发展一度陷入困境，严重影响着农村生产与生活秩序。为了改变这一现状，建设"生产发展、生活富裕、乡风文明、村容整洁、管理民主"的社会主义新农村，党和国家开始向农村大规模转移与输入资源。伴随着大量资源下乡的同时，必然是权力的下乡。因此，作为国家治理最后一公里的村民委员会变得越来越行政化，越来越像乡镇政府下的一级行政机关，而非自治组织。当作为自治组织的自治功能被隔空与悬置时，村民自治的存在的合理性与合法性依据便受到了质疑。为了改变农村村民自治功能失灵的现状，党和国家通过驻村干部、村财乡管、项目制等多种人、财、物下乡的方式进行协助与帮扶，但是效果并不理想。实践证明，单纯凭借

---

① 蒋永穆，王丽萍，祝林林. 新中国70年乡村治理：变迁、主线及方向 [J]. 求是学刊，2019，46（5）：1-10, 181.

政府行政化的举措难以扭转村民自治的当前困境，实现真正的村民自治最终还需要农民自身的努力，毕竟建设农村美好生活是农民自己的事情，而不仅仅是政府的一厢情愿。所以未来的村民自治还需要在"党委领导、政府负责"的基础上，进一步发挥"社会协同、公众参与"的积极作用，通过政社协同来激发农民的主体意识，进而参与到村民自治的实践中，从根本上改变当前村民自治困境。

四、行为的创新：从"自治"与"他治"的分立走向"协商共治"

人类社会自产生以来，选择何种治理方式实现秩序与发展是人们始终面临着的一个基本问题。从治理主体的维度分析，人类社会大致存在两种治理方式。一是自治，即自我的治理；二是他治，即自我之外的他者治理。在研究文献的具体情境中，"自治"主要是指村民自治，而"他治"主要体现为国家权力在农村社会场域中的在场。

在最初实行村民自治制度时，人们更强调"自治"的重要性，反对或排斥"他治"对"自治"的影响与干预。之所以坚持"自治"，主要基于以下几点原因：一是将村民自治看作基层民主的发展与进步。村民自治不仅实现了自下而上的民主选举，改变了中国几千年传统的自上而下的干部任用方式，而且也不同程度地提升了民主决策，民主管理和民主监督的实际效能。二是认为自治是农村社区共同体最佳的治理方式。农村社区是一种基于血缘和地缘关系而建立起来的亲密共同体，作为一种体现伦理与人情关系的社会共同体，是最适宜以自治的方式进行治理的。三是认为自治是一种低成本的社会治理方式。中国农村是以家户为本位的分散社会结构，孙中山曾将其比喻为"一盘散沙"。现代社会中的国家即使借助科技力量变得强大无比，也无法实现与亿万分散农户的精准对接，因此，对于成本巨大的"他治"而言，"自治"是一种耗损较小的社会治理方式。四是认为自治是民主国家治理的基础。自治能够提升民主所需的能力，英国政治学者戴维·赫尔德（Pavid Held）认为，自治能够促进人类在私人生活和公共生活中自我思考、自我反省和自我决定的能力。① 而这种能力对现代化的民主国家是十分必需的。关于这点，托克维尔也曾经深刻地论述过，他

---

① 戴维·赫尔德. 民主的模式 [M]. 北京：中央编译局出版社，1998：380.

认为，一个国家虽然可以建立一个自由的政府，但若缺乏乡镇组织，则这个政府会是一个没有自由精神的政府。也许暂时的利益、片刻的激情或偶然的机会能够创造出政府独立的外表，但潜藏在社会机体内部的专制迟早会重新出来。①同样，在社会主义民主国家中，如果"没有群众自治，没有基层直接民主，村民、居民的公共事务和公益事业不由他们直接当家做主办理，我们的社会主义民主就还缺乏一个侧面，还缺乏全面地巩固的群众基础"②。

村民自治实行一段时间后，人们逐渐发现"他治"从未远离过农村社会，且一直以各种方式存在或影响着农村社会。例如，有学者认为，即使是在我国"皇权不下县"的传统社会中，社会自治也并非单纯的"自治"，皇权依然可以通过"乡里制度、户籍制度与赋税制度"③对县级以下社会自治施加影响。还有学者认为，我国村庄始终存在着以自治为代表的内生秩序和以国家权力为代表的外在行政嵌入两种权力秩序，这两种权力秩序相互博弈，此消彼长，在不同的历史时期呈现不同的博弈状态。总的趋势是，国家行政嵌入的出场时间虽然晚于村庄内生秩序，但在国家权力机关和意识形态的强制主导下，这种外在的行政嵌入在与内生秩序力量的博弈中逐渐取得主动。④事实上，国家行政嵌入村庄并不必然是国家权力主观意愿扩张使然，尤其是"当我国已经完成工业化资本的原始积累以后，国家其实已经没有必要为了获得超强的动员能力而继续维持一个庞大的行政嵌入体制"⑤。但现实情况是，当国家权力撤出农村社会之后，农村社会却因为无力承担公共服务和基础设施而一度陷入瘫痪。2006年，我国取消了农业税，随之一并取消的还有之前向农民收取的如"三提五统"等各种费用。税费的取消虽然减轻了农民的负担，但同时也意味着农村社区的各项公共事业会因此丧失经费来源。为了维持农村社会各项公共事业的发展，以及更好地建设社会主义新农村，国家不得不向农村社会开始大量转移资源，资

①　托克维尔. 论美国的民主 [M]. 北京：商务印书馆，1997：66.

②　中共中央文献编辑委员会. 彭真文选 [M]. 北京：人民出版社，1991：607-608.

③　吴晓林，岳庆磊. 皇权如何下县：中国社区治理的"古代样本" [J]. 学术界，2020（10）：120-129.

④　宋小伟. 村庄内生秩序与国家行政嵌入的历史互动 [J]. 内蒙古社会科学（汉文版），2004（4）：124-126.

⑤　宋小伟. 村庄内生秩序与国家行政嵌入的历史互动 [J]. 内蒙古社会科学（汉文版），2004（4）：124-126.

源下乡必然伴随着权力的下乡，所以农村社会中"他治"的存在也有其客观的现实陈因，并不只是政府的一厢情愿。也正是就这个角度而言，不少学者认为农村社会中不能缺少国家权力的在场，"他治"是"自治"运行的基本政治保障。但至于发展到后来，"他治"的影响远远超过了行动边界，以至于在一定程度上影响了"自治"的正常运转，不得不引发大家对"他治"的批评及对"自治"的担忧了。

村民自治制度发展到现在，人们不再单一地主张"自治"或是"他治"，而是更加强调"自治"与"他治"的"协商共治"。如前所述，在当前社会治理重心下移的政策背景下，国家向农村社会输入了大量的人、财、物资源。国家资源下乡的同时必然带来国家权力的下乡，因此，农村社区的行政化的趋势，即"他治"的倾向越来越明显，而"自治"的功能逐渐变得消极与萎靡。然而现实情况是，在当前的乡村治理体系中，既离不开乡村自治，因为它是乡村治理体系的基础与核心；也离不开"他治"，因为它是当前"自治"的政治保障，因此，"自治"与"他治"的"共治"成为当前农村社区治理的现实选择。但是"自治"与"他治"之间如何才能实现和谐的"共治"呢？美国社会学家迈克尔·曼（Michael Mann）认为，国家权力可以划分为"专制性权力"和"基础性权力"，"专制性权力"是传统国家通常使用的一种"国家精英所享有的、不必与市民社会团体进行日常的制度化磋商的行动范围"① 的权力，而"基础性权力"则是现代国家常使用的一种"国家能实际穿透市民社会并依靠后勤支持在其统治的疆域内实施其政治决策的能力"②。而这种国家渗透市民社会并从市民社会中获得的有效贯彻其政治决定的权力，更多的是依赖国家与社会之间的协商，而不是自上而下的命令。所以，"自治"与"他治"一起"共治"的最佳方式是协商，通过协商，一方面可以激发社会内在的活力与动力，更好地发挥社会主体的积极作用；另一方面可以使国家的意志得到社会的认同与支持，从而得以更好地贯彻实施。所以，在当前农村社区治理中，政府应该改变通过单一的行政措施去改变社区自治的困境，而着重通过协商共治的方式来提升社区治理体系与治理能力的现代化。

---

① 刘昶. 迈克尔·曼论国家自主性权力 [J]. 上海行政学院学报，2016，17（1）：76-85.
② 刘昶. 迈克尔·曼论国家自主性权力 [J]. 上海行政学院学报，2016，17（1）：76-85.

第五章

农村社区协商治理的实证分析：以天津市宝坻区林亭口镇白毛庄村"六步决策法"为例

第一节 白毛庄村的基本情况与选择缘由

一、白毛庄村的基本情况

白毛庄村是天津市宝坻区林亭口镇一个规模相对较小的行政村，地理位置十分优越。它地处林亭口镇西南部，西邻潮白新河，南邻黄庄洼水库，往西过新建的潮瑞大桥。距离"京津新城"3000千米、东距塘城高速"宝坻温泉城东"出口5000千米，廊唐快速从村南横穿而过。

白毛庄村历史文化悠久，它曾是明初翰林大学士、御用教师冯康远的故乡。冯康远曾为明太祖朱元璋的次子、蜀王朱椿的老师。因"靖难之役"，随燕王朱棣由浙江过来直至定都燕京。后来，冯康远在宝坻境内直通京城的大运河旁建庄立户，安置冯氏一族人住下。冯氏一族诗礼传家，善德修身，颇为乡邻称道。至今，白毛庄村里还有绝大多数人家是冯姓，每逢大年三十晚上，冯氏一族掌门便会请出冯康远的画像，摆上香案贡品，让族人祭祖叩拜，这已经成为白毛庄村过年必不可少的一个传统。

截止到2021年，白毛庄村有农户89户，总人口327人，其中党员22名，村民代表13人。现有耕地2170亩，主要种植小麦、玉米和水稻。农民收入主要以进城务工经商和农业生产为主。目前，该村土地已经全部流转，由于种植的农业品种相对单一，且无经济类农作物，很难再从土地上提高农民收入。为了改变农民收入增长困难的现状，近年来，林亭口镇党委和政府在创建生态村的基础上着力打造白毛庄村的休闲观光产业，通过水系梳理，村容村貌整治，特别是依靠葡萄产业庄园和特色民族的开发，业已形成集农耕体验、葡萄采摘、休闲观光、野生垂钓、民俗文化、餐饮住宿于一体的乡村旅游生态链，白毛庄村因此有了"潮白明珠、芦花圣境、葡萄庄园、渔耕人家"的美誉。目前，在林亭口镇党委、政府以及村两委班子的带领下，白毛庄村已经成功摘掉了困难村的帽子，2021年村集体收入达到25万元，农民人均纯收入达到35000元，经济水平在林亭口镇处于领先水平。

二、选择的缘由：典型性、有效性与可进入

"典型性是实证案例研究所必须具有的属性，是个案是否体现了某一类别的现象（个人、群体、事件、过程、社区等）或共性的性质。"① 典型性不等于代表性，因为个案研究不是统计样本，所以它不需要回答诸如作为类别的研究现象的边界问题，实际上它也无法回答这样的代表性问题，只需要能够集中体现某一类别现象的重要特征即可。通过对个案的典型性研究，最终是要"形成对某一类共性（或现象）的较为深入、详细和全面的认识，包括对'为什么'（解释性个案研究）和'怎么样'（描述性个案研究）等问题类型的认识"②。

之所以选择天津市宝坻区林亭口镇白毛庄村的"六步决策法"作为实证案例研究是因为白毛庄村的"六步决策法"体现了我国农村社区协商治理的典型。其典型性主要体现在：一是协商治理类型的典型性。党政主导是我国当前农村社区协商治理的共性，或者说是其最本质的特征。无论是对协商治理最早进行实践的浙江温岭的"民主恳谈"，还是发展到现在全国各地的协商治理，如影响力较大的河南邓州的"四议两公开"等，都具有明显的党政主导的痕迹。因此也有学者将我国的协商治理描述为"党政主导的协商"或"威权协商"③。尽管

---

① 王宁. 代表性还是典型性？——个案的属性与个案研究方法的逻辑基础 [J]. 社会学研究，2002（5）：123-125.

② 罗伯特·K. 殷. 案例研究：设计与方法 [M]. 周海涛，李永贤，李虔，译. 重庆：重庆大学出版社，2010：4-9.

③ 何包钢，肖会舜. 审议性公民与协商治理：中国协商民主实验的一个案例研究 [J]. 绍兴文理学院学报（人文社会科学），2018，38（4）：28-39.

也有局部地方的基层协商治理实验带有"自治"的色彩，如村民小组内进行的协商治理，但是这类协商数量极少，且影响不大。本书所选取的"六步决策法"原本就是天津市宝坻区为促进基层协商民主建设，提升基层治理水平而进行的一项政策创新，因此，无论是在"六步决策法"的设计初创阶段，还是在具体的推行"六步决策法"的实践过程中，都体现出了强烈的党政主导特色。二是协商治理过程的典型性。协商治理是自由平等的多元治理主体，通过协商与对话的交往方式来化解矛盾、协调利益的一种民主治理形式。白毛庄村按照"六步决策法"的要求，对村里凡是涉及与农民群众切身利益密切相关的村级重大事务都进行了民主协商。首先由村两委提议或者通过召开全体党员和村民代表会的方式广泛征求村民意见确定议题，然后由村"两委"联席会议讨论通过并报请乡镇党委和政府对议题内容进行审核批复，乡镇党委、政府审核批复后要及时召开民主协商议事会充分征求议题相关村民的意见和建议，经过协商讨论后对拟做出决策的协商结果进行表决，形成决定。"六步决策法"的过程体现了协商治理的多元治理主体参与并使用民主协商的方式进行利益协调、解决矛盾的典型性特征。三是协商治理结果的典型性。白毛庄村在 2013 年以前是宝坻区一个相对贫困的村庄，村里的大部分村民主要过着"地里刨食、水里捞食"的苦日子，人均年收入不到 1 万元，并且村庄环境也以脏乱差而远近闻名。2013年之后，上级党委、政府的正确领导下，白毛庄村两委成功运用"六步决策法"的有效治理，不仅助力白毛庄村经济实现了发展性增长，使白毛庄村成功摘掉了困难村的帽子，而且也使白毛庄村无论是村容村貌还是民心民情都得以旧貌换新颜。2014 年被评为天津市生态旅游村，2016 年被评为天津市美丽宜居村庄，2019 年被评为全国乡村治理典型村，2021 年被评为全国民主法治示范村和中国美丽休闲乡村。由此，体现出了协商治理结果的典型性。

有效性是指实证案例研究的建构效度（Construct Validity），主要是指"概念操作化的指标要适合当地文化、可操作性强且成体系"。[①] 当前，影响个案研究建构效度的因素主要来自三个方面：一是个案研究的证据来源是否多样化，二是个案研究的证据链是否严谨，三是个案研究后的成果是否得到证据提供者

---

① 罗伯特·K.殷.案例研究：设计与方法［M］.周海涛，李永贤，李虔，译.重庆：重庆大学出版社，2010：19-22.

的验证与核对。① 针对上述影响个案研究建构效度的三个主要因素，本书进行了积极的回应。首先，本书尽可能地利用多渠道提供多元化的资料证据来源。在选定白毛庄村"六步决策法"作为本论文的研究案例之后，笔者紧紧围绕"白毛庄村""六步决策法"这两个主题，广泛查阅书籍、报刊、文件资料、网络报道等证据，并将收集到的证据进行归类、整理。其次，为了验证获取证据的真实性与有效性，笔者先后两次赴白毛庄村进行实地调研，与白毛庄的"两委"、村委委员及部分村民进行了访谈，在访谈中对访谈对象进行适当的提问，同时做好访谈记录，在征求受访者同意的情况下进行录音和摄影以留存访谈证据。同时，为了兼顾到受访者还有一部分是老年群体，且长期生活在农村，本书还专门设计了纸质调研问卷，通过走访入户的形式获取第一手调研证据。最后，在论文完成初稿之际，笔者专门将论文初稿以电子邮件的形式发送给了白毛庄村的支部书记和村委会主任。在论文的写作的过程中，得到了他们的大力帮助，无论是在调研所需的食宿，还是调研时的资料方面，他们都给予了大力的支持。在本书完成之际，将初稿寄给他们，既是对他们的尊重，也是希望继续得到他们的批评与指正。

　　可进入是实证调研的"入场"问题。当前社会调研的"入场"主要有两种方式。一种是借助各种社会关系的入场。在这种情况下，持有明确研究目的的研究者一般首先借助非正式的私人关系入场，其次在其进行的调研场域内逐渐扩展社会关系并构建起一套基础的社会信任网络，最后从中获得案例调研证据的过程。这种凭社会关系入场的典型特征是"不在于以规范的诉求压制经验感，而是以独特的情感结构连接经验的观察和道德理想的重生"②。另一种社会调研的"入场"方式是依靠正式制度与规则的介入与引导。通过正式制度和规则的介入和引导来获得案例调研证据的主要特点是见效快，节约时间与精力，但是在获得案例调研证据的严谨性和真实性方面还需要进一步的考量。本书采取的是二者相结合的方式。即在初步选定调研案例的目标后，笔者主要是凭借同学

---

① 侯志阳，张翔. 公共管理案例研究何以促进知识发展？——基于《公共管理学报》创刊以来相关文献的分析 [J]. 公共管理学报，2020，17（1）：143–151，175.

② 田耕. 社会学民族志的力量：重返早期社会研究的田野工作 [J]. 社会，2019，39（1）：71–97.

关系联系到了白毛庄村的党务委员，通过党务委员了解到白毛庄村"六步决策法"实施的基本情况后，最终确定将白毛庄村"六步决策法"作为本书的研究案例。之后，凭借南开大学周恩来政府管理学院团委开具的论文调研介绍信，笔者联系到了白毛庄村的支部书记，之后确定了初次调研见面的时间和地点。笔者深知要获取真实的案例调研证据仅仅凭借正式制度的介入和引导是远远不够的，因此，在 2020 年 12 月初次调研完成后，笔者又于 2021 年 4 月第二次进入调研案例场域，通过一段时间的接触，初步建立起了简单的社会信任网络，并利用这个基础的社会信任网络收集了大量翔实的案例调研证据。

三、白毛庄村推行"六步决策法"的背景、实践动因与现状

党和国家越来越重视协商民主在基层治理中的作用是白毛庄村推行"六步决策法"的主要政策背景。自 2012 年党的十八大报告中提出要"完善协商民主制度和工作机制，推进协商民主广泛多层制度化发展"和"积极开展基层民主协商"，尤其是 2014 年习近平总书记在庆祝中国人民政治协商会议成立 65 周年大会上指出"要按照协商于民、协商为民的要求，大力发展基层协商民主，重点在基层群众中开展协商"以来，我国城乡基层中开展了广泛多样的协商治理实验。天津宝坻区为了进一步加强基层协商民主，促进科学决策，破解发展难题，融洽干群关系，进而提升基层治理体系与治理能力现代化的水平，做出了在全区范围内实行农村基层协商民主制度的重要决定。为了使基层协商民主制度在全区范围内得以有效的贯彻落实，宝坻区先是在前期充分调研的基础上制定了《关于实行农村基层协商民主制度的意见（试行）》，对农村基层协商的原则、内容、程序、形式及需要参加的对象都做出了明确的指导。其次，选择部分单位推进试点工作。2013 年 6 月至 10 月，宝坻区在全区 24 个街镇中按照好中差的标准，确定了 109 个先期试点村进行试点工作，为了配合试点工作的有效运行，宝坻区还举办了实行农村基层协商民主制度试点工作的动员会和培训班。试点工作成效明显，截止到 2013 年 8 月，109 个试点村，131 个议题全部完成首次协商，协商议题涉及土地流转、清洁家园、街道硬化、修路、综合服务站建设、办水、办电等，通过首次协商，3 个议题未通过，其余均协

商成功。① 最后全面开始推行。在全面总结试点工作经验的基础上，宝坻区决定在全区普遍展开基层协商民主制度。同时为了提高基层协商民主的实用性和可操作性，宝坻区又制定并出台了《关于推行农村基层协商民主制度的意见》和《关于进一步完善村级重大事务"六步决策法"的通知》，进一步细致规范了基层协商民主的相关程序和环节，确保基层协商民主有章可循、有规可依。

破解村里久治未决的治理难题是白毛庄村推行"六步决策法"的主要实践动因。2013 年以前，白毛庄村不仅是林亭口镇经济治理贫困村，而且也是环境治理困难村。白毛庄村地处宝坻黄庄大洼深处，村里村外遍布十余个坑塘，由于没有合理的排污措施，一些坑塘就成为村民长期倾倒垃圾污水的主要场所，时间一久，这些坑塘就变成了村里的卫生死角。由于村集体经济发展非常薄弱，虽然村"两委"已经意识到环境卫生是当前影响大家生活质量的主要问题，但因为难以筹措资金也迟迟无法解决。很多村民也大多抱着"大家都往坑塘里倒垃圾，又不是我一个倒"的侥幸心理，或者"环境卫生又不是我一个人的事"的"搭便车"心理，对环境脏乱差的问题要么置之不理，要么得过且过。长此以往，村里的环境问题就成了村里管不了，村民不愿管的治理难题。契机发生在 2013 年，2013 年两件重要的事件改变了白毛庄村的命运。一是天津市决定从市级机关、市属企事业单位选派驻村干部组成工作组，进驻全市 500 个困难村进行精准帮扶工作。白毛庄村正好在此次帮扶之列。二是宝坻区经过前期协商民主制度试点工作结束后，决定在全区全面推行和普及协商民主制度，协商民主在基层治理中已经进入实操阶段。在结对帮扶期间，来自天津百利机械装备集团的帮扶组进驻白毛庄村，与村民同吃同住共谋发展。帮扶工作组不仅给白毛庄村带来了人才、技术与理念，而且也带来了用于发展的资金。据统计，在帮扶期间，上级镇政府共投入 200 万元，帮扶组先后投入近 60 万元。有了相对充裕的资金后，白毛庄村决定首先对村里的环境卫生开展治理。由于环境卫生属于"与农民群众切身利益密切相关的村级重大事务"的协商范畴，按照宝坻区《关于推行农村基层协商民主制度的意见》及《宝坻区委组织部关于进一步完善村级重大事务"六步决策法"的通知》的文件要求，必须"严格按照'六

①　金慧英. 群众充分参与，决策更得民心——天津市宝坻区推行农村基层协商民主纪实 [N]. 农民日报，2019-07-10（1）.

步决策法的'程序，实行民主决策，不得由个人或少数人决定"。所以，白毛庄村启动"六步决策法"的程序展开了对环境卫生的治理工作。尽管在协商过程中，村民对环境卫生治理提出了各种不同的意见，使协商的过程并不是十分顺利，但是经过前后共五次的协商之后，村民逐渐达成了环境治理的共识。首先，对村里的大小坑塘进行垃圾和淤泥的清除，恢复坑塘水面面积。在清淤工程结束后，白毛庄通过民主协商议事会再次协商，对各个坑塘进行综合利用规划，如承包养鱼养虾、农家乐等。通过清洁村庄，不仅增加了村民们的收入，而且也提升了白毛庄村的知名度。如今的白毛庄村已经成为天津市美丽宜居村庄并入选中国美丽休闲乡村，吸引着众多游客前来旅游和赏景。

自 2013 年年底，宝坻区决定在全区实行"六步决策法"以来，为了确保"六步决策法"能够落到实处，宝坻区首先加强了组织领导。不仅在区里成立了由区委书记任组长，区纪检委、组织部、人大等相关领导任副组长的领导小组，而且还下设了由区委常委、区纪委书记任办公室主任，由纪检委、组织部等 16 个成员单位组成的办公室，同时在街道也设置了相应的领导小组。其次加强了宣传力度。宝坻区利用广播、公示栏等宣传阵地大力宣传协商民主制度，提高基层领导的协商意识，同时扩大村干部和村民对"六步决策法"的认同度。最后实行全过程监督。宝坻区全区共成立了 12 个检查组，检查组分别入驻所承包街镇，动态检查"六步决策法"的落实情况，并对存在问题予以解答和纠正。目前，天津市宝坻区的 21 个乡镇、765 个村都普遍推行了"六步决策法"。"六步决策法"在有效破解基层发展治理难题的同时，一方面提升了村级事务决策的科学化与民主化水平，另一方面激发了村民有效参与村级事务的动力与热情。白毛庄村的村支书在访谈中说："刚开始的时候觉得'六步决策法'非常麻烦（与之前的行政命令决策相比），因为每次都需要提议、申请、报备等一套程序，而且村民们的意见也往往五花八门，难以统一。过了一段时间觉得'六步决策法'还不错，因为它可以保护我们的干部不犯错误。最近越来越觉得'六步决策法'是个好东西，因为一旦大家协商好形成决策后，执行起来特别顺利，一点都不费劲。现在村里不论大事小事，我们都喜欢用'六步决策法'来解决。"[1]

---

① 访谈编码：2020FSL1。

第二节 白毛庄村"六步决策法"的协商类型、协商机构与基本流程

一、作为一种党政主导的协商治理模式

关于基层协商治理的模式，不同的学者基于不同的视角将基层协商治理模式划分为不同的模式，如俞可平依据协商的功能将其划分为决策性协商、听证性协商、咨询性协商和协调性协商；谈火生根据协商发生的场域将其划分为政府内部的协商（精英协商）、政府和民众进行的协商及社会中完全由民众自己进行的协商；① 王洪树依照协商的力量将其划分为国家主导下与社会力量展开的协商、社会主导下与国家力量展开的协商及社会内部发起的自主性的社会自治协商；② 还有学者依据基层协商治理所处理的问题维度将其划分为自治式协商治理、咨询式协商治理以及共治式协商治理；③ 等等。本书在充分吸收上述学者思想的基础上，结合当前大多数农村社区协商治理的实践，从协商治理主体的角度，选取党政主体和社会主体的参与作为划分协商治理类型的两个关键变量，将当前农村社区协商治理的类型划分为四种（见图 5.1）。之所以选择将党政主体和社会主体的参与作为划分协商治理类型的关键变量，是因为在当前农村社区的协商治理中，农村社会主体力量普遍弱小，如果没有党政主体的有效参与引导，就会出现协商治理"立"不起来和"站"不起来的现象；但如果缺乏社会主体的有效参与，那么协商治理从根本上失去了存在的意义，最终也会因为得不到社会主体的支持与认同而流于形式。因此，可依据党政主体和社会主体参与协商治理程度的高低，将农村社区协商治理分为四种类型。

---

① 谈火生. 协商治理的当代发展 [M]. 广州：广东人民出版社，2018：95.

② 王洪树. 社会协商：中国的内生缘起与理论探索 [J]. 探索，2015（1）：45-51.

③ 徐明强. 基层协商治理的问题维度与制度供给——基于多案例的类型比较分析 [J]. 理论月刊，2018（5）：107-113.

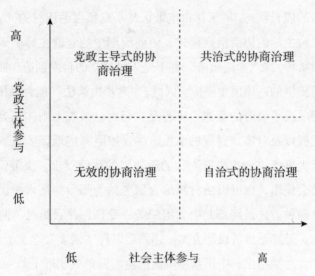

图 5.1 农村社区协商治理的主要类型（作者自制）

在当前农村社区中，当党政主体参与和社会主体参与程度都比较低时，基本不存在协商治理，可以将其称为无效的协商治理；当社会主体参与比较程度高，而党政参与程度比较低时，容易形成自治式的协商治理，如农村社区内的小微自治单元村民小组，更适合处理较小范围内的人民内部矛盾，所以容易发生自治式的协商治理。但若有涉及整个社区的公共事务，或者需要跨社区的公共事务时，自治式的协商治理的作用范围便会受到限制。当党政主体参与比较高而社会主体参与比较低时，协商治理容易演变成为党政主导的协商治理，党政主导的协商治理在借助党政力量的强力推动下，会在一定程度上得以迅速发展，但若社会主体参与不足或者社会主体长期缺位，则协商治理或者难以为继，或者会流于形式化。协商治理模式中最理想的类型是共治式的协商治理，在共治式的协商治理模式中，党政主体善于引导，社会主体积极参与，两者互动合作，优势互补，从而达成社会治理的善治目标。

基于目前我国农村社区协商治理发展现状的现实考量，我国农村社区协商治理绝大部分是党政主导的协商治理模式。这既与政府管理社会的传统路径有关，也与我国农村公共权力与社会力量发展不均衡的现实相关，尤其是基层公共权力与社会力量还不呈比例，前者保持着强大的介入能力，后者还是处于弱小和不堪一击的成长状态。① 天津市宝坻区林亭口镇白毛庄村的"六步决策法"属于典型的党政主导的协商治理模式。协商治理中的党政主导宏观上体现在协商制度的创设阶段。"六步决策法"并不是人民群众的自发创造，而是由政府针对基层治理所提供的一项民主安排。因此，"六步决策法"能否采用及其实现程度，主要还是取决于政府的意愿、决心及执行力。微观上则体现为党政部门对协商议题的把握以及对协商过程的掌控。尽管按照《宝坻区委组织部关于进一步完善村级重大事务"六步决策法"的通知》的政策要求，决策议题可以由村党组织、村委会提出，也可以由村级综合服务站为平台，征求村民意见形成两种方式，但这两种方式最终都是由党组织统一受理，并召集村"两委"联席会议讨论通过的。最终形成的议题方案，还需要以村"两委"名义上报街镇审核。因此，也有学者总结指出，中国基层协商民主实践形式实际上是一种行政民主，其要旨是通过行政方式来体现民意，反映民意，满足民意的，用政治词汇来说即所谓的"为人民服务"②。

党政主导的协商治理模式既有一定的合理性也有一定的局限性。其合理性在于这是由中国农村基层社会发展的现实所决定的。一方面，自改革开放以来，受到市场经济发展的影响，中国农村社会中的利益意识和权利意识都在不断增强，在利益与权利逻辑的支配下，农村社会中以维权为主要目的的群体性事件和集体抗争事件不断增长，传统的"行政—控制"的维稳治理模式在应对这种情况时往往治标不治本，所以为了有效缓和社会冲突，维持社会稳定，注重多元主体参与并主张通过"对话—协商"的方式来解决矛盾与冲突的治理模式成为当前农村基层社会治理的新选择，这是协商治理得以存在的现实基础。另一方面，尽管当前农村基层社会中社会主体的意识有所觉醒，但"觉醒"并不意味着成长，尤其是对于协商治理所要求具备的条件而言，农村社会主体无论是从规模，还是组织化程度，抑或是协商的能力与素质而言，都难以匹配与满足。因此，在这种情况下，由党政主体主导协商治理，并在协商治理的过程中，注

---

① 周庆智. 基层治理：一个现代性的讨论——基层政府治理现代化的历时性分析 [J]. 华中师范大学学报（人文社会科学版），2014，53（5）：19-28.

② 景跃进. 行政民主：意义与局限——温岭"民主恳谈会"的启示 [J]. 浙江社会科学，2003（1）：27-30.

重培育农村社会主体的成长，便成为农村社区协商治理发展的一项策略选择。当然，党政主导的协商治理虽然具有现实的合理性，但也面临着发展的局限性。这种局限性一是体现在如果协商治理长期缺乏社会主体的有效参与，那么这种党政主导的协商治理模式很有可能变为"行政的附庸"或"行政的工具"，甚至在某种情况下也会变成为"行政的秀场"，现实中的很多现象说明了这一问题的存在。比如，党政主导的协商治理普遍存在着党政主体想协商就协商，不想协商就想尽办法规避协商的随意化现象，或者只有在传统的行政管理模式无法协调和应对现有的矛盾和冲突时，协商治理才会成为党政部门解决困难的一种补充性或辅助性工具而被提上议程。更有甚者，将协商治理看作体现政绩的一种方式，现实中也有部分地方的协商治理创新面临着领导调任后"人走政息"的境地。二是体现在如果协商治理长期缺乏社会主体的有效参与则很有可能发生制度的流变，成为一种形式化的协商治理。即看似在协商，实质上则没有多少协商的余地，只不过是走了协商的过程，而没有达到协商的实质性效果，换言之，是在以协商之名行管理之实。因此，未来农村社区的协商治理还需要大力培育社会主体的力量，只有形成多元主体合作的协商共治模式，才是农村社区协商治理发展的生命力所在。

二、"六步决策法"的协商机构："民主协商议事会"

白毛庄村的"民主协商议事会"是"六步决策法"进行协商议事的专门协商机构。根据《宝坻区委组织部关于进一步完善村级重大事务"六步决策法"的通知》，协商议题在确定并经上级审批之后，需要在民主协商议事会上进行协商。与村民会议（最高权力机构和决策机构）和村民代表会议（重要权力机构和决策机构）相比，民主协商议事会只是一个常设的协商议事机构，并不具备权力功能和决策功能。民主协商议事会主要负责"民主协商、集思广益与求得共识"，至于协商结果的转化与协商结果的落实则不在民主协商议事会的功能范畴内。当然，民主协商产生共识之后并不意味着协商的完成，还需要通过村民会议或村民代表会议对协商结果进行表决，表决通过之后才能形成公共政策的正式决定，否则只能作为协商结果或者协商共识，无法有效转换成为公共决策。至于如何落实协商决定，则需要村党组织、村民委员会及时组织实施，由村务监督委员会负责对实施情况进行监督。所以，协商议事会只是众多协商环节中解决"谁来协商"与"如何协商"的重要一环，并非协商的全部，要想真正意义上将协商成果转化为决策、并将协商决策落到实处，还需要其他的环节的辅助与配合。

由"谁来协商"是民主协商议事会首先应该确定的问题。民主协商议事会的成员构成十分广泛，主要包括村"两委"成员、村务监督委员会成员、村级事务助理、党员代表、村民代表，以及与协商事项相关的利益群体代表或个人、威望较高的群众及普通村民、乡镇的人大代表和政协委员、街镇及区职能部门相关人员等。在具体的协商过程，一般情况下，都是由村"两委"成员、党员代表、村民代表、村务监督委员会、村级事务助理，以及与协商事宜相关利益的村民参加。当然，如遇特殊情况，如受上级政府或有关部门委托的协商事项，或者需要跨村协商的相关重大事项，还需要邀请街镇及区直职能部门相关人员来参加协商议事会。普通村民参加协商的热情一般并不是很高，尤其是当与自己本身无关的协商事项时，参与协商的主动性则更低。一般而言，村里的绝大部分协商是通过民主协商议事会进行协商的，但如果确实有涉及利益相关方不多的，也可以通过个别走访，小范围恳谈等形式协商。

"如何协商"是民主协商议事会的重点工作。如何进行高质量的协商无论是对于村干部而言，还是对于广大村民而言，都是一个新挑战。传统的基层社会管理模式下，村干部习惯通过"控制—命令"的方式去解决问题，而村民也习惯了被安排与服从。所以在民主协商议事会通过民主协商的方式来解决问题时，村干部与村民都需要进行不断学习。以村支书为例，村支书既是担任民主协商议事会的召集人，同时也是民主协商议事会中的一员，如果村支书的工作作风过于强势，就容易使民主协商议事会成员之间平等的权利关系遭到破坏，进而使民主协商议事演变为"一人议事"。所以，村干部在协商民主议事会中更应该积极发扬民主的作风，善于引导议事会成员围绕相关协商议题踊跃发言，善于引导议事会成员就相关协商议题达成协商共识，以形成民主协商的良好氛围。同样，对于其他议事成员而言，除了应当解放思想，培养平等协商的意识，还应当尽量做到客观理性，做到不以人情远近来衡量利益的大小，不以关系的疏密来左右利益的得失。农村是一个差序格局社会，其"社会关系是逐渐从一个一个人推出去的，是私人联系的增加，社会范围是一根根私人联系所构成的网络"①。所以，在现实中村里的民主协商议事会经常遇到这种情况，访谈中，村委会主任精辟的总结道："要么'代而不表'，在议题讨论问题的环节大家都保持沉默，本着谁也不得罪的原则谁都不发言；要么'表而不代'，在相关议题涉及自身的利益时，积极踊跃发言，反之则'各人自扫门前雪，莫管他人瓦上霜'；要么'会下乱表'，会上'事不关己，高高挂起'不表态，会下则乱说话，或者说一些发泄情绪、不负责任的话。"② 因此，对于民主协商议事会中的其他成员来说，培养协商的公共理性精神、公共责任精神在当前尤为迫切与必要。

三、"六步决策法"的基本流程

"六步决策法"有明确的前置条件，即并不是所有村里的事务都需要使用"六步决策法"来解决。根据《宝坻区委组织部关于进一步完善村级重大事务"六步决策法"的通知》的规定，凡是与农民群众切身利益密切相关的村级重大事务，才需要启动"六步决策法"，并按照"六步决策法"的相关程序，实行民主决策。需要"六步决策法"进行决策的事项主要包括以下几个方面：第一，村庄的建规立约类事项，如村民自治章程或者村规民约的修改或制定工作；第二，村庄的发展规划类事项，如涉及村庄的发展规划、建设规划等调整和编制工作；第三，村庄的年度规划类事项，如涉及本村的年度工作计划、资金预算安排重要工作；第四，村庄的土地类事项，如涉本村土地的调整、承包经营、流转、征地补偿费的具体分配、使用等；第五，村庄的集体经济类事项，如村庄集体资产、资金、资源的使用、处置和管理及村庄集体经济项目的立项、具体承包方案等；第六，村庄的公益事业类事项，如本村公益事业的兴办发展、筹资筹劳方案以及建设承包方案等；第七，村庄的社会保障类事项，如各类社会保障资金和政策落实、本村享受误工补贴的人员及补贴标准等；第八，涉及群众利益和群众关注的其他重大事项，如撤村建居工作等。综上所述，可以看出，凡是与农民群众切身利益密切相关的村级重大事务，才可以进入"六步决

---

① 费孝通文集：第五卷（1947—1948）[M]. 北京：群言出版社，1999：339.
② 访谈编码：2020FKY。

策法"，诸如村里的计划生育、征兵等一些常规事项或涉及一些调解矛盾的小事，则无须使用"六步决策法"。

"六步决策法"的基本流程主要包括六个步骤：第一步是提出议题。议题的提出主要有两种方式，可以由村"两委"根据工作的实际情况提出，也可以由村级综合服务征求村民意见形成。对于提出的议题，由党组织统一受理，并召集村"两委"联席会议讨论是否通过，对于通过的议题则要形成议题方案，以村"两委"名义上报街镇审核。村党组织书记、村委会主任须同时参加联席会议，特殊情况不能到会的，要对讨论事项发表意见。第二步是审核批复。街镇成立的由主要领导牵头的村级重大事务决策预审把关领导小组专门负责对村上报的议题方案进行审查把关和批复。村级重大事务决策预审把关领导小组要对议题方案的政策性、合法性、民主性与科学性进行审查把关。对于涉及村里资金投入的议题方案，要审查预算；对于涉及村里全局的议题方案，则要提交到街镇党政联席会议进行审议。审议后，对于可行的议题方案，要及时批复；对于不宜马上施行的议题方案，要慎重暂缓处理，待相关时机条件成熟后，再予以批复。对于与现行法律、法规和政策规定相抵牾的议题方案则不予以批复。第三步是民主协商。按照《关于推行农村基层协商民主制度的意见》（津宝党发〔2013〕32号）的有关规定，对街镇审查批复后的议题方案组织民主协商，集思广益，求得共识。第四步是表决通过。协商结果形成以后，要通过村民会议或者村民代表会议对其进行表决，以形成政策决定。如果由村民会议进行表决，则应当有本村18周岁以上村民过半数，或者本村三分之二以上的户代表参加，且到会人员过半数通过才能形成决定；如果由村民代表会议进行表决，那么必须有三分之二以上村民代表参加，且到会人员过半数通过才能形成决定。第五步是公示公开。对于由村民会议或村民代表会议做出的决定，要在3个工作日内通过村务公开栏等形式公开，接受群众监督。第六步是组织实施。村委会要在村党组织领导下，在村务监督委员会的监督下，按照决定形成的实施方案认真负责组织实施，并且坚持事前、事中、事后都公开公示的制度，全程接受人民群众监督。根据上述六个基本步骤，可以将"六步决策法"表示为图5.2。

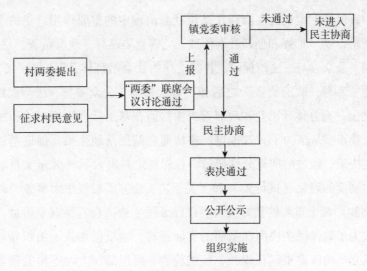

图5.2 "六步决策法"流程图（作者自制）

第三节 "六步决策法"的基本经验与启示

一、"六步决策法"的基本经验

自2013年白毛庄村实行"六步决策法"以来，白毛庄村不仅利用"六步决策法"成功解决了村里一直以来的经济、环境等发展难题，而且还密切了村干部与群众中之间的联系，有效地凝聚起了发展的共识。在具体实施"六步决策法"的过程中，白毛庄村积累了一定的基本经验，主要体现在以下几方面。

（一）党和政府的高度重视是前提

党和政府的高度重视是"六步决策法"得以成功实施的前提。在当前中国现行的政治生态环境下，"上级党委和政府的支持无疑是地方政府创新最为重要的关键因素，即使是最有效的政府创新，哪怕得到了当地干部群众的广泛拥护，如果得不到上级党委和政府的支持，下级政府的创新项目也很难成功"[①]。近些

---

① 俞可平．中国地方政府创新的可持续性（2000—2015）——以"中国地方政府创新奖"获奖项目为例［J］．公共管理学报，2019，16（1）：1-15，169．

年，党和政府高度重视民主协商在基层社会治理中的重要作用。党的十九届四中全会指出，要"加强和创新社会治理，完善党委领导、政府负责、民主协商、社会协同、公众参与、法治保障、科技支撑的社会治理体系"。将"民主协商"置于"党委领导，政府负责"之后和"社会协同、公众参与、法治保障、科技支撑"之前，充分体现出党和政府对民主协商在基层社会治理中的积极作用的重视。天津市宝坻区为了有效推进民主协商在基层落地生根，促进基层科学决策与民主决策，经过前期充分调研后，首先制定并出台了《关于实行农村基层协商民主制度的意见（试行）》和《关于进一步完善村级重大事务"六步决策法"的通知》两个重要的指导文件，以保证民主协商在基层有章可循、有规可依。其次为了确保民主协商在基层的实际运转，宝坻区加强了组织领导。不仅在区里成立了由区委书记任组长，区纪检委、组织部、人大等相关领导任副组长的领导小组，而且在街道也设置了相应的领导小组。此外，宝坻区成立了12个检查小组，分别入驻所承包街镇，随机、动态的检查协商民主制度的落实情况，并对存在问题予以解答和纠正。最后，为使民主协商理念入脑入心，宝坻区进一步加强民主协商的宣传力度。一方面通过举办基层协商民主培训班的方式进行轮训，有针对性地提升基层领导干部民主协商的能力和水平。宝坻区对21个乡镇、765个村的村干部都进行了民主协商的相关培训。另一方面利用村里的宣传栏、广播、微信等宣传阵地对民主协商进行广泛宣传，扩大村民对民主协商的认知度和认同度。在宝坻区党委和政府的努力推动下，"六步决策法"已经成为白毛庄村"两委"决策的一种习惯，村里无论大事小事，只要涉及群众切身利益的事情，都通过"六步决策法"来协商解决。

（二）村"两委"的善于引导是关键

"六步决策法"作为党政主导的协商治理模式必然离不开党和政府的参与。但是党政主导并不意味着党和政府要事无巨细地参与到"六步决策法"每个环节之中，尤其是在民主协商环节，村"两委"应不断地提升协商议事的能力，努力变主导为引导，只有这样，才能更好地落实好习近平总书记关于发展基层协商民主的要求，即"在我国社会主义制度下，有事好商量，众人的事情由众人商量；坚持有事多商量，遇事多商量，做事多商量，商量得越多越好、越深入越好"①。在白毛庄村的"六步决策法"实践中，村"两委"就很好地实践了如何将主导变为引导。首先，在事前，坚持协商议题从群众中来，村"两委"始终将问题导向与需求导向作为协商方向，紧紧围绕村民最关心的现实问题和需求，广泛征集村民的意见和建议，以此来确定民主协商议题。其次，在事中，坚持用民主协商方式解决问题，广泛吸纳村里的多元社会力量，如农村社会组织、农村集体经济组织、当地村民及其他利益相关方等，尤其是注重吸纳村里威望高的老干部、老党员、党代表、群众代表以及基层群团组织负责人、社会工作者参与议事协商。通过多元社会主体民主协商来广纳民言、广集民智、广聚民意，从而增加决策的民主性和合法性。最后，事后坚持协商的结果到群众中去。民主协商的结果不能"议而不决"，"议而不决"不仅会降低民主协商的效率与效能，而且也会损害民主协商的权威性与严肃性。所以民主协商应该是以解决基层群众中的矛盾与问题为主要目的。白毛庄村正是通过"六步决策法"的方式不断地解决村民的"急难愁盼"问题，从而有效地提升了村民的公平感、获得感与幸福感。

（三）村民的积极参与是基础

村民的积极参与是"六步决策法"有效运转的基础。"六步决策法"作为政府推进基层协商民主的一项政策创新，收益方不应当只有基层政府，还应当包括村里的广大村民，只有双方都受益，保持"双赢"的结果，才能够实现政策创新的扩散和可持续发展，否则"如果一项政策创新得不到当地普通群众的认可，即使该项创新得到了上级的认可或社会各界的肯定，也不能算是成功的创新，从而也难以推广"②。在当前白毛庄村推行的"六步决策法"中，由于多数问题涉及村民的切身利益，如环境的治理、土地的流转、修整道路等，所以，得到了村民的积极响应。例如，白毛庄村在实施了村庄清洁工程后，村干部就开始调整思路，想着能不能对已经清理好的坑塘进行综合规划利用，如采用承包养鱼养虾、农家乐等形式来发展旅游经济以提升村民收入。但是对于如何发

---

① 习近平. 在庆祝中国人民政治协商会议成立 65 周年大会上的讲话 [EB/OL]. 中国政协网，2014-09-22.

② 俞可平. 中国地方政府创新的可持续性（2000—2015）——以"中国地方政府创新奖"获奖项目为例 [J]. 公共管理学报，2019，16（1）：1-15，169.

展旅游经济大家心里都没有底，所以尽管村里喊的口号比较响亮，但实际上村民的积极性并不是很高。为打消大家心里的顾虑，村"两委"决定利用"六步决策法"，通过村里的民主协商议事会和村民进行广泛商议，最终达成协商共识，决定先带大家伙儿出去看看，了解情况之后再说。在镇里的支持下，2013年夏天，在白毛庄村党支部书记的带领下，全村共有40多位村民前往北京、河北等地进行了农村考察学习。在看到河北昌黎通过发展葡萄产业，不仅鼓了当地农民的腰包、火了农民的日子后，村民备受鼓舞。回来后，村子上下齐心提升基础设施建设、发展旅游产业的积极性一下就提高了。为了助力村民发展旅游产业，驻村帮扶组为村民买来优质葡萄籽，免费发给村民，并投资搭建葡萄架子。白毛庄村家家户户都种起了葡萄，村庄街道被改造成了一条 2000 米长的生态葡萄走廊，除此之外，白毛庄村还建设了葡萄产业基地 120 亩（1 亩 ≈ 666.6 平方米），逐渐形成了集葡萄采摘、酿酒、销售于一体的一条龙产业链结构，有效地提升了村民的收入水平，村民人均收入由过去的人均不足 1 万元发展到现在人均收入 35000 元。所以，"六步决策法"的成功实施离不开村民的有效参与，只有获得村民的积极参与，"六步决策法"才能够获得持久的活力与生命力。

（四）"六步决策法"的治理优势转换为治理效能是目的

基层协商治理与其他层面的协商治理相比较一个明显的特点是基层协商治理主要以解决矛盾和问题为主要目标。因为基层直接面对的是广大的人民群众，所以基层往往是问题和矛盾最为集中的地方。党的十九届四中全会提出要将我国制度优势更好地转化为国家治理效能的命题。基层协商民主是我国社会主义协商民主的基石，也是社会主义协商民主的生命力所在，将基层协商民主的价值优势转换为基层治理的实际效能，最关键的是要将基层协商民主的结果有效转换为基层的主要决策，并将其予以执行。"民主协商既不是谈话秀，也不是学术讨论，其目标非常明确，就是为了影响政府即将出台的公共政策。"① 白毛庄村在践行"六步决策法"的过程中就很好地做到了将民主协商的结果与正式制度有效地衔接起来。由于村里的民主协商议事会只是一个协商机构，并不具备

---

① 谈火生.审议民主［M］.南京：江苏人民出版社，2007：6.

相应的决策权，"六步决策法"中明确规定，协商议题在经过民主协商议事会的充分协商达成共识后，必须将协商结果交由村民代表会议或村民会议进行表决，然后才能形成决定。并且决定一旦形成后，村委会将会严格按照决定的实施方案认真组织实施。实施的具体过程中还要坚持事前、事中及事后全过程公开公示的制度，以接受人民群众的全面监督。经由这样过程形成的决策往往能够达到很好的治理效果。访谈中，一位村务监督委员非常感慨，他说："过去每决议一件事，都是村民代表开会，定完之后基本就这样执行了。但是有时候由于征求意见不足，入户走访也不充分，所以在决议执行的时候村民间就会有矛盾。现在通过'六步决策法'里的民主协商，把当事人和村里一些德高望重的人都请进来，听听他们咋个说法，最后再做决策，让老百姓心明眼亮、心服口服。"①

二、"六步决策法"的基本启示

白毛庄村在具体实施"六步决策法"的过程中，虽然积累了一定的基本经验，但同时也面临着一些基本问题，为未来农村基层协商治理发展提供了积极的启示意义。

（一）兼顾效率与公平的统一

将民主协商有效地嵌入基层政府的决策体制中以实现对基层社会的协商治理是"六步决策法"的创新之处。民主协商能够尊重多数，照顾少数，尤其是在面对农村社会结构快速变化、利益结构逐渐分化、利益主体逐步多元、利益需求渐次增多、利益关系日益复杂的情况时，通过民主协商可以更好地实现公平地对待不同利益群体的合理要求与合法利益，包容差异性与异质性，从而寻求社会意见与利益的最大公约数。正是通过内蕴于价值内核中的公平原则，白毛庄村通过"六步决策法"不仅有效解决了村里长期以来久置未决基本难题与矛盾，而且还实现了经济的增长性发展和干群关系融洽与和谐。但是协商治理在将民主协商的优势转化为基层治理效能的同时，以民主协商为创新内核的"六步决策法"也面临着效率原则的困扰，主要体现为两方面：一是"六步决策

---

① 访谈编码：2020FJC。

法"的过程性不可避免地增加了时间成本和资源耗损。"六步决策法"完整流程一共需要履行六道程序,"而走完这六道程序快则需要十天左右慢则需要一月有余。有一次,村里急需要立即支付一笔8000元左右的工程款,如果按照'六步决策法'的规定,凡是涉及'村集体资金、资产、资源的管理、使用和处置'的情况,需要严格按照'六步决策法'的程序,实行民主决策,不得由个人或少数人决定。但是由于当时情况比较紧急,所以这笔钱就由我个人先行垫付了。后来才按照'六步决策法'的相关程序从村里的集体资金中支取了这笔钱,还给了我。所以,有时候情况真的不好说,只能是见机行事了"。① 二是由于民主协商的多元主体性和妥协性的特征,往往会把"争议从一个可能通过重复使用规则而轻易解决的两极冲突,转变成一个没有秩序的领域,其中充满着对抗规则调控的变动力量"②。客观而言,民主协商的主体越是多元,协商共识的结果就越是难以达成。例如,白毛庄村在实行"六步决策法"初期时,进行环境治理村庄清洁工程就遇到了"议而未决"的情况,这种情况下,村两委先后进行了五次民主协商,最终才达成村庄清洁工程的协商共识。所以,实施"六步决策法"需要把握好效率的原则,在兼顾公平的同时也要兼顾效率,做到公平与效率的统一。

(二)兼顾价值性与工具性的统一

"六步决策法"作为农村基层协商治理的实践,一直伴随着协商治理的价值性与工具性之间的紧张。协商的价值性是指协商作为一种民主价值理念,深入人心,并潜移默化进入社会治理的全过程;而协商的工具性则是指将协商看作解决实际困难的一种治理工具和技术。在当前白毛庄村的协商治理实践中,村"两委"更多的是把"六步决策法"看作是村里重大事务的一种决策方式,或者是解决和处理村里难题的一种治理方式,即更偏向于协商治理的工具性价值,而对其民主价值的认识明显不足。如在访谈中,白毛庄村的支部书记就曾经反复强调"六步决策法"是一种很好的保护干部不犯错误的决策方式。"以前那种决策方式,虽然快,但是难免犯错误,前几年,有好些干部就是在这方面吃了

---

① 访谈编码:FSL2。

② 理查德·B. 斯图尔特. 美国行政法的重构 [M]. 沈岿,译. 北京:商务印书馆,2011:165-166.

亏。现在的'六步决策法'，虽然慢，但是可以减少错误，对干部其实是一种保护。"①"六步决策法"的政策初衷是将民主协商植入基层决策当中，一方面是要通过"有事多商量"这种方式协调基层的利益矛盾，提高基层决策的科学化与民主化水平；另一方面是要通过"有事好商量"的方式培养基层民主协商的思维方式，从而推进基层自治的纵深发展。倘若只关注协商治理的工具性价值，则会导致协商治理出现短视化发展。例如，在当前农村社区协商治理中广泛出现的象征式协商、投机式协商、博弈式协商、控制式协商、诱使式协商等诸多现象无不与忽视协商治理的民主性价值相关。对协商治理民主价值关注的缺失还会导致村民自治精神的萎缩及行政成本的耗损。由于民主协商的价值理念并没有内化于心，协商治理就不得不依赖党和政府的行政动员，协商治理使用的次数越多，党和政府的行政动员频率就越高，长此以往，不仅会增加行政成本的耗损，而且也会导致村民对参与协商治理行政路径依赖，最终不利于村民自治精神的养成。因此，当前农村社区协商治理在注重工具性价值的同时，还应当兼顾协商治理的民主性价值。

（三）兼顾抽象性与多样性的统一

自党的十八大报告中首次提出要"完善协商民主制度和工作机制，推进协商民主广泛多层制度化发展""积极开展基层民主协商"以来，在党和政府的高位推动下，基层协商治理呈现出多点、广泛、持续发展的良好态势。数据统计显示，"截止到 2016 年底，全国各省（自治区和直辖市）都出台了关于加强城乡社区协商的实施意见，地方各级党委和政府把城乡社区协商纳入重要议事日程，并积极结合本地实际情况制定了城乡社区协商的具体实施办法等。全国约85%的村建立村民会议或村民代表会议制度，89%的社区建立居民（成员）代表大会，64%的社区建立协商议事委员会"②。白毛庄村的"六步决策法"成功地将民主协商有效地植入基层决策过程中，充分实现了协商于决策之前和决策之中的"真协商"，是当前基层协商治理创新的典型。当然，需要进一步明确的是，天津市宝坻区的"六步决策法"仅是当前农村基层协商治理中的一种创新

---

① 访谈编码：FSL3。

② 中共民政部党组. 党的十八大以来中国特色基层民主建设的显著成就 [J]. 中国政协理论研究，2017（3）：2-4.

方式，而并非可以涵括或者是代表当前农村基层协商治理创新的所有形式。由于我国农村地域辽阔，情况千差万别，仅农村社区就存在"既有以乡镇为基础、建制村为单位和自然村落范围为基础的社区，又有在社区建设的发展进程中重新规划建设的以中心村为聚集地的新社区，还有城乡结合交叉的社区以及在原来村庄基础上改造的农村社区"① 等诸多形式，所以，协商治理创新的具体形式应该根据每个农村社区的实际情况而定，未必都定于一尊。例如，除了天津宝坻区的"六步决策法"，河南邓州的"四议两公开"、四川成都的"村民议事模式"、广西贵港市的"协商自治模式"等，都在实践中取得了良好的治理效果并形成了一定的扩散效应。虽然当前农村社区协商治理的形式可以多样，但协商治理的核心要素应该抽象而内聚，如多元主体、公共空间、对话沟通、妥协与共识、决断力等，这些核心要素构成了协商治理的本质特征，如果偏离或缺失这些主体要素，即便是协商治理外在的形式再多，也不构成协商治理的创新。因此，协商治理的创新应把握好抽象性与多样性之间的平衡、统一。

---

① 潘屹．家园建设：中国农村社区建设模式分析 [M]．北京：中国社会出版社，2009：81．

第六章

农村社区协商治理的绩效与限度

推动基层协商治理发展是对党的十八大报告提出要"完善协商民主制度和工作机制，推进协商民主广泛多层制度化发展""积极开展基层民主协商"要求的实践回应。农村社区是基层协商治理的主要场域，农村社区协商治理在当前农村治理的实践中体现出了积极的治理绩效，对于有效化解矛盾、维护社会稳定、促进决策的科学性与民主性，提升决策的合法性等方面，都具有明显的正相关作用。笔者在天津宝坻区林亭口镇白毛庄村的调研问卷（见表 6.1）[1] 也辅助性地证实了上述观点。

表 6.1　白毛庄村"六步决策法"协商治理调研问卷

9. 您认为通过"六步决策法"解决村里的事务对于村里的发展是否有作用？（单选）			
A. 非常有	B. 有一点	C. 不太有	D. 没有
81%	14%	3%	2%

---

[1] 2021 年 4 月 23 日至 29 日，笔者对天津宝坻区林亭口镇白毛庄村进行了问卷调研，白毛庄总人口 327 人，笔者利用村里开会、随机走访等形式随机发放问卷 150 份，回收实际有效问卷 137 份，问卷有效率为 91.33%。

第一节 农村社区协商治理的绩效

一、有助于化解社会矛盾，维护农村社区稳定

马克思辩证唯物主义认为，万物都处于运动之中，而矛盾贯穿一切事物的运动过程。矛盾的存在既是客观的，也是普遍的，所谓"矛盾无时不有，矛盾无处不在"。黑格尔认为矛盾起源于事物之间的差异，即有差异便有可能构成矛盾，矛盾存在于事物之间的差异关系中。因此，任何社会都存在矛盾，不存在无矛盾的社会。同样，在社会主义社会中，只要人民群众的利益差别存在，就有人民群众内部矛盾的存在。

（一）改革开放以来，农村社区进入了矛盾凸显期

农村社区矛盾是社会矛盾在农村场域的具体体现。改革开放以来，随着市场经济影响和城镇化的快速发展，农村综合改革的不断深化及各项惠农、支农政策的完善与强化，我国农村社会发展水平持续稳步增高。但与此同时，农村社会在发展的过程中也出现了一些社会矛盾，这些社会矛盾既有传统的农村社会矛盾也有随时代发展而衍生出的新矛盾。新旧矛盾交织在一起，呈现出类型多样、性质复杂、治理难度增大的特征。

1. 乡土性的农村矛盾

我国传统的农村社区是一个基于血缘与地缘关系而结成的"熟人社会"，尽管现在我国大部分农村社区已经由"熟人社会"转变为"半熟人社会"，但不可否认的是，无论是在经济方式还是在社会结构、交往方式等方面，"半熟人社会"的农村依然保留着大量的"乡土本色"。所以，在依然留存大量乡土气息的农村社区，其矛盾和纠纷也往往具有乡土性，这类矛盾大多是些"家务事"或是"鸡毛蒜皮的小事"，虽然矛盾起因和涉及的关系都较为简单，但如果没有得到及时和妥善的解决，则会造成矛盾的激化。一般而言，这类矛盾主要包括家庭矛盾和邻里矛盾两种类型。但近年来，这两种传统类型的矛盾开始有了新的变化。如在家庭矛盾方面，由于传统的"'父权家长制'为主的'联合家庭'

结构模式面临解体，'核心家庭''空巢家庭'等随之增加"①。再加之人们的传统家庭观念也发生了变化，更加关注个体的感受和自我价值的实现，传统的家庭伦理观念中的伦理道德对人们的约束功能有所减弱，所以，单亲家庭和再婚家庭开始大量出现，由此引发的家庭赡养、子女抚养等家庭矛盾纠纷也开始显现。邻里矛盾一般涉及家事、财产、侵权、名誉等纠纷，但近年来，随着农村由"熟人社会"向"半熟人社会"的转变，邻里之间由于相互不信任、冷漠和戒备而诱发的日常矛盾和冲突也屡见不鲜。

2. 时代性的农村矛盾

农村社区除了原生性的乡土矛盾，随着改革开放以来农村社会的深刻变迁，也出现了一些具有明显时代特征的矛盾。如 20 世纪 80 年代初期，由于农村公共资源分布不均衡，农村发生了大量的不同村庄和农户之间为争夺公共资源而引发的矛盾冲突。20 世纪 90 年代，由于分税制改革的实施，造成了乡镇政府财政收入的困境，为了转移困境，乡镇政府则只能通过"进一步加重农民负担，把支出缺口转嫁到农民头上"②。由此造成了农民负担加重，在这一时期，围绕着减税、抗税产生的斗争行为是农村社会矛盾的主要表现形式。21 世纪以来尤其是 2006 年，国家全面取消了农业税，由税收问题引发的农村社会矛盾不复存在，但是，随着城镇化步伐的加快，城镇化建设用地需求激增，农村土地的征地拆迁问题又成为社会矛盾中的主要议题。近年来，随着农民生活水平的不断提升及对美好生活的需求与日俱增，干净整洁且宜居的生态环境成为农民基本的需求。但当前农村的生态环境问题却并不乐观，尤其是一些高污染高耗能产业向农村的转移。不仅破坏了农村的生态环境，而且也直接威胁到农民的基本生存权益。因此，由环境问题造成的矛盾和冲突又成为当前农村社会矛盾的主要表现形式。总体而言，虽然不同时期农村社会主要矛盾有所相同，但这些矛盾并不是单个存在的，现实中往往是多种矛盾以一种综合性的方式呈现出来，基层社会矛盾越来越呈现出关联性和复杂性。

---

① 张文汇. 现阶段我国社会基层矛盾化解机制研究［D］. 北京：中共中央党校，2020：57.

② 陈锡文，赵阳，陈剑波，等. 中国农村制度变迁 60 年［M］. 北京：人民出版社，2009：135.

（二）协商治理是化解农村社区矛盾的主要方式

如何化解社会矛盾不仅是当前基层治理的主要内容，也是考验基层治理能力的主要方式。一般认为，化解社会矛盾主要有暴力、法治、教育和协商等方式。暴力是前现代社会中常用化解矛盾的方法，在现代社会尤其是法治社会中，除非极端个别的少数情况，绝大部分社会矛盾都不会选择诉诸暴力的方式来解决。法治是现代社会中化解社会矛盾的重要方式，但也有其局限性，即社会矛盾涉及方方面面，而法律制度规定的内容则始终是有限的，不可能穷尽社会的角角落落。教育的方式也是当前化解社会矛盾的常用方式，教育主要依靠教化，依从于公民内心的道德感和敬畏感，并且教育并没有强制性，所以使用教育的方式化解矛盾有积极作用但也面临着一定的限度。而使用协商的方式化解社会矛盾是我国自古以来就源远流存的一种有效方式，如我国古代的乡绅自治中就有通过"乡议"的方式来解决乡族内的社会矛盾的。但我国古代社会层面的协商议事更多意义上体现为一种合理的决策方式，并不具备现代性意义上的协商内涵。现代意义上的协商不仅体现为一种治理之术，更重要的是被赋予了民主的内涵。我国自党的十八大以来，随着党和国家越来越重视基层协商民主的发展，民主协商在当前基层治理中的作用尤其是在化解社会矛盾与冲突方面的作用也越来越得以彰显。

协商治理之所以能够有效化解现代社会中的矛盾，是因为协商治理中的民主协商机制在应对复杂社会、复杂矛盾时具有独特的优势。如前所述，当前基层社会中的矛盾日益呈现出关联性和复杂性，而传统的基层政府在处理社会矛盾时往往采用"捂盖子""拔钉子"的方式予以解决，本质上体现的是一种"刚性控制"处理社会矛盾的思维。但这种刚性思维有时并未从根本上解决问题，甚至还会引发一些新矛盾与冲突。民主协商之所以能够有效应对复杂社会中的棘手社会矛盾，是因为首先民主协商是一种以"说理和说服"为主的柔性治理技术。民主协商不主张权力控制，而是倡导权利均等，即所有利益相关者都有发表自己的观点的权利，通过平等的对话与理性的辩论与反思来疏解社会矛盾，而非控制社会矛盾。其次，民主协商可以有效地调节利益关系。利益矛盾是社会矛盾中的核心，通过协调利益关系化解利益矛盾往往是解决社会矛盾的关键。民主协商在识别多元的利益主体的基础上，允许各利益主体对利益诉求进行表达与陈述，然后通过辩论、相互妥协、达成共识的方式将多元主体的利益整合起来，最终达到化解社会矛盾的目的。最后，民主协商容易形成"合意性"结果，而"合意性"是社会矛盾的"消解器"。所谓"合意性"是指"当事人就其争议的事项达成一致的解决方案，从而使纠纷得以解决，它所强调的是当事人之间意思或意见的一致性"[①]。当通过民主协商，人们对于所争议的矛盾事件都能够自愿的达成一致性的意见，矛盾自然而然就会被消除。综上，协商治理中的民主协商在农村社会矛盾化解中发挥着重要作用，是当前农村社区解决社会矛盾的主要方式。笔者在白毛庄村的调研问卷显示，有87%的调研对象都认为"六步决策法"有助于化解社会矛盾，维护社会稳定。这一项在"六步决策法"发挥的主要作用中，所占比例是最高的。

表6.2　白毛庄村"六步决策法"协商治理调研问卷

10. 如果您认为实施"六步决策法"对村里发展有作用，作用主要体现在以下哪些方面？（可多选）	
A. 有助于化解社会矛盾，维护社会稳定	87%

二、有助于科学与民主决策，提高决策的合法性

当人们在强调决策的合法性时，往往过于强调民主（民众参与）在合法性中的重要作用，而忽略了科学决策在决策合法性中的合理地位。似乎一项决策只要有民众的参与就有了民主性，从而也就具备了决策的合法性。其实决策的合法性内涵不仅包含民主决策，还应当包含科学决策。科学是人们对客观世界规律性的掌握，是人们在实践中探索形成的普遍真理或普遍定理的运用。因此，科学决策是决策合法性的前提，如果一项决策缺失了科学决策，那么即便这项决策体现了民主的过程，也很难说是合法的。

（一）协商治理有助于科学决策

人类决策活动历史悠久，自人类诞生以来，决策就伴随着人类活动的始终。在前现代化社会中，人类的决策主要依据个人的智慧、经验及能力等，随着现代化社会的到来，决策越来越演变成为一门科学，并在人类活动中发挥着越来

---

① 赵旭东. 论纠纷解决的合意性机制［D］. 济南：山东大学，2015.

越重要的作用。特别是公共决策，由于具有"波及范围广、权威性强、可塑性小等显著特征"①，对人类活动的影响尤为广泛而深刻。

在当前现实政治生活中，党和政府是公共决策的主体。尽管党和政府一再强调要实施"科学决策、民主决策与依法决策"，但在实践中尚有许多公共决策不论是从议题的选择、议题的确定还是在议题的执行过程中，都存在许多不科学的方面。主要表现为：一是公共决策的主观性，部分公共决策主要依据领导个人的能力、经验、偏好来决定。二是公共政策的短时性，部分公共决策在短期内看存在一定的效益，但从长期来看，未必是合理的，甚至部分公共政策是以牺牲或透支未来发展为代价的。三是公共政策的功利性，某些公共政策只是部分官员"只唯上，不唯实"的功利性表现。之所以出现上述现象既有主观方面的原因，是因为无论是个体还是团体，在决策过程中都存在认知理性的局限，即便决策的主体是专家或者精英，也很难做到全能全知。同时也存在客观方面的原因，现代社会是一个复杂社会，随着复杂社会中的流动性、风险性和不确定性不断增长，社会治理难度也日益增大，这就决定了人们制定的公共决策不可能完全适应复杂社会治理的要求。当然，这并不意味着公共决策可以不科学，而是说，公共决策不可能做到绝对科学，而只能在无限近地去接近科学。也正是因为这样，所以一切有利于公共决策接近科学的方式和方法才显得无比重要。

协商治理中的民主协商是促进公共决策科学化的重要机制。反思与纠偏是民主协商的两大重要功能，通过不断地反思与纠偏，可以达到预防或者减少由主、客观原因造成的公共决策不科学的目的。协商（deliberation）本身包括两层含义：审慎的反思和理性的讨论，二者之间相互关联、相互促进。审慎的反思是理性讨论的基础，而理性的讨论反过来又会进一步促进人们对该问题进行审慎的反思，而这一过程的发生，很有可能改变人们对问题最初的认识（纠偏）。也正是因为此，戴维·赫尔德将协商治理简喻为"通过讨论来治理"（governance through talk）的治理形式，也即一种强调交流沟通、相互学习的治理形式。② 当然，这种"通过讨论来治理"中的"讨论"不是简单、随意的

---

① 桑玉成. 反思与纠偏：科学决策的必要环节 [J]. 探索与争鸣，2021（1）：69-74，178.

② 戴维·赫尔德. 民主的模式 [M]. 燕继荣，等译. 北京：中央编译出版社，2008：2.

"讨论"，它首先要求每个参与者要以"特定责任"为基础，即"参与者彼此负责，要提供协商过程中所有人都能接受的理由，倾听并真诚回应他人的理由和观点，尽力达成所有人都能接受的意见"①。在此基础上，再进行"特殊的讨论"，"包括审慎和认真地衡量各种支持或反对某项建议的理由，或者指的是个人衡量各种支持和反对某些行为过程的理由的内部过程"。②通过具体的反复"特殊讨论"，不仅可以减少来自个体和团体的理性认知局限，有效地预防和克服公共决策中的主观、短视及功利性现象的产生，而且还可以提高决策者的道德或智力品质，产生更广泛的共识，从而达到更好地助力于公共决策的科学化的目的。

（二）协商治理有助于民主决策

提高决策的合法性，科学决策是前提，民主决策是基础。什么是民主决策？笔者认为，理解民主决策首先需要理解"民主"。民主的定义非常多，但是就决策的角度而言，民主主要包含两层含义，一是指少数必须服从多数，二是指多数也要尊重少数。少数必须服从多数是指作为一项决策尤其是公共决策必须符合或者是兼顾多数人的利益，同时为了保证决策能够形成并得以执行，就必须使少数服从多数。多数也要尊重少数，因为少数人的利益也是利益，也应当被得到尊重和承认，所以在公共决策的形成过程中，少数必须服从多数的前提下，多数也应当尊重少数，只有这样才能体现民主的真正价值与含义。

协商治理中的民主协商的理念契合于民主决策中"民主"的两重含义。一方面，民主协商积极倡导积极公民的理念，主张所有受到政策影响的人都应当参与到公共政策的讨论中，它体现了民主的广度，即民主应该尽可能地兼顾到绝大多数人的诉求和利益，同时为了保障民主协商的结果的形成又必须采用少数服从多数的民主原则。另一方面，民主协商提倡政策过程不仅应该向受到该政策影响的所有公民开放，而且也应该向持有不同立场、观点和视角的公民开放，不仅理性的声音得以体现，那些诸如寒暄、讲故事等不理性的声音也应该有机会让人们听到，只有这样才能保障少数群体和边缘群体有效介入协商，从

---

① 陈家刚. 协商民主 [M]. 上海：上海三联书店，2004：314.
② 约·埃尔斯特. 协商民主：挑战与反思 [M]. 周艳辉，译. 北京：中央编译出版社，2009：65.

而体现民主的深度。

在具体的民主决策实践中，通过民主协商，一方面扩大民主决策的主体，克服个体理性认知的局限，因为多人决策胜过一人决策，诚如诺沃特尼（Helga Nowotny）等所指出的那样，"个体专家的能力不可避免地具有局限性。因此，能力必须来源于一个专门知识的集体蓄水池。当然，媒体一般偏好于个体化的专门知识，其主要做法就是突出强调和宣扬'明星专家'。媒体的这种偏好，也会弱化专家委员会的作用，使之变得黯淡无光。但是，在实践中，任何一位专家几乎都工作在一个很宽泛的团队中，个体权威最终取决于集体权威"①。另一方面，通过扩大决策主体的范围，也可以让不同的声音和诉求反映到决策圈中，从而使决策能够最大限度地兼顾和统筹多数人的利益。当然，需要进一步指出的是，通过民主协商虽然能够扩大决策主体的范围，让更多的人参与到民主决策的过程中来，但也不是主张所有人都要参与，这也是其与参与民主有所不同的地方。参与民主理论更多的是强调参与范围的扩大、参与渠道的拓宽及参与形式的创新，而民主协商虽然也强调多元主体的积极参与，但它是一种有范围的参与和有质量的参与。有范围的参与是指与决策相关的主体尽可能地参与，而有质量的参与体现为决策过程中对相关事项的讨论、反思、纠偏、妥协、达成共识的能力。笔者的调研问卷也积极证实了这一观点，81%的调研对象认为协商治理有助于科学与民主决策，提高决策合法性（见表6.3）。

表6.3　白毛庄村"六步决策法"协商治理调研问卷

10. 如果您认为实施"六步决策法"对村里发展有作用，作用主要体现在以下哪些方面？（可多选）	
B. 有助于科学与民主决策，提高决策的合法性	81%

三、有助于贯彻党的群众路线，巩固党的执政社会基础

协商民主是协商治理的理论基础。由于"协商民主是我国社会主义民主政治的特有形式和独特优势，是党的群众路线在政治领域的重要体现"，以协商民

---

① 海尔格·诺沃特尼. 反思科学［M］. 冷民，徐秋慧，何希志，等译. 上海：上海交通大学出版社，2011：198.

主为理论基础的协商治理则可以理解为是党的群众路线在政治领域的重要实践。

（一）协商治理是党的群众路线在政治领域的重要实践

群众路线作为党的根本路线，是中国共产党在长期革命和建设中的经验总结，是党的科学的领导方法和工作方法，也是党和国家事业不断取得胜利的重要法宝。由于中国共产党是在与人民群众密切联系、共同战斗中诞生、发展、壮大、成熟起来的，所以党离不开人民，人民也离不开党。党的群众路线的内涵就鲜明体现为一切为了群众、一切依靠群众，从群众中来、到群众中去。其中，"一切为了群众、一切依靠群众"是群众路线的价值内核，"从群众中来、到群众中去"则体现了群众路线的具体实施路径。

除了作为一种科学的领导方法和工作方法，在当前中国民主政治的语境中，群众路线还集中体现了"人民当家作主"的社会主义民主理念。具体表现在，"一切为了群众，一切依靠群众"强调了人民当家作主的主体地位，反映了"主权在民""主权为民"的民主原则；"从群众中来，到群众中去"，则强调了要把尊重人民群众的首创精神作为价值旨归，在实践中把人民群众的合理意见与诉求广泛地吸纳进党和国家的路线方针政策之中，然后在人民群众中进行广泛的解释与宣传，获得群众的理解与支持，使人民群众坚持并付诸实践行动，并在具体的实践行动中检验这些路线方针政策是否正确。最后从群众中集中起来，再到群众中坚持下去。"一来一去"的循环往复体现了群众路线在党和国家政治生活中的运用，并形成了党和国家机关的根本组织原则和领导原则——民主集中制。

群众路线虽然集中体现了社会主义民主"人民当家作主"的本质内涵，但是在实践过程中很容易走向精英主义和官僚主义。因为群众路线就其本质而言，是一种依赖主体自觉的、自上而下式的民主形式，内含"党员干部是领导者、主动者，群众是被领导者、被动者"① 的不平等关系，所以现实中党的群众路线的落实很大程度上要依赖领导者的民主觉悟、工作作风及工作能力，而缺乏一套相应的体制机制，从制度与程序上保障群众路线的贯彻与落实。协商治理的现实应用为党的群众路线得以制度化的践行提供了切实可行的思路。首先，

---

① 刘慧. 群众路线和协商民主关系探讨 [J]. 广西社会主义学院学报，2017，28（4）：42-47.

就主体要素而言,协商治理中的"领导干部"和"人民群众"两大治理主体正好与党的群众路线中的"党的领导"和"群众路线"两大核心要素相对应。其次,就民主的形式而言,协商治理一方面包含着"人民群众"自下而上"从群众中来"民主形式;另一方面也包含着"领导干部"自上而下的"到群众中去"民主形式,从而避免了群众路线依靠"领导干部"单一向度的民主形式滑向精英主义或者官僚主义的风险。最后,就运行机制而言,协商治理通过内部的民主协商机制,使"人民群众"自下而上的民主与"领导干部"自上而下的民主相互结合,并在二者的良性互动中完成"从人民群众中来""到人民群众中去"的有机统一。综上,协商治理是连接党的领导与人民群众的桥梁和纽带,是贯彻和落实党的群众路线的重要机制,也是党的群众路线在政治领域的重要实践。

(二)协商治理有利于巩固党执政的社会基础

中国共产党来自社会,社会是中国共产党执政的根基。一方面,党只有扎根于社会,不断地从社会中汲取养分与力量,才能保持旺盛的生命力与战斗力。相反,如果党脱离社会,不能反映和代表社会的整体利益诉求,必然遭遇执政的合法性危机,因此,社会基础是否牢固直接关系到中国共产党的政治命运与前途。另一方面,党要引领社会,因为中国共产党是中国工人阶级的先锋队,同时也是中国人民和中华民族的先锋队,因此,中国共产党需要通过不断地自我革命从而保持自身的先进性,进而引领整个社会的发展。

人民群众作为中国共产党执政社会基础的重要组成部分,在中国政治话语体系中具有十分重要的地位与价值。毛泽东同志对群众始终怀有独特而深厚的感情,他高度赞扬"群众是真正的英雄"①,并在继承马克思主义的唯物史观的基础上,在从事中国社会革命和建设的实践中系统总结了党的群众路线的基本内容。邓小平同志强调"历史是人民群众创造的"②,号召要和"群众同甘共苦"③,"同群众打成一片"④,尊重人民群众的首创精神,"重视人民群众吃穿

---

① 毛泽东.毛泽东选集:第三卷[M].北京:人民出版社,1991:790.
② 邓小平.邓小平文选:第一卷[M].北京:人民出版社,1994:217.
③ 邓小平.邓小平文选:第一卷[M].北京:人民出版社,1994:217.
④ 邓小平.邓小平文选:第二卷[M].北京:人民出版社,1994:368.

住问题"①。江泽民同志则要求把人民群众同党的执政基础紧密地联系起来，提出要使中国共产党成为始终代表中国最广大人民的根本利益的"三个代表"②重要思想。胡锦涛同志结合我国国内社会建设领域存在的实际问题，提出了建设"以人为本"的科学发展观思想，并强调领导干部要始终做到"权为民所系、情为民所系、利为民所谋"③。习近平同志基于国内外形势的发展变化的理性审视与把握，提出了"以人民为中心"的发展思想，并把"为中国人民谋幸福，为中华民族谋复兴"④ 作为中国共产党的初心和使命。

协商治理之所以能够巩固党执政的社会基础一方面是因为协商治理也是以马克思主义的群众观作为理论基点的。马克思主义群众观认为人民群众是历史的主体，在人类历史的发展长河中，人民群众不仅是物质与精神财富的创造者，而且也是推动社会生产关系与社会制度的变革者，是社会存在和发展的根本动力，因此，人民群众也应当成为社会利益与社会价值的最终受益者。协商治理同样把实现人民群众的利益作为自身的价值皈依。习近平总书记在《庆祝中国人民政治协商会议成立 65 周年大会讲话》中指出，"全心全意为人民服务，始终代表最广大人民根本利益，是我们能够实行和发展协商民主的重要前提和基础"。"人民群众是社会主义协商民主的重点。涉及人民群众利益的大量决策和工作，主要发生在基层。要按照协商于民、协商为民的要求，大力发展基层协商民主，重点在基层群众中开展协商。"⑤ 另一方面是因为协商治理尤其是基层协商治理具有明显的"解决问题和化解冲突的导向意识"⑥，主要是以解决与人民群众利益紧密相关的问题或者是人民群众反映强烈的问题为主要目标的。由于这些与"人民群众利益紧密相关的问题或者是人民群众反映强烈的问题"的处理结果直接关系到党和政府的形象，直接关系到人民群众对党和政府的基本

① 邓小平文集：（一九四九年——一九七四年）中卷 [M]. 北京：人民出版社，2014：374.
② 江泽民. 江泽民文选：第三卷 [M]. 北京：人民出版社，2006：75.
③ 胡锦涛. 胡锦涛文选：第三卷 [M]. 北京：人民出版社，2016：533.
④ 习近平. 决胜全面建成小康社会夺取新时代中国特色社会主义伟大胜利：在中国共产党第十九次全国代表大会上的报告 [N]. 人民日报，2017-10-28（1）.
⑤ 习近平. 在庆祝中国人民政治协商会议成立 65 周年大会上的讲话 [N]. 人民日报，2014-09-22（2）.
⑥ 马奔，程海漫，李珍珍. 从分散到整合：协商民主体系的构建 [J]. 中共中央党校学报，2017，21（2）：64-72.

评价，所以，如何公平公正地解决这些问题，并且能够得到一个人民群众都基本满意的结果，是检验当前基层治理是否合格的试金石。协商治理改变了传统政府单方决策，人民群众缺少参与的决策模式，将人民群众有效地吸纳进政府的决策过程之中，通过多元治理主体的集体协商，理性探讨，最终达成协商共识，并以此作为政府决策的主要依据。通过协商治理，不仅进一步增强了人民群众对政策的认同，而且还有利于缓和干群关系，凝聚民心民意，进一步巩固党执政的社会基础。问卷显示，当被问及"您认为实施'六步决策法'对村里发展有作用，作用主要体现在以下哪些方面"时，76%的调研对象认为协商治理有助于贯彻党的群众路线，巩固党的执政基础（见表6.4）。

表6.4 白毛庄村"六步决策法"协商治理调研问卷

10. 如果您认为实施"六步决策法"对村里发展有作用，作用主要体现在以下哪些方面？（可多选）	
C. 有助于贯彻党的群众路线，巩固党的执政基础	76%

四、有助于培养社会治理主体的成长，实现共建共治共享的社会治理共同体

建设与实现共建共治共享的社会治理共同体是当前基层社会治理的主要目标，但当前社会治理共同体建设中政府依然是主要的治理主体，社会治理主体则在参与社会治理方面依然处于相对弱势地位，因此，实现共建共治共享的社会治理共同体格局还并未完全得以形成。马克思主义唯物史观认为社会性是未来"真正共同体"的本质属性，因此，实现共建共治共享的社会治理共同体需要社会主体的有效参与，如何才能助推社会主体的成长，培养社会主体的参与意识与能力，是当前建设共建共治共享的社会治理共同体的关键。

（一）协商治理有助于培养社会治理主体的成长

社会治理主体的成长既离不开有利的外部环境，也依赖社会治理主体自身能力的提升，只有两方面因素共同发挥作用，才能够有效促进社会治理主体的健康成长。协商治理助力于社会治理主体成长的关键性作用体现在，就外部而言，它能够为社会治理主体的成长建构一个良好公共环境；就内部而言，它能够为提升社会治理主体参与社会治理的意识和能力提供助力。

涉及社会治理主体成长的外部环境因素有许多，比如制度环境、政策环境以及社会治理主体成长的公共性环境等。其中，制度环境和政策环境主要是由政府提供与分配的，但涉及社会治理主体成长的公共性环境则不可能由政府单一主体来实现，而是需要政府与多元社会治理主体在互动中相互成就。社会治理主体的成长意味着"人们从私人领域中走出来，就公共问题开展讨论和行动，在此过程中个体实现从私人向公民的转化"①。因此，社会治理主体的成长需要有对"公共问题开展讨论和行动"的公共环境，它不仅包括多元治理主体对"公共问题开展讨论和行动"的公共场所，而且还包括多元治理主体对"公共问题开展讨论和行动"的公共氛围空间。协商治理是多元治理主体通过民主协商方式进行治理的一种范式，在协商治理中，多元治理主体通过共同参与、理性协商，逐渐形成了开放、包容与理性的公共氛围空间，经过公共氛围空间的反复洗礼和熏陶，有助于社会治理主体从私人领域中走出来，摆脱极端个人主义和利己主义的窠臼，形成更为团结和更为理性的公共精神。因此，协商治理提供的公共环境对社会治理主体的成长是极为有利的。

协商治理不仅形塑了有利于社会治理主体成长的公共环境，而且也有助于社会治理主体治理意愿与能力的提升。基于中国传统的官本位文化及集体行动中个人理性的计算，社会治理主体尤其是公众参与社会治理的意愿并不是十分强烈，大部分是以"看客"的心态对待社会治理，协商治理在初次动员社会治理主体参与社会治理时可能也会面临"集体行动的困境"，但是如果协商治理的议题能够有效地进入政府的决策的议程，并且政府的决策结果能够体现出协商治理中社会治理主体的意见和诉求，即"'我（官方）决定'转变为'我们决定'的社会治理过程"② 时，将会极大地提升社会治理主体的获得感、成就感以及主人翁感，也就会使更多的社会治理主体愿意参与到当前的社会治理中。此外，由于协商治理对公民的要求体现为积极公民，积极公民是"能够在公共领域承担责任的公民"③，因此，协商治理最终还有益于社会治理主体治理责任

---

① 李友梅. 构建社会建设的"共识"和"公共性"[J]. 理论学习，2014（2）：28-29.

② 何包钢，吴进进. 公共协商的政治合法性功能——基于连氏市民公共服务满意度调查 [J]. 浙江社会科学，2016（9）：26-38，157.

③ 许瑞芳，叶方兴. 积极公民：一种公共性的分析理路 [J]. 江西师范大学学报，2017，50（5）：24-30.

能力的提升。

(二) 协商治理有助于实现共建共治共享的社会治理共同体

差异是共同体的基本特征,所以社会治理共同体首先是一个具有差异性的共同体。在社会治理共同体中,多元社会治理主体的客观存在必然会带来诸如地位、角色、功能等诸多方面的差异,尤其是社会治理共同体中的公众治理主体,由于每个人在社会生活中所处的环境不同,每个人的利益诉求、思维方式、能力素质等皆有不同,每个人都是独特的,每个人"都能提供新的视角和做出新的行动"①。因此,差异性构成了社会治理共同体的基本特征。社会治理共同体中的差异性既能够避免多元治理主体的同质化,又可以保障多元社会治理主体对"公共问题开展讨论和行动"展开多维视角,是社会治理共同体公共性的价值和意义所在。

既然差异性是社会治理共同体的基本特征,那么如何存异求同或者异中求同成为社会治理共同体首要解决的基本命题。如果社会治理共同体只存在或只强调差异,便无法有效联结进而形成一个更为高级意义的共同体。因此,社会治理共同体需要有一种既尊重差异又能够凝聚共识的建构机制能够将多元治理主体"既彼此分开又相互联系"。汉娜·阿伦特 (Hannah Arendt) 形象地将这种建构机制比喻为"围桌而坐",即"一起生活于世,根本上意味着一个事物世界存在于共同拥有它们的人们中间,仿佛一张桌子置于围桌而坐的人们之间。世界,就像每一个'介于之间'(In-between) 的东西一样,让人们既有联系又彼此分开"②。协商治理的运行机理与阿伦特的"围桌而坐"本质相通。一方面协商治理承认差异,协商治理的理论基础之一协商民主就是在面临世界全球化与文化多元化的背景下,通过选举来聚合民众偏好的民主模式无法有效应对与整合日益多元而复杂的社会时而出现的一种矫正方案。因此,正视差异,而不是忽略和否定差异是协商治理的基本前提。另一方面,协商治理更注重共识。共识是人们根据被广泛接受的根本性和原则性规范为基础,在一定的时空背景下形成的共同价值信念与规范意识,"如果说个别利益的对立使得社会的建立成

① 汉娜·阿伦特. 人的境况 [M]. 王寅丽,译. 上海:上海人民出版社,2017:5.
② 汉娜·阿伦特. 人的境况 [M]. 王寅丽,译. 上海:上海人民出版社,2017:34.

为必要，那么，就正是这些个别利益的一致才使得社会的建立成为可能"。① 因此，共识是社会治理共同体追求的最终目标，协商治理通过民主协商，促使个体偏好的反思而趋于共识，并且在开放性与动态性的过程中逐渐化解"多数决定"与"共识"之间的张力，从而深化了共识的质量。综上，协商治理是实现共建共治共享社会治理共同体的重要机制。调研问卷也辅助性的证实了上述观点，当被问及"六步决策法"作用主要体现在以下哪些方面时，有68%的人选择了"有助于培养社会治理主体的成长，实现共建共治共享的社会治理共同体"（见表6.5）。

表6.5 白毛庄村"六步决策法"协商治理调研问卷

10. 如果您认为实施"六步决策法"对村里发展有作用，作用主要体现在以下哪些方面？（可多选）	
D. 有助于培养社会治理主体的成长，实现共建共治共享的社会治理共同体	68%

第二节 农村社区协商治理的主要限度及原因分析

农村社区协商治理作为当前农村社区治理的创新，在实践中取得了良好的绩效，并得到了党和国家的积极肯定，如2020年，中华人民共和国民政部决定组织开展村级议事协商创新实验活动，在全国1000个左右的行政村试点分两批指导开展村级议事协商创新实验，这些村级的议事协商创新实验为各地推进村级议事协商制度化、规范化和程序化发展提供了可借鉴的样板和经验。虽然农村社区的协商治理成效显著，但是在实践中也面临着一些的障碍性因素，不仅影响着自身的发展，从长远来看，也不利于实现共建共治共享的社会治理共同体。

---

① 让-雅克·卢梭. 社会契约论 [M]. 何兆武，译. 北京：商务印书馆，2011：31.

一、协商治理主体的限度

（一）党政协商治理主体的强控制

农村社区协商治理的主体主要包括农村基层党组织、村民自治组织、农村社会组织、农民在内的多元治理共同体。虽然农村社区协商治理的主体众多，但是，从国家与社会的角度，可以将其换分为两类，一类是党政协商主体（基层党组织、村民委员会），另一类是社会协商主体（农村社会组织、农民）。村民自治组织本来属于农村社会组织的范畴，但是由于近些年村民委员会"行政化"倾向较为严重，严格来讲，村民委员会更像是基层乡镇政府的一只腿，而非代表村民进行自治的自治组织。所以，本书将村民委员会归为了党政协商治理主体之中。无论是在理论还是现实中，推进社会治理共同体的建设和促进协商治理的发展，客观上都要求各治理主体之间应当是平等的或是势均力敌的，但是在当前农村社区协商治理的实践中，党政治理协商主体与社会协商治理主体之间的力量发展并不均衡，表现出党政协商治理主体强控制与社会协商治理主体低参与的状态。这种不均衡的力量格局使得社会协商治理主体在协商治理中过度依赖党政协商治理主体，从而限制了社会协商治理主体的主体自觉性，进而进一步影响了协商治理效能的发挥。

党政协商治理主体始终在农村社区协商治理中保持着强控制的态势。这种强控制的态势主要表现在宏观层面和微观层面两个方面。具体而言，在宏观层面主要表现在协商治理制度的供给方面。当前中国基层的协商治理制度整体而言是由党和政府供给的一种关于基层地方治理的民主制度安排，是官方意志主动追求民主政治与治理有效的产物。因此，协商治理能否采用及如何实践，很大程度上要取决于党和政府的意愿、态度、决心及政府的执行能力。如天津宝坻区的"六步决策法"协商治理制度最初的主观动因在于宝坻区贯彻落实党的十八大报告中提出的要"推进协商民主广泛多层制度化发展""积极开展基层民主协商"的政策要求。而在微观层面，主要表现在党政协商治理主体对协商治理议题控制。议题设置是话语权的重要体现。在我国农村社区协商治理中，大部分协商治理议题是由村党组织、村委会提出的。以天津市宝坻区的"六步决策法"协商治理为例，"六步决策法"规定了两种方式的议题设置：议题或者由村党组织、村委会提出，或者以村级综合服务站为平台，征求村民意见形成。由于村级综合服务站具体是由乡镇干部驻村指导、村干部轮岗坐班的方式来运行的，这两种方式实质上都将议题设置的主动权交由村党组织和村委会手里。

究其主要原因，一方面是现阶段我国协商治理正处于发展初期，从协商治理的宏观层面的制度供给到协商治理微观层面体制机制与程序的安排，都是由党政主体进行设计与实施的，所以在协商治理中党政治理主体相较于其他治理主体自然而然地会负有更多的责任感和使命感，这种责任感和使命感会敦促党政治理主体在协商治理过程中控制好每个环节，以做到尽心尽力、尽善尽美。另一方面是传统管理模式的历史惯性所致。农村社区传统管理模式是由农村基层党组织和村民委员会垄断管理资源，依靠管控的方式进行社会管理。由于传统管理模式的历史惯性所趋，在协商治理过程中会不自觉地沿用传统的管控模式，具体则体现为党政主体对协商治理的强控制。

（二）社会协商治理主体的低参与

改革开放以来，农村社区社会协商治理主体得到了较大的成长与发展。农村社区社会协商治理主体主要包括农村的社会组织和广大农民两种类型。农村社会组织主要是指除农村基层党组织和村民委员会之外的非"官方"自组织，它由一定区域范围内的农民在政府推动和支持下成立或者由农民自发组织成立，用来满足农村社区农民多样化需求为取向，从而实现自我组织、自我管理、自我教育、自我服务的具有民间性的、公益或互益性的、服务性的农民组织。改革开放后，随着农村社会的逐渐走向开放，农村社会组织得到了前所未有的成长。据统计，"截止到目前，中国有农村各类社会组织200多万个，它们在我国农村经济社会发展中发挥了较大的沟通、协调和组织村民的作用"。① 而农民群体在市场经济浪潮的涤荡下，个体意识、权利意识、法律意识、参与意识等相较于之前也都有很大的提升。

虽然当前农村社区的社会协商治理主体都有所成长和发展，但与当前农村社区协商治理的要求相比，还存在一定的差距。尤其是社会协商治理主体的"低参与"，对当前农村社区协商治理发展带来了非常不利的影响，不仅降低了

---

① 中共中央党校（国家行政学院）课题组．改革开放四十周年中国社会经济发展研究[M]．北京：人民出版社，2019：400.

协商治理的质量，而且增加了行政动员成本。"低参与"主要表现为社会协商治理主体参与协商治理态度不积极，不愿意参与协商治理。笔者在白毛庄村的问卷调研也反映出同样的问题。当被问及您是否愿意主动参加村里的"六步决策法"，有近一半多的人（52%）选择了"不太愿意"和"不愿意"。这里不能忽略的一个前提条件是，白毛庄村的"六步决策法"从 2014 年开始运行到现在，实际已经运行了有 7 年的时间。从时间角度考虑，"六步决策法"应当是一种比较成熟的协商治理机制了，但现实中还是面临着"低参与"的问题。这从侧面印证了当前农村社区协商治理中"低参与"问题的普遍性与严峻性（见表6.6）。

表6.6　白毛庄村"六步决策法"协商治理调研问卷

7. 您是否愿意参与村里的"六步决策法"？（单选）				
A. 非常愿意	B. 很愿意	C. 基本愿意	D. 不太愿意	E. 不愿意
18%	17%	13%	28%	24%

　　农村社区中社会协商治理主体的低参与既有主观方面的原因，也有客观方面的原因。主观方面的原因主要表现为农民个体基于不同的境遇体验，要么认为自己不能具备参与协商治理的基本能力素质，要么认为即使参与了，个人的意见也不起作用，从而不愿意参加协商治理。需要补充说明的是，能力素质问题虽是一个主观问题，但背后也有客观因素的影响。尤其是近些年来，随着城镇化速度的加快，农村大量的青壮年都流向了城镇，留在农村的大多是留守老人和儿童，所以导致农村现有人口受教育程度整体偏低，自然在参与协商治理方面的能力素质就受到限制了。客观方面的原因则在于协商治理有规范的基本程序，完整的走完协商治理的流程需要有基本的时间做保证。大部分农民农忙时节忙于农业生产，农闲时节忙于外出打工，无法抽出相对完整的时间来参与协商治理。笔者的调研问卷显示，当被问及"不愿意参加'六步决策法'的理由"时，62%的人选择了能力素质原因，有 59%的调研对象选择了"平时很忙，没有时间参加"，还有 36%的人选择了"即使参加了，个人意见不起作用"（见表6.7）。

6.7 白毛庄村"六步决策法"协商治理调研问卷

8. 如果您不愿或没有参与过"六步决策法",那么原因是什么?(可多选)	
A. 对于要协商的内容兴趣不高	15%
B. 想参与,但是没有时间	59%
C. 不知道有事务要协商	9%
D. 即使参与了观点也不会被采纳	36%
E. 自身能力素质有限(不善于表达自己的观点、看法等)	62%
F. 其他	3%

二、协商治理制度的限度

制度建设是基层协商治理合法、稳定、持久与有序发展的最基本保障。基层协商治理制度建设实际包括两个方面,一是制度建设,二是机制建设。一般而言,制度建设从宏观方面决定着协商治理的结构与功能,机制建设则在微观方面决定着协商治理的具体运行方式。两者相互支撑,缺一不可。现实中,协商治理在制度建设方面还存在着一些障碍性因素,影响着协商治理实际效能的发挥,主要表现在以下几个方面。

(一)农村社区协商治理制度供给不均衡,制度认同水平有待提升

在我国当前基层协商治理的制度建设中,基层协商治理制度的顶层设计已经基本完成,但实践中的具体制度供给仍然处于不均衡的状态。自党的十八大首次提出要"完善协商民主制度和工作机制,推进协商民主广泛多层制度化发展"以来,党和国家高度重视并积极推进基层协商治理的制度化建设。如党的十八届三中全会上首次建构出当代中国协商民主建设的制度体系,2015年中共中央出台的《关于加强社会主义协商民主建设的意见》为指导基层协商治理提供了纲领性文件。随后出台的《关于加强城乡社区协商的意见》,又对城乡社区协商治理的主体、内容、形式、程序及协商成果的落实与反馈机制都进行了更为具体的部署。这些政策与指导文件的出台标志着"顶层设计中程序合理、环

节完整的基层协商民主制度框架已然成型"①。虽然协商治理制度的顶层设计已经基本成形,但是基层协商治理实践中的具体制度供给并不同步,呈现出不均衡的发展态势,主要表现为制度供给的缺位、错位和越位三个方面。一是基层协商治理制度的缺位。虽然全国大多数地区"出台了关于加强城乡社区协商的实施意见,各级党委、政府把城乡社区协商纳入重要议事日程,结合实际制定了具体办法,……64%的社区建立协商议事委员会"②。但依然有一些农村社区还没有建立起协商治理相关的制度,影响了基层协商治理在全国的整体发展水平,如在经济相对落后、地理位置相对偏远的西部农村地区,普遍缺乏协商治理制度。此外,即便是在经济相对发达的中东部地区,虽然在局部农村地区涌现出了一批相对成熟的协商治理制度,但也并不是所有农村社区都建立了相对完善的协商治理制度。二是基层协商治理制度的错位。尽管一些农村社区已经建立了协商治理的具体制度,但也有个别地方推行的是"政绩式协商治理",即并不是将协商治理制度看作成为解决地方实际问题的创新,而是将其看作一种出政绩的资本,违背了协商治理制度的目的和初衷。三是协商治理制度的越位。一些农村社区虽然建立了协商治理制度并且已经进行了多次的协商治理实践,但是个别地方出现了不论事情的性质如何,大事小事统统都要协商治理的现象,反而忽略了其他治理手段。一些村干部甚至将协商治理看作自己的"免责单"和"保护伞",出现什么问题都往民主协商方面推。

另一方面农民对协商治理制度的认同水平也不高。一般而言,制度建设主要包括实体的制度建构和受众对制度认同两个部分。现实中很多人在谈及制度建设时多就实体制度的构建而言,而忽略了或者很少去关注制度建设的社会心理基础。实际上,制度建设的社会心理基础也同等重要,直接关系到制度的功能发挥和制度的运行成本,甚至在一定程度上决定着制度发展的兴衰荣辱,得不到群众支持与认可的制度往往难以形成稳定与持久的发展。因此,基层协商治理的制度建设除了上述论及的实体化制度建设,还应当包括农民心理上对这

---

① 张紧跟. 主体、制度与文化:基层协商民主建设的三维审视 [J]. 云南大学学报(社会科学版),2021,20(2):109-118.

② 中共民政部党组. 党的十八大以来中国特色基层民主建设的显著成就 [J]. 中国政协理论研究,2017(3):2-4.

一制度的接纳和认同。当前，农村社区协商治理的制度认同状况并不乐观，很多农民甚至都不知道协商治理制度是什么、怎么参与，更遑论去支持和认同协商治理制度了。调研问卷也显示了这一点。尽管天津市宝坻区的白毛庄村已经实行"六步决策法"协商治理至今已经有近7年的时间，但在被问及"您了解村里的'六步决策法'"吗？依然有54%的人选择"不太了解"和"不了解"（见表6.8）。

6.8　白毛庄村"六步决策法"协商治理调研问卷

4. 您了解村里的"六步决策法"吗？（单选）			
A. 非常了解	B. 基本了解	C. 不太了解	D. 不了解
19%	27%	33%	21%

农村社区协商治理制度供给不均衡的主要原因与基层协商治理制度的发展程度有关。当前我国基层协商治理整体上还处于发展的初级阶段，"我国近年来涌现的各种协商民主实践多数停留在试验、推广阶段，局限于一定区域范围内，远未实现常态化、持续性"。①再加之我国地大物博，发展不平衡，每个地方都有自己的区情，所以在这两种情况的加持下，协商治理难免会出现制度供给的不均衡的情况。农民对协商治理制度认同水平不高则多是有与政府推进协商治理的方式有关。我国大多数的协商治理是党政主导的协商治理，党和政府在其中发挥着关键性的作用，可作为协商治理主体的农民则往往由于缺乏动议的主动权、议题的决定权等而处于相对被动的地位，会导致农民认为协商治理"都是政府的事，与自己无关"。此外，加之普通民众资源和能力的不足等因素的制约，都会削弱或影响农民对协商治理制度的认同。

（二）农村社区协商治理机制不健全，规范性尚需进一步加强

协商治理机制不健全是导致农村社区协商治理运行难以有效持续的主要原因。协商治理机制不健全总体上表现为尽管许多农村社区按照上级党委和政府的要求已经制定了协商治理的相关制度，但这些制度设计往往具有原则性和粗放型的特点，更多地还只是停留在宏观层面，缺乏明确而具体的规范性操作办

---

①　陈家刚. 城乡社区协商民主重在制度实践 [J]. 国家治理，2015（34）：22-28.

法将其落实并服务于现实层面。具体而言，主要表现在以下几个方面：一是协商治理的参与机制方面。如一些农村社区在进行重大决策时，对于参与人员的范围、参与人员的相关权利和义务、参与的渠道等相关配套措施，缺乏详细而又明确的说明，过于笼统的机制设计会给协商治理的实践留下太多的弹性空间，会使基层协商治理容易沦为形式主义或仅成为赋予决策合法性的"橡皮图章"。二是协商治理的结果的转化机制方面。不少农村社区的协商治理并没有就协商成果与决策机制有效的衔接起来。在这方面，除了浙江温岭的"民主恳谈会"以及天津宝坻区的"六步决策法"等个别地区的协商治理做到很好的结合外，其余大部分协商治理，尤其是"听证型的协商治理"或"咨询型的协商治理"都面临如何有效衔接的问题。"民主协商既不是谈话秀，也不是学术讨论，其目标非常明确，就是为了影响政府即将出台的公共政策。"① 如果协商的结果不能影响决策，那么不仅会使协商治理失去权威性，而且会影响社会协商治理主体参与协商的积极性。三是协商治理结果的监督反馈机制方面。在协商治理中，从议题的提出到民主协商再到组织落实最后到监督与反馈构成了一个完整的闭合链条。但在当前的农村社区协商治理中，部分农村社区还存在"重协商，轻监督"的现象。甚至在有些农村社区在协商治理实践中，由于缺乏有效的监督而导致了协商成果搁浅与搁置现象，影响了协商结果的严肃性。天津宝坻区的"六步决策法"主要是依靠群众监督，但缺乏协商治理结果的反馈机制和考核机制，这也是其今后需要努力完善的方面。四是协商治理法治化机制方面。法治是民主的保障，目前包括农村社区在内的基层协商治理法治建设相对滞后，对于基层协商治理主体范围的界定问题、协商治理主体的参与权利如何保障的问题及有悖基层协商治理的违法和侵权事件的救济问题等都缺乏相关相应的具体法律条文说明与保障。

协商治理机制规范性是影响当前农村社区协商治理质量的关键因素。规范性主要是指一定的标准，是对某种事物规定性的体现。整体而言，当前农村社区协商治理机制规范性还存在很大的提升空间。比如在部分农村协商治理的实践中还一定程度上存在协商治理的主观性和随意性，"'想协商就协商，不想协

---

① 谈火生. 审议民主［M］. 南京：江苏人民出版社，2007：6.

商就不协商'，'有时间就协商，没时间就不协商'，'领导重视就协商，领导不重视就不协商'，'协商之后想执行就执行，不想执行就不执行'的现象"。① 具体而言，农村社区协商治理机制的不规范性还突出表现在民主协商机制方面。就发生学的角度而言，协商治理机制是一个包含了提议机制、参与机制、民主协商机制、协商结果执行机制、监督反馈机制等在内的一个综合性的机制。其中，民主协商机制是协商治理机制中关键和重点所在。民主协商机制的不规范性主要体现在主持人制度方面和参会人员的发言方面。协商治理的主持人一般都要求"与协商主体无相关利益、有较强责任心、能公正，并有一定主持能力者担任主持人"，但是在坚持党的领导，充分发挥村（社区）党组织在基层协商中的领导核心作用的大前提下，农村社区协商治理的主持人大多是由村支部书记担任的。因此，村支部书记如何保证与协商主体无相关利益就成为影响主持人公平与公正规范性的主要问题。此外，在民主协商过程中，协商治理主体的发言应该具备理性的规范表达，既能够表达自己的观点，同时又能够超越自身的视角去换位思考进而不断反思与修正自己的观点，但现实中，协商治理主体往往距理性的规范表达还有很大的距离。

农村社区协商治理机制不健全、不规范的主要原因一方面与上述所阐述的目前协商治理制度还处在制度的试验阶段，并没有形成制度化的发展有关；另一方面也与协商治理的实践程度有关。当前农村社区协商治理的实践不足，直接影响着协商治理机制的规范度与成熟度。如果说协商治理制度决定着协商治理的结构和功能，那么协商治理机制则决定着协商治理过程中各个要素的相互联结和运行的过程。所以协商治理实践越是充分，就越能够健全与完善协商治理机制，而协商机制越是健全与规范，就越能够促进协商治理效能的有效发挥。推进中国协商民主制度化发展的一个重要内容就是广泛而深入的协商民主实践，要不断拓展协商主体，开放协商空间，使其在党的领导、政府管理以及社会建设等不同层面同时展开。②

---

① 燕继荣，彭莹莹. 构建党组织为主体责任者的基层协商民主制度化体系 [J]. 新视野，2020（3）：18-23，31.

② 林尚立. 协商民主是我国民主政治的特有形式和独特优势 [J]. 求是，2014（6）：3.

三、传统政治文化的限度

中国传统政治文化，是指在中国几千年历史演进中中国民众在社会活动中对政治生活的感受、认知和习俗，经过长期历史积淀和政治社会化而形成的政治心理和政治思想。中国传统政治文化集中体现了中华民族在中国传统社会流行的一套政治态度、信仰和感情。① 中国传统政治文化是一个充满矛盾与张力的复杂体系，其中既有时代之精华，也有过时之糟粕。因此，传统文化对协商治理既有积极促进的方面，如我国优秀传统文化中的"中庸""民本"以及"合和"文化都与协商治理的价值诉求高度契合，为协商治理的发展提供了有利的文化和思想支撑，但传统文化中也存在一些消极的因素，制约着协商治理的发展，主要表现在以下几个方面。

（一）"官本位"的文化的影响

中国传统社会的实质性支配关系都是以权力占有为基础的，而官员是权力分配与行使的主体，因此在中国很容易形成一种以权力本位为基础的官本位体制。官本位遵循的基本逻辑是"有权就有一切"②，即在官本位的体制下，权力不仅可以决定和支配社会资源，而且还用以衡量和判断个体的社会地位与社会价值。新中国成立后，虽然我国建立起了一种崭新的社会制度，但由于历史文化具有传承性与延续性的特点，不但不会因为制度的变迁而出现断裂与终止，反而会通过沉淀的方式慢慢浸入民族心理，进而通过潜意识影响人们的社会行为。直到今天，官本位思想依然活跃在我国政治生活的方方面面，成为当前影响政治生态健康发展的一项顽疾。

官本位文化无疑是不利于农村社区协商治理的健康发展。首先，在价值旨趣方面，官本位文化的官本主义与协商治理的民主精神是背道而驰的。官本位信奉权力本位，即强调权力的支配性地位以及对权力的崇拜，从而自高自夸，

---

① 关于"中国传统政治文化"的界定，目前学术界见仁见智，莫衷一是。本文借鉴王浦劬. 政治学基础［M］. 北京：北京大学出版社，1995：307；加布里埃尔·A. 阿尔蒙德. 比较政治学［M］. 上海：上海译文出版社，1987：29 等著作中与"政治文化"相关的表述和提法。

② 俞可平. 什么造成社会的官本位文化［N］. 社会科学报，2013-09-26（6）.

与民相隔。由于官本位的赋权逻辑是按照自上而下的权力分配，而较少地受制于或基本上不受制于自下而上的影响，所以，官本位一般不会考虑人民的基本利益与诉求，尤其排斥"人民当家作主"之类的民主政治诉求。而协商治理的理论基础是协商民主，协商民主则主张"每个公民都能平等参与公共政策的制定过程，并且能够自由表达和理性讨论"①。因此，协商民主不仅主张"人民当家作主"，而且相较于以往各种形式的民主，协商民主更加关注民主真实性及其实现的具体程度，正如德雷泽克所认为的那样，"民主走向协商，表明人们在持续关注着民主的真实性：在多大程度上，民主控制是实质性的而不是象征性的，而且公民有能力参与其中"②。其次，在对待规则与程序方面，官本位文化与协商治理的态度也是完全相左的。官本位文化所遵循的是"特权意识"，所谓的"特权"是指凭借官衔的高低与权力的大小而获得的、在经济、政治、社会等诸领域享有的、超越法律法规的特殊权利。所以，官本位文化往往缺乏对规则与程序的基本尊重，官位越高的人，他的意见就越会受到重视，也就越有可能越过规则与程序的边界。而协商治理则特别强调"平等意识"反对"特权意识"，不论是协商治理中的协商民主理论还是治理理论，作为协商治理两种最重要的理论来源，它们都认为平等是基础，因为只有平等才可能做到"真协商"与"真治理"。由于法律与规则是维持平等最基本的方式，协商治理尊重程序，并把程序看作决策获得合法性的规范性要求。③ 最后，在具体的行为方面，协商治理很容易被官本位文化所影响。尤其是在中国现有的政治体制之下，推进基层协商治理制度的常态化发展离不开上级政府的有力支持和基层决策者的积极努力，在这种情况之下，浓厚的官本位文化，一方面，会催生基层决策者产生将推进协商治理实验当作捞取政绩资本的动机；另一方面，在具体的协商治理过程中，也容易导致协商治理被决策者所支配和控制，变成决策者的"一言堂"，最终沦为决策者意见的注脚，而不能充分反映多元治理主体的利益与诉求。

---

① 陈剩勇. 中国的协商政治传统与地方民主发展［M］//陈剩勇，何包钢. 协商民主的发展. 北京：中国社会科学出版社，2006：79.
② 约翰·S. 德雷泽克. 协商民主及其超越［M］. 丁开杰，等译. 北京：中央编译出版社，2006：1.
③ 陈家刚. 协商民主与当代中国政治［M］. 北京：中国人民大学出版社，2009：23.

官本位文化之所以对农村社区协商治理产生影响既有外部原因，也有内部原因。外部原因在于当今社会依然有官本位存续的现实基础。就中国的社会性质而言，虽然我国早在党的十五大报告中就提出了依法治国的基本方略，并且依法治国取得了重要进步，但也应当清醒地认识到，"我国是个人情社会，人们的社会联系广泛，上下级、亲戚朋友、老战友、老同事、老同学关系比较融洽，逢事喜欢讲个熟门熟道"①。农村更是人情社会的典型，在这种社会文化背景下，社会个体在处理社会性事务时首先想到基于血缘、地缘及业缘形成的社会关系。所以，人情社会的存在为官本位文化的成长提供了非常适宜的生存环境。内部原因在于我国目前推行的基层协商治理实验大部分是党政主导式的协商治理，由于党和政府的官员在协商治理中发挥着议题选择、组织动员、过程控制等关键作用，而官本位文化总是与官员联系在一起，这在一定程度也为协商治理中官本位文化的成长提供了便利的生存空间。

（二）臣民文化的影响

美国政治学家阿尔蒙德根据社会成员对政治的认知程度和参与意识将政治文化划分为三种类型，即地域型政治文化、臣民型政治文化及参与型政治文化。后来，在对政治文化进行分类的基础上，阿尔蒙德又深入探讨了政治文化与政治结构之间的关系。阿尔蒙德指出每种政治文化都与一定政治结构相匹配，只有政治文化与政治结构的匹配相互协调时，政治文化才能对政治结构产生支持性的力量，以维持其稳定；反之，则会损害其稳定。在我国传统社会结构中，"一端是个人和家庭，另一端是邦国和天下，在家与国之间缺失西方社会那种相对独立的公民社会、民间社会"。② 由于缺乏相对独立的公民社会和民间社会，在面对强大的专制集权时，原子式个体的自主性和独立性往往会被抑制甚至是被碾压，最终形成个体泯然于群体的臣民型文化。

臣民文化对农村社区协商治理的影响主要表现在协商治理的参与意识方面和协商治理过程中的民主协商方面。臣民文化作为中国传统政治文化的组成部分其突出的特点主要表现为君权至上的价值圭臬，宗法纲常的人治传统，权利

① 中共中央文献研究室. 十八大以来重要文献选编［M］. 北京：中央文献出版社，2014：721.

② 从日云. 民主制度的公民教育功能［J］. 中共天津市委党校学报，2001（1）：41-45.

主体观念的缺失及对清官圣人的政治期盼。尤其是权利主体观念的匮乏非常不利于协商治理工作的开展。在儒家"君君、臣臣、父父、子子"社会结构的安排与伦理观念的规训下，传统社会形成了一种绝对义务的本位观，这种绝对义务的本位观片面强调与尊崇统治者的利益而无限度地压制与缩小个人的权利，造就人们消极的政治观，如政治冷漠感强、政治参与率低等。而协商治理对公民的要求恰恰相反，就参与主体来看，协商治理体现了参与民主所提倡的积极公民理念，即"所有受到政策影响的人都应当参与到公共政策的讨论中"①，而非消极的臣民和顺民。此外，臣民文化中对清官圣人的政治期盼也非常不利于协商治理的展开。对清官圣人怀有企盼实质上是权利观念匮乏的另一种体现形式。人们把问题与矛盾的解决都寄希望于"圣君""贤相"与"清官"的出现，实际上却在无形当中忽视或主动放弃了自身的主体权利。事实上，在农村社区协商治理的过程中，许多村民都不善于或不敢于进行利益诉求的表达和争取，把村两委视为"领导"，该说的不敢说，该做的也不敢做，动辄就是"请领导为我们做主"。所以在这种臣民文化的影响下，村民总是习惯或被动地等待"领导"或"上级"的裁决，即便是给他们实现当家作主的机会，他们也会不知所措。并且一旦"领导"或者"上级"做出决定，他们大部分情况下也会选择服从与执行，缺少监督意识。

臣民文化在农村社区协商治理中存在的主要原因可以从官本位文化的影响和市场经济的发展情况进行学理的分析与解释。首先，在当前农村社区的协商治理过程中还存在着一定程度上的官本位现象。突出表现在部分村"两委"还存在着一定"替民做主"或者"为民做主"的意识或行为，这种"替民做主"或者"为民做主"的意识和行为不仅会进一步助长官本位的风气，而且还会加重臣民文化的形成与畅行。其次，臣民文化的存在与农村市场经济发育的相对迟缓也有很大关系。市场经济是"主体意识"与"权利意识"的启蒙老师，改革开放以来，尽管农村社会的市场经济有了很大的发展，但整体而言，对于城市而言，市场经济发展的程度相对缓慢，尤其是一些边缘落后的农村地区，市场经济的发展更为滞后，这在客观上也为臣民文化的存在与成长提供了缝隙与

---

① 谈火生，霍伟岸，何包钢. 协商民主的技术［M］. 北京：社会科学文献出版社，2014：14-15.

空间。

四、协商治理技术的限度

对于协商治理技术的理解，主要存在两种思路。一种思路是将协商治理技术理解为一种更精妙的微观制度设计，从而能够更好保障协商治理正常运转。如协商议题的确定、协商流程的设计、协商形式的选取、协商策略的选择等。国外也有类似的协商治理技术安排，如詹姆斯·菲什金的协商民意测验、丹麦的"共识会议"，以及开放空间会议技术等。另一种思路是将协商治理技术看作是一种纯粹的科学技术如互联网信息通信、大数据、云计算等在协商治理中的具体应用。本书中的协商治理技术更倾向于第二种释疑，即更倾向于将协商治理技术理解为一种便利于协商治理的科学技术。当前以互联网信息通信为代表的高科技日益广泛地被应用于人类社会的各项事业，对人类生活的方方面面产生深刻影响。在这种情况之下，寄希望于科技赋能民主，科技赋能治理也逐渐成为人们的共识。科技赋能协商治理能够有效提升协商治理的质量与效能，但同时也应该看到协商治理技术在农村社区的协商治理中还存在一些既定的障碍与不足，主要表现在以下几个方面。

（一）农村社区农民协商治理技术的主观限度

农村社区协商治理技术的主观限度主要表现为协商治理技术观念的滞后。协商治理技术观念是指人们对包括互联网、大数据、云计算等在内的科学技术应用于协商治理的基本认知、态度与看法。具体而言，农村社区协商治理技术观念的落后主要体现在：一是农村社区村民对于科学技术整体认知水平不高。重视科学技术的历史作用，是马克思主义的一个基本观点。恩格斯讲，"在马克思看来，科学是一种在历史上起推动作用的、革命的力量"。① 在马克思主义科技观的指导下，我国大力发展科学技术，并且取得了辉煌的成果，在一些科技领域，我国正在由"跟跑者"变为"同行者"，甚至是"领跑者"。② 随着我国

---

① 中共中央文献研究室. 习近平关于科技创新论述摘编 ［M］. 北京：中央文献出版社，2016：23.

② 中共中央文献研究室. 习近平关于科技创新论述摘编 ［M］. 北京：中央文献出版社，2016：24.

科学技术的不断发展，技术在社会治理中的积极作用日益凸显。基于治理理性的考量，国家开始实行治理技术的下沉，试图通过"技术之眼"来应对日益复杂的社会中诸如人口规模扩大、人口流动增速、社会关系日益复杂等治理挑战。由于治理技术是被官僚精英与知识分子所掌握并且按照自上而下的方式进行推进的，农民只是被动地接受或按图索骥式地执行，加之农民的科学文化素质都相对较低，农民对治理中的科学技术认知水平相对有限。二是农村社区村民对治理技术学习态度积极性不高。在农村社区，科学技术的应用主要有两类，一类是与生产相关的科学技术，比如农业的育种、灌溉等；另一类是治理相关的科学技术，比如大数据的应用等。整体而言，基于对自身利益关切的紧密程度，农民对与生产相关的科学技术学习表现出了较高的兴趣，而对治理中的科学技术普遍学习积极性不高。治理技术的下沉是一个双向奔赴的过程，即不仅需要国家自上而下的推进治理技术，也需要社会自下而上地去学习和接纳治理技术，其中任何一方的缺席都会影响治理技术实际效能的发挥。

导致农村社区农民协商治理技术观念落后的主要原因与农村社区人口素质有关。虽然近些年来，农村社区逐渐加大了对新型农民的培养，有文化、懂技术、善经营、会管理的农村人才队伍不断壮大，初步奠定起了乡村振兴的人才基础。但整体而言，农村人口与全国人口的受教育水平仍然存有差距并且呈现逐年递增的趋势，"由1982年的0.3年增加至2019年的1.4年"。① 尤其是随着中国城镇化水平的不断提高，农村社区中受教育水平较高的青壮年人口大规模地向城镇转移，而大量的受教育水平较低的留守儿童、留守老人和留守妇女则滞留在农村社区，进而导致了农村社区人口受教育程度总体偏低。笔者随机在白毛庄村抽取的150份问卷中（有效问卷137份），41%的人年龄在40~61岁，38%的人年龄在61岁以上；而在受教育程度方面，72%的人文化程度显示初中及以下（见表6.9、表6.10）。

---

① 刘厚莲，张刚. 挖掘我国农村人口发展的潜能［N］. 社会科学报，2021-12-09（2）.

6.9　白毛庄村"六步决策法"协商治理调研问卷

2. 您的年龄是？			
A. 20 岁以下	B. 20~40 岁	C. 41~61 岁	D. 61 岁以上
8%	13%	41%	38%

6.10　白毛庄村"六步决策法"协商治理调研问卷

4. 您的文化程度是？			
A. 小学	B. 初中	C. 高中	D. 大专及以上
22%	43%	24%	11%

（二）农村社区协商治理技术的客观限度

农村社区协商治理技术的客观限度主要来自科学技术本身应用于协商治理过程中的一些客观障碍。这些客观障碍主要表现在以下几个方面。一是硬件基础设施的限度。当前农村社区的科学技术的基础设施建设不足，主要表现为当科学技术资源分配区域不均衡、需求与供给对接不通畅与不精准、共享资源不充分，以及财力、物力保障经费不足的情况，难以保障协商治理中对技术的应用。二是使用范围的限度。协商治理技术难以覆盖协商治理全流程。如在数字协商过程中，主要依托协商数据平台来进行运作，数据平台用户的参与数量及参与的质量直接影响着协商治理的成效。而在现实中能够熟练掌握并运用数据平台的农村社区居民毕竟只有一部分，所以在确认协商治理主体时还需要充分考虑未使用线上平台的人群，以避免"数据遗民"的出现。而在协商治理的民主协商过程中，更应该尽可能地囊括并接纳所有应该参与协商的治理的主体，所以，在这种情况下，仅仅依靠数字协商是远远不够的。三是民主功能的限度。协商治理的理论基础是协商民主，而协商民主是一个"以对话为中心的民主制度"。① 所以协商治理需要治理主体认真倾听，相互理解，充分辩论，深入对话。将大数据及智能算法等技术引入协商治理虽然可以在民意搜集方面更加快

---

① Will Kymlicka. Contemporary Political Philosophy：An Introduction ［M］. Oxford：Oxford University Press，2001：290.

捷便利，但很难将这些分散的意见进行更加充分与深入地表达。尤其对于社区村民而言，"这意味着自身生动的、个人体验式甚至带有情感的意愿和诉求被简化成了冰冷而抽象的数字化表达，许多附着于其上的政治情感和政治文化被忽略了"①。这种被抽象和简化后的民意表达，显然会对协商治理的质量产生不利影响。四是制度规则的限度。协商治理技术的应用需要成熟的规则与制度进行保障。但目前农村社区协商治理技术的开发与运用尚处于起步阶段，只有少数发达地区的城市社区和农村进行了探索，因此关于协商治理技术的相关制度与规则都相对不足。如 2017 年上海宝山区探索了将数字协商应用于社区的治理中，建立了以村（居）党组织引领为核心、以全体城乡居民为主体、以互联网移动通信为载体，以凝聚精准服务为目标的信息化工作平台——"社区通"。在"社区通"具体的运行过程中，无论是主持人的主持，还是协商主体的发言及事后的评价监督都处于一种自发的状态，缺乏正式的规则制度进行规范。

农村社区协商治理技术的客观限度首先与农村社区的区域位置有关。科学技术与区域经济是相互存进的关系。一般而言，科学技术的发展能够有效促进区域经济的发展，同样，区域经济的发展也会带来科学技术的进步。经济越是发达的地区和区域，科学技术的发展越是先进，同样，经济发展落后的地区和区域，科学技术的发展与应用也相对滞后。农村社区一般都在地区经济发展的外围区域，因此，科学技术的发展和应用自然也就相对落后。其次与科学技术自身的限度有关。科学技术赋予协商治理智能化、科技化的同时，也会因为高效和便利而剥夺了协商治理主体的真实感和体验感，存在一个鱼和熊掌不可兼得的选择难题。最后与发展阶段有关。目前虽然以网络通信、大数据为代表的高科技应用于农村社区协商治理的前景非常广阔，但是农村社区协商治理技术毕竟还处在刚刚开始发展的初始阶段，所以或多或少还存在着一些不规范的地方和需要解决的问题，但相信随着日后协商治理技术不断成熟，这些问题与矛盾会逐渐得以改善与解决。

---

① 蔡栋. 社会主义协商民主对智能化治理技术的有效赋能——兼论西方民主框架下的技术治理困境 [J]. 毛泽东邓小平理论研究, 2020 (12)：24-34, 104.

第七章

社会治理共同体视域下农村社区协商治理的路径探索

党的十九届四中全会提出了建设"人人有责、人人尽责、人人享有的社会治理共同体"的新概念。社会治理共同体对于农村社区协商治理而言，不仅为当前农村社区协商治理提供目标与方向，即当前农村社区协商治理就是要朝着建设一个共建共治共享的社会治理共同体而努力，而且也为农村社区协商治理提供主体论及方法论意义的启示，即只有社会协商主体得以成长并与其他协商主体共同协商，才能充分实现农村社区协商治理的有效性，进而避免协商治理滑向形式主义或沦为工具主义。所以针对当前农村社区协商治理中存在的主要障碍和困境，应该在社会治理共同体的视域下，以建设社会治理共同体为目标，遵循社会治理共同体提供的主体论启示，从优化政治引导、转变政府治理逻辑、社会主体赋能、完善制度供给、技术嵌入、文化营造等多方面进行完善与解决。

第一节 优化政治引导：加强农村社区党组织在协商治理中的引领作用

研究治理理论的学者鲍勃·杰索普（Bob Jessop）认为，治理并不是万能的，治理会因为网络治理中行动者的多元性而难以通过沟通达成一致目标，也会面临边界模糊而产生效率与责任的两难困境等而产生"治理失灵"。为解决"治理失灵"问题，杰索普提出了让国家充当"元治理"的解决方案，即通过国家针对不同的治理形式或机制进行一种宏观安排，以修正和完善不同治理机制之间摩擦和冲突，并且重新调整、重新组织和重新整合不同治理形式和机制之间的复杂合作。

在中国当前的现实政治语境中，只有中国共产党符合"元治理"的身份角色，也只有中国共产党才能够切实发挥好"元治理"的功能作用。

一、基于政党中心主义的基层社会治理范式分析

"社会中心主义"是一直以来是解释欧美国家社会治理的主流范式。"社会中心主义"最初适用于政治发展领域，后来又逐渐扩展至经济领域和社会领域。社会领域中的"社会中心主义"主要观点认为，在国家与社会关系之间，"社会力量、商业集团的力量起着决定性作用"①，即社会先于国家，国家服从社会，社会是社会变革力量的主要来源。"社会中心主义"发展模式的优点是显而易见的，即通过自由主义思想与市场经济的结合，能够极大地解放社会生产力并有力地促进社会生产力的发展，但这一模式的弊端也是有目共睹的，尤其是在当前社会领域治理复杂化的情境下，一味地限制或矮化政府的作用，将会导致社会领域的失序或动荡。一个明显的例证是，如果任由市场经济的逻辑在社会领域中发展，那么贫富两极分化的社会现实将无法避免，而一个充满极化的社会不仅是一个不稳定的社会，同时也是一个危险的社会。从这一角度理解，无论是"社会中心主义"中的市场还是社会，都无法承担起"元治理"的角色和功能。

与西方社会治理中的"社会中心主义"模式不同，在当前中国的基层社会治理模式中呈现出典型的"政党中心主义"特征，即中国共产党领导和引领社会治理是当前中国基层社会治理中最核心、最本质的特征。在西方国家的治理体系中，政党代表的是部分社会利益，代表不同社会利益的两党或多党，通过竞争性选举来夺取政府的公权力，获得政府权力的政党成为执政党，反之则成为在野党。因此，西方社会中政党是部分社会利益（利益集团）的"代言人"，背后依然体现的是"社会中心主义"的逻辑。而在中国的治理体系中，虽然中国共产党也源自社会，但中国共产党代表的是社会的整体利益，属于整体性政党。作为整体性政党，不仅掌握国家权力，"只有通过执掌国家权力才能保持自

---

① 杨光斌. 建国历程的新政治学：政党中心主义、政治秩序与"好政治"三要素 [J]. 中国政治学，2018（1）：27-31.

身的整体性特征，所以就不存在整体性政党不能执掌政府权力的情形"①，而且还要成为国家权力的领导核心。所谓"党政军民学，东西南北中，党是领导一切的"②。因此中国的治理体系体现出了明显的"政党中心主义"导向。由于作为整体性政党的中国共产党除了人民利益，没有自身特殊的利益，中国共产党能够超然于社会各部分利益之上，通过自身掌握的政治权力和政治权威，发挥治理体系中的"元治理"作用。基层社会治理是治理体系的基础与基石，当前，党的十九届四中全会提出的要"完善党委领导、政府负责、民主协商、社会协同、公众参与、法治保障、科技支撑的社会治理体系"即是"政党中心主义"逻辑在基层社会治理中的拓展与延伸。

历史发展的时序是决定中国实行"政党中心主义"的基层社会治理范式的主要原因之一。历史制度主义认为，"不同的历史场景决定了每个国家有着不同的历史文化传统，也决定了重要历史事件发生的时间先后顺序，这最终影响了可能的政治结果以及政治道路的选择"③。以美英为代表的西方国家是先发展出了一个成熟的市场经济，然后市场经济又孕育出了一个强大的公民社会，最后在二者的基础上才进行国家政权的建设，总体而言是社会建设先于国家建设。而中国则正好相反，中国是先有政党建设，然后在中国共产党的主导下再进行的国家建设与社会建设。因此，总体上是政党建设先于国家建设和社会建设。重大历史事件的时间顺序对政治制度的形成和选择至关重要，尤其是在关键历史时间节点发生的重大历史事件，对日后的政治发展路径则有着锁定的作用。所以，不同的历史发展时序造就了中国走出了一条与西方发达国家不同的基层社会治理范式。

二、加强农村社区党组织的领导作用

"政党中心主义"的基层社会治理范式的核心特征是中国共产党领导和引领基层社会治理。农村社区协商治理是当前基层社会治理的创新，代表着未来基

① 景跃进. 将政党带进来——国家与社会关系范畴的反思与重构 [J]. 探索与争鸣，2019（8）：85-100，198.

② 习近平. 习近平谈治国理政：第三卷 [M]. 北京：外文出版社，2020：16.

③ 杨光斌. 什么是历史政治学？[J]. 中国政治学，2019（2）：3-21，214.

层社会治理发展的主要方向，因此，在农村社区协商治理中也应当坚持党的领导，通过党的领导来引领农村社区协商治理的发展。

农村社区协商治理中如何坚持党的领导呢？首先要界定与澄清"党的领导"的概念。在农村社区的协商治理中，党的领导是农村社区协商治理健康发展的根本保证，但党的领导不是事无巨细地对协商治理所有事务性工作进行参与和控制，也不是自上而下地对协商治理的工作任务进行分配与安排，更不是通过协商治理的方式变相地实现领导意志，而是通过发挥"总揽全局、协调各方"的作用实现党对协商治理的领导。这种"总揽全局、协调各方"的领导作用更接近于杰索普所界定的"元治理"的作用，即"元治理不可混同于一个至高无上、控制一切治理安排的政府，相反，它担当制度设计、提出远景设想的任务，从而促进不同领域的自组织"①。

其次要实行组织嵌入。组织是政党开展一切活动的载体，所以组织嵌入是发挥党在农村社区协商治理中总揽全局协调各方领导作用的基础。与西方发达国家政党组织呈现的松散样态不同，中国共产党非常注重政党组织的建设，通过横向与纵向两个基本面向将党组织深嵌于国家和社会之中，形成了横向到边、纵向到底的严密的党组织体系。基层社会是国家的基础，也是直接与人民群众发生联系的端口与平台，作为无产阶级政党的中国共产党非常重视基层党组织建设，并将其看作党治国理政的根基所在。基础不牢，地动山摇，为了加强党的基层组织建设，中国共产党不仅从中央到地方再到基层建立起等级明确且层层传导的党组织体系，以确保党的路线方针和政策得以贯通执行和基层人民群众的诉求得以顺畅反映至党中央，而且还进一步明确了基层党组织在基层社会中的作用。党章第三十二条规定："村和社区的党组织，领导本地区的工作，支持和保证行政组织，经济组织和群众自治组织充分行使职权。"因此，具体到农村社区协商治理而言，党的基层组织的存在不仅为基层党组织参与进协商治理提供了组织基础，而且也为基层党组织发挥"总揽全局、协调各方"的领导作用提供法理依据。

最后要实行资源整合。资源整合是指基层党组织通过理顺关系、搭建平台

---

① 郁建兴. 治理与国家建构的张力［J］. 马克思主义与现实，2008（1）：86-93.

等方式将一定范围内的各种资源整合在一起，以实现多元治理主体共同参与社区协商治理的目标。众所周知，农村社区协商治理是一个涉及农村党组织、村民委员会、农村社会组织、农民等多元协商治理主体共同参与协商的集体行动，但多元治理主体的共同协商并不一定会产生共识并达成合作的结果。集体行动理论认为，个体理性之和并不等同于集体理性，所以协商治理往往也会由于多元治理主体之间立场的不同、利益分歧与观点冲突而走向失败。以农村社会组织为例，在农村社区，既有经济类的社会组织，也有文娱类的社会组织，还有一些传统型的社会组织，不同的社会组织有不同的利益与价值诉求，也有不同的行动逻辑，因此，农村社区协商治理需要一个"元治理"的角色，能够从宏观上对分属不同行动逻辑的协商治理主体进行引导与协调，从而保障协商治理能够顺利、有序地进行并完成协商治理的目标。在当前农村社区各类的协商治理主体中，村党组织是党在农村的基层组织，是党在农村全部工作和战斗力的基础，全面领导村里的各类组织和各项工作，所以只有村党组织符合"元治理"的角色定位与功能预期。未来农村社区协商治理，只有充分发挥村党组织总揽全局协调各方的领导作用，才能有效整合体制内与体制外的协商治理资源，确保协商治理沿着正确的方向，朝着既充满活力又团结有序的方向发展。

三、激活农村社区"党员"关键群体在协商治理中的先锋模范作用

先进性是中国共产党的本质属性，《中国共产党章程》规定，中国共产党不仅是中国工人阶级的先锋队，而且也是中国人民和中华民族的先锋队。共产党员作为中国共产党的基本细胞，应该秉持中国共产党先进性的本质属性，发挥好先锋模范作用。发挥党员的先锋模范作用是中国共产党进行政治动员和社会动员的主要方式之一，中国共产党历来重视发挥党员的先锋模范作用，但在不同的历史时期，党员先锋模范作用的价值内涵也不一样。革命时期，共产党员的先锋模范作用主要体现在"应该成为英勇作战的模范，执行命令的模范，遵守纪律的模范，政治工作的模范和内部团结统一的模范"[1]。改革开放后，我国所处的时代环境发生了很大的变化，和平成为时代的主流。这一时期共产党的

---

[1]　毛泽东. 毛泽东选集：第二卷［M］. 北京：人民出版社，1991：522.

先锋模范作用应当体现在"努力学习专业知识，成为各种专业的内行，并且吃苦在前，享受在后，比一般人负担更多的工作"① 之中。党的十八大以来，中国特色社会主义进入新时期，习近平总书记对党员的先锋模范作用做出了新的要求，要求党员努力"成为践行党的根本宗旨的先锋模范；坚定理想信念的先锋模范；实践社会主义核心价值观的先锋模范；创造一流工作业绩的模范"。之后，习近平总书记再次强调要"严格党员日常管理，使广大党员平常时候看得出来，关键时刻站得出来，危急关头豁得出来，充分发挥先锋模范作用"。② 虽然党员的先锋模范作用在不同时期有不同的内涵，但党员先锋模范作用的价值内核是一以贯之的，即先锋模范首先要具有引领价值，先锋模范要在社会中广泛传播先进的价值和文化理念，通过先进的价值与文化理念来引领社会积极向上向善的风尚；其次先锋模范要辐射人群，先锋模范能够通过积极的人格形象，引导和激励他者自我内化先锋模范的精神品质，从而生成自我价值观念的过程，因此，先锋模范具有可效仿性和可辐射性；最后先锋模范要带动实践，先锋模范作用不是仅仅凭着口号式地广泛宣传就能够实现，而是需要积极投身于社会主义建设的伟大实践当中，立足于本职工作岗位的具体实践中，才能够实现。

农村社区的党员之所以能够成为协商治理中的关键群体，是因为可以通过发挥党员在协商治理中的先锋模范作用从而示范和带动其他社会群体积极地参与协商治理。当前农村社区协商治理中存在一个突出困境，表现为社会协商治理主体参与意愿稀薄，大部分社会协商治理主体不愿意也不主动参与协商治理。改变这一现状单纯靠行政动员的方式虽然短期内有效，但长期而言不仅会带来行政成本的增高而且不会产生持续性行为。在这种情况下，就需要农村社区党员在协商治理中发挥先锋模范作用，通过引领、辐射与带动作用，使农村社会协商主体积极参与协商治理。农村社区党员发挥协商治理中的先锋模范作用主要具备以下优势。一是农村社区党员具备较高的政治素养。农村社区党员在党的意识形态和组织纪律的影响与要求下，相较于其他普通的社会协商治理主体，他们更愿意主动参与社区的协商治理，并且在协商治理的具体过程中也表现出

---

① 邓小平. 邓小平文选：第二卷 [M]. 北京：人民出版社，1994：270.
② 中共中央文献研究室. 十八大以来重要文献选编：上 [M]. 北京：中央文献出版社，2014：351.

比其他治理主体更高的大局观和格局观。因此，就个体意义的角度而言，农村社区党员可以看作农村社区协商治理中的引领者和核心行动者。二是农村社区党员熟悉社区的地方性知识。我国农村社区千差万别、类型多样，并且随着未来人口的流动及农村政策的变化等多重因素的影响，我国的农村社区仍会不断分化，不同农村社区之间的异质性也会有所扩大。可谓千村千面、万村万情。农村社区党员本身就是社区中的一员，由于每天接触村民，熟悉本村的实际情况，所以能够更深入地了解村民的现实需求，这种先天的便利性决定了农村社区党员可以在协商治理中更好地进行理性的谈判与协商。三是社区党员可以利用其在协商治理中积极者的角色发挥先锋模范作用，进而影响、吸引和鼓舞其他社区成员来参与社区协商治理。四是相较于行政动员，党员先锋模范作用的发挥是一种更加通之以情、晓之以理的方式，不仅可以有效地减少行政耗损，而且还更容易激发社会成员的认同感。

第二节　转变政府治理逻辑：从理念到职能

如前所述，本书之所以选择以社会治理共同体作为研究农村社区协商治理的视角不仅是因为社会治理共同体是当前农村社区协商治理的远景目标，更为重要的是，社会治理共同体为当前农村社区协商治理提供了主体论和方法论意义的指导。本节主要论述社会治理共同体对农村社区协商治理方法论意义上的启示，即传统控制型的社会治理方式已经不再适应当前社会治理发展的新形式与新要求，由于社会治理各主体之间的地位是平等的，彼此的治理资源和优势也是无法相互替代的，合作构成了当前社会治理的主要方式。同样，农村社区协商治理作为未来农村社会治理发展的方向，协商治理中的各主体也应当秉承合作的理念与方法，只有这样，协商治理才能做到真协商与真治理。

一、转变政府理念：从控制走向合作

社会治理共同体概念的提出代表着当前关于国家与社会关系的一种新的思考方向。传统的国家与社会关系理论叙事认为国家与社会是分离与对立的，并

且二者之间是一种非强即弱的"零和博弈"的关系。自 20 世纪 90 年代以来，国家与社会关系理论叙事开始转向，即不再强调国家与社会之间的分离与对立，而是更加注重国家与社会的互动合作的双赢博弈关系。如彼得·埃文斯（Peter Evans）和乔尔·S. 米格代尔（Joel S. Migdal）强调的"社会中的国家"，他们都认为国家不仅可以控制与影响社会，社会也可以显著的影响与改变国家。在相互影响的客观情境下国家自主性要想发挥作用，就不能像 20 世纪 70 年代中后期"回归国家"学派所认为的那样仅仅把"国家找回来"，而是要"把国家找回来，但不踢走社会"，因为"国家是建立在一套具体的社会关系中的，这些关系把国家与社会镶嵌在一起，并为目标和政策的持续谈判和重新谈判提供制度化的渠道。只有当嵌入性和自主性结合在一起时，一个国家才能被称为发展型国家".① 所以，只有国家与社会合作，才能实现更好的社会治理。

具体而言，在当前的农村社区协商治理中，已经高度行政化的村民委员会，作为协商治理中代表政府的一方，尤为需要转变传统的控制理念。新中国成立后，为了巩固与发展新生政权，党和国家进行土地改革，消灭了乡村社会的封建统治阶层。之后为了进一步发展农村生产力并避免因为土地改革而带来的农村社会两极分化，党和国家又选择了"人民公社"体制进行社会管理。"人民公社"体制的建立实质反映了我国农村社会结构的变化，我国的农村社会结构已经由之前"国家—民间精英—民众"三层结构变成了"国家—社会"的双层社会结构。在双层社会结构中，国家居于中心地位，而社会则处于边缘地位，国家通过中心地位及一系列的诸如生产、分配、交换、消费等手段实现了对社会的总体性控制。因此，"人民公社"整体上是一种控制思维的体现。"人民公社"解体后，我国进入了村民自治时期，在村民自治的体制下，村委会是村民进行自我管理、自我教育、自我服务的基层群众性自治组织。最初人们对村委会在实现农村民主政治与有效治理方面给予了很高的期望。但在"乡政村治"治理格局及当前社会治理重心不断下移等诸多现实因素的影响下，村委会"自治"的性质越来越弱，而"行政"的色彩越来越突出。正是由于基层自治"一直没有摆脱政治与行政的过度控制和干预……人民群众自我管理、自我服务和

---

① PETER B. EVANS E. Embedded Autonomy：States and Industrial Transformation ［M］. Princeton：Princeton University Press，1995.

自我教育无法完全自主发展，形不成成熟的自治需求"①。村委会本质上还是沿用着控制的思维进行社会管理。近年来，农村社会维稳中出现的"捂盖子""拔钉子""揭盖子"等怪象皆是控制型思维在基层社会治理中的体现。

随着当前农村社会的异质性和复杂性逐渐增大，农村社会治理的难度也随之增大，单纯依靠政府控制社会的治理模式已经越来越难以适应当前农村社会发展的现实需求。因此，主张政府与社会合作，实现农村社会多元治理主体在资源与利益互赖基础上共同参与政策制定，并协商解决问题的合作治理模式成为当前农村社会治理的理性选择。具体在当前农村社区的协商治理中，应该充分认识到政府与社会都是重要，且相互不可替代的协商治理主体。虽然现在的政府依然强大，并且看起来比任何时候都更有力量，但面对层出不穷的社会需求，面对各式各样的社会矛盾，面对日益复杂化的现代社会，若想实现有效的乡村治理，就必须转变理念，学会与社会进行合作，因为只有合作才能实现共赢。在农村社区协商治理中，政府如何进行合作呢？首先要公开协商信息。公开协商信息是进行合作的前提，政府应该及时并提前将相关的协商信息公之于众，确保参与协商治理的主体都能够知晓协商信息。其次要做到平等。平等是合作的关键，政府应当率先以身作则，将自己作为协商治理主体中平等的一员，不利用自身的优势而破坏协商治理的公平规则，并在此基础上平等的对待每位协商治理主体，尤其要保证边缘群体和弱势群体都能够平等地参与协商治理。最后要合理地制定合作的规范。规范是合作的保障，协商治理是一项涉及多元治理主体合作的集体行动，要想保持集体行动的有效，合作就不仅体现为一种精神与道德的层面的规范，而且也应当体现为一种硬性的制度契约规范，事实证明，制度契约规范在维护集体行动合作的持续性，降低合作的交易成本及保证合作的贯彻落实方面具有显著的正向性。

二、转变政府职能：从全能走向服务

建设服务型政府是当前中国行政改革的主要目标。建设服务型政府目标的确立经历了一个较长的历史过程。从 1982 年起到现在，我国一共经历了七次大

---

① 林尚立. 公民协商与中国基层民主发展 ［J］. 学术月刊, 2007（9）：13-20.

的行政改革。总体而言，这七次改革可以划分为三个阶段，并且每个阶段都体现出了鲜明的改革目标。1982年和1988年的两次机构改革可以看作第一阶段的政府行政改革，改革的主要目标是探索一种适合市场经济发展要求的政府模式；1993年与1998年的机构改革可以看作第二阶段的行政改革，改革的目标是对政府进行技术的改造以提高行政效率。2003年之后的几次改革可以看作第三阶段的行政改革，主要目标是建立服务型政府。建设服务型政府是中国对政府模式的一种新的探索，根本上讲，服务型政府的建设是由市场经济的发展决定的。一方面，社会主义市场经济发展越是完善与成熟，就越是要求政府由直接管理转向间接管理，由微观管理走向宏观管理，由控制走向服务。但另一方面，社会主义市场经济的快速发展也滋生了一系列新的社会问题，突出表现为经济快速增长与发展不平衡之间的矛盾逐渐扩大及社会公共需求的快速增长与公共物品和公共服务短缺之间的矛盾日益突出等。严峻的社会现实问题迫切要求政府要适应经济与社会的协调发展，政府的职能要由注重经济职能转向经济与社会职能并重，即在加强和改善经济调节、市场监管的同时，更加注重社会治理和公共服务。当然，需要明确的是，建设服务型政府并不是要削弱政府的作用，而是要把当前的"大政府"变成"强政府"。

同样，在当前农村社区的协商治理中，也并不是要削弱或限制政府的作用。长期以来，关于在协商治理中到底需不需要政府或者到底需不需要权力一直都存有争议。有学者认为，"强制性权力形式是健康的审议民主的必要组成部分"①，但也有学者持相反的观点，认为协商是一个对话与讨论的过程，如果在"协商环境中存在一个强制性的权力，那么就会使得理性的辩论几乎不可能"②。虽然在理论上两种观点各有其理，但在国内包括国外协商治理实践中，有越来越多的案例都表明在协商治理中完全抛弃政府的权力是不现实的，也是不可能的。因为政府作为协商治理中的重要主体，无论是在组织协商治理还是在提供协商治理规则维护协商治理公平性方面，都有着其他治理主体无法替代的优势，

---

① FUNG APCHON. Deliberation before the revolution：Toward an ethics of deliberative democracy in an unjust world ［J］. Political Theory，2005，33（2）：397-419.

② LAN Shapiro. Enough of deliberation：Politics is about interests and power ［M］. In S. Macedo（Ed），Deliberative politics. Oxford：Oxford University Press，1999：28-38.

而这种优势不是政府自封的，而是社会公认的判断和决定的。除此之外，在当前中国农村社区协商治理的具体过程中，政府治理主体不仅发挥上述的作用，还肩负着助推社会协商治理主体成长的任务。改革开放以来，虽然农村社会协商治理主体有了一定程度的发展，但整体而言，其力量还是非常有限的，尤其是与强大的党政协商治理主体相比较，"前者保持着强大的介入能力，后者还是处于弱小和不堪一击的成长状态"。① 事实证明，没有社会协商治理主体的成长和参与，协商治理就注定无法真正走向持续和扩散。所以当前农村社区协商治理发展的当务之急就是由政府赋权，在农村社区孵化、培育并扶持一批村社会协商治理的力量健康快速成长。

当然，如上所述，虽然当前农村社区协商治理中离不开政府作用的发挥，但这并不是说政府就可以全能地主导协商治理中的一切。客观而言，权力在协商治理中的作用不是一成不变的，在既定条件下，"权力可以被视为一种非法的力量，或作为一种有利的条件，或两者兼而有之，以进行有效的审议"。② 所以如何科学地界定政府在协商治理中的角色更好地发挥政府在协商治理中的积极作用是当前农村社区协商治理中重点思考的问题。笔者认为，发挥好政府在协商治理中的积极作用的关键是政府要从全能走向服务，即政府在协商治理中需要做到以下几个方面：首先，善于引导社会协商治理主体积极参与协商治理。政府应当创造有利条件，如增强外部的激励措施，鼓励社会协商治理主体踊跃地参与协商治理，并在参与的具体过程中，让其充分感觉到参与所带来的价值和意义，进而从内部激发社会协商治理主体参与的积极性。其次，协商治理提供政策环境。政府具备其他社会治理主体所不具备的权威，因此它可以通过政策输出的方式为社会协商治理主体提供有利的政策和法规环境，并及时改革和革除一些妨碍社会协商治理主体的政策与规则。再次，监督和保障协商治理结果的贯彻与落实。协商治理结果是否得以贯彻与落实直接决定着协商治理的成效，现实中有很多协商结果由于缺乏硬性的制度保障而最终流于形式，在这种

---

① 周庆智. 基层治理：一个现代性的讨论——基层政府治理现代化的历时性分析 [J]. 华中师范大学学报（人文社会科学版），2014，53（5）：19-28.

② CAROLYN M. HENDRIKS. Deliberative governance in the context of power [J]. Policy and Society，2009，28（3）：174.

情况下政府的公权力就成为监督与保障协商治理结果得以贯彻与落实的坚实后盾。最后，维持协商治理的公平公正。公平与公正是协商治理的基本要求，但现实中总会因为资源占有的不均等从而使一部分人在协商治理中占有话语权，而另一部分人会因为现实中的不利条件而不能很好地发表自己的意见。所以，当一些明显的不公平现象影响协商治理时，政府可以适时进行纠偏，"权力可以在其他成员在经历不公正时予以应对或约束公共协商过程"，比如，"一些边缘化群体可能需要强制形式的权力，将其问题推到议程上，而更具生成性的权力形式可以激励行为者进行集体思考"。①

第三节　主体赋能：提升社会协商治理主体的意愿与能力

社会治理共同体对农村社区协商治理在主体论意义方面的启示，体现在马克思主义的唯物史观揭示了社会性是社会治理共同体的本质属性，农村社区协商治理是当前基层社会治理的一种创新方式，但面临着社会协商治理主体羸弱的主体性困境，因此，只有激活协商治理社会主体的主动性和能动性，农村社区协商治理才能得以健康发展并走向创新的持续扩散。

一、唤醒"沉默的大多数"，提升农民参与协商的意愿与能力

参与是协商治理的前置条件，民主走向协商，不仅表明人们关注着民主的真实性，而且关切着民主的实质性，公民是否有能力参与其中是实质民主的重要体现。针对目前农村社区协商治理中农民参与意识普遍淡漠，参与意愿不高的现实状况，首先，要广泛的开展公民教育。公民教育的本质就在于培养公民的主体意识，而主体意识的成长则意味着公民自身权利意识的觉醒。在当前农村社区协商治理中培养农民的主体意识就是让农民充分意识到社区治理关乎自身的发展，是自己的事，自己是社区治理的"主人翁"，而不是社区治理的"附属品"和"点缀品"。其次，要培养对等的权责意识。当前农村社区协商治理中

---

① CAROLYN M. HENDRIKS. Deliberative governance in the context of power [J]. Policy and Society, 2009, 28 (3): 174.

的许多事件都涉及公共责任，改革开放后，在市场经济逻辑的影响下，虽然农村社区农民个人层面上的权利意识相较于过去都有了明显的提升，但对于社会层面的公共责任意识则普遍比较稀薄，甚至是"无感"。所以在培育农民权利意识的同时还要兼顾公共责任意识，要努力教育农民知晓权利和义务是统一的，在积极维护自己的正当权利同时，还要主动地履行相应的社会公共责任。最后，增强农村社区的自治空间。参与意愿的提升不仅需要依靠自上而下的国家建构，如上述所说的开展公民教育、培育权责意识等，而且也需要自下而上的社会建构。在自下而上的社会建构中，村民自治是提升农村社区农民参与意识的有效途径。虽然近年来村民自治中"他治"的色彩越来越突出，但这绝不是意味着村民自治已经走向完结；相反，村民自治依然是目前中国基层社会治理的基础。所以，应当积极探索农村社区公共事务的分类管理制度和清单制度，规范社区"自治"运作空间，明确"自治"与"他治"的行为边界，通过自治来提升社区居民参与协商治理的意识。

协商能力是协商治理的基础。在农村社区协商治理中，一方面要着重培养农民的言说与沟通能力。协商治理中最基础的能力是言说与沟通能力，主要体现在协商治理中的民主协商环节。言说与沟通能力不仅要求参与者能够清晰而准确地陈述自己的观点与诉求，而且还要求各参与者在经过充分而理性的讨论之后能够站在他者的角度上考虑问题并对自己的观点进行修正，最终经过相互理解和妥协达成协商的共识。言说与沟通能力的培养具有实践的累积性，即需要在多次的协商治理实践中反复锻炼，积累经验，以提升能力。尽管在农村社区协商治理中，为了维持协商治理的公平性，有学者建议降低言说与沟通能力的门槛高度，将"讲故事""倾诉"等也可以看作一种"协商议事的能力"①。但毫无疑问，通过协商治理实践，能够在"讲故事""倾诉"的基础上对言说与沟通的能力进行再提升，对于提高协商治理的质量则是非常有助益的。另一方面要进行公共理性精神的培养。公共理性是"以共同体为基础，以追求公共

---

① 谈火生. 协商治理的当代发展 [M]. 广州：广东人民出版社，2018：67.

善为目的的理性"①，协商应当将公共理性"置于政治正当性的核心"②。培养农民的公共理性精神需要找到符合农民特点的方式。如可以通过邀请村民身边的先进个人、道德模范等进入社区，用以身说教的方式进行教育，也可以通过农民参与社区协商治理实践的方式进行提升。如可以邀请本社区村民围绕社区内的环境卫生、垃圾分类等涉及公共利益的公共问题进行理性对话与沟通，以达到培养理性精神的目的。

二、助推农村社区社会组织的发展

培养农村社会协商治理主体的能力仅仅靠农民个人能力的提升是远远不够的。因为松散的、"原子式"的个人能力是有限的，尤其是在面对强有力的行政集权时，个人的力量往往是渺小的，也是不堪一击的。"组织"才"是通往政治权利之路"③。因此，培养农村社会协商治理主体的能力还需要大力发展农村社区的社会组织，通过社会组织将分散的个体有效地整合起来，发挥社会组织在团结与凝聚社区村民中的积极作用，以提升农村社区社会协商治理主体的整体协商能力。

目前，我国农村社区的社会组织发展相对薄弱，不仅组织覆盖不足，而且发展结构也不均衡。农村社会组织具体而言主要是指除农村基层党组织和村民委员会之外的非"官方"自组织，它由一定区域范围内的农民在政府推动和支持下成立或者由农民自发组织成立，用来满足农村社区农民多样化的需求取向，从而实现自我组织、自我管理、自我教育、自我服务的具有民间性的、公益或互益性的、服务性的农民组织。当前我国农村社会组织主要有经济型社会组织，如农民合作社等；公共服务型社会组织，如老年协会、妇女协会等；文化娱乐型社会组织，如秧歌队、舞蹈队等；还有传统型社会组织，如乡会、庙会等。多种类型的农村社会组织涵盖了农村社会的生产生活、公共服务、文化娱乐等

---

① THOMS NAGEL. The possibility of altruism [M]. Princeton：Princeton University Press，1979：9.

② 詹姆斯·博曼，威廉·雷吉. 协商民主：论理性与政治 [M]. 陈家刚，等译. 北京：中央编译出版社，2006：309.

③ 塞缪尔·P. 亨廷顿，琼·纳尔逊. 难以抉择：发展中国家的政治参与 [M]. 汪晓寿，吴志华，项继权，译. 北京：华夏出版社，1989：91.

众多领域。改革开放以来，随着人民公社制度的解体，逐渐走向开放的农村社会为各类农村社会组织发展提供了有利的生存土壤。之后党和国家又陆续出台了一系列的政策，为农村社会组织的发展提供了发展的制度性环境。在这种情况下，农村社会组织取得了较快地发展，据统计，"目前中国有农村各类社会组织 200 多万个"①，但整体而言，农村社会组织有效覆盖农村不足，平均"每万人不足 10 个"，此外，农村社会组织的发展结构也不均衡，"文娱类、群防群治类的社会组织较多，互助合作类的行业经济协会组织较少"②，即便是文娱类的社会组织比较多，但"样本村庄平均组织文化活动仅 0.59 次，组织文娱活动 5 次以上的村庄仅占 17.87%"③。

"组织振兴"作为党在十九大报告提出"乡村振兴战略"中的"五个振兴"之一，为农村社会组织的发展带来了更加有利的发展机遇和更加广阔的发展空间。由于当前农村社区社会组织的力量普遍弱小，所以农村社区社会组织的发展不能只依靠社会的自发秩序，还要借助党政力量的助推才能更好地服务于包括农村社区协商治理在内的乡村治理发展目标。首先，基层党政领导要转变思想观念，应充分认识社会组织在扩大群众参与、反映群众诉求、增强社会自治功能、联系基层政府与村民等社会治理方面所发挥的积极作用，而不再将社会组织单纯的看作村民的文娱组织或者是兴趣爱好团体。其次，农村社区要立足现实需求，努力培育和孵化一批具有"服务性、公益性、互助性"的高质量的社会组织。政府可以通过购买公共服务等方式对一些基础较好、专业性较强的社会组织予以扶持；也可以通过政策扶持的方式对一些服务于农村特殊群体如留守老人、留守儿童、残疾人等的公益性社会组织予以支持。最后，努力充实社会组织的人才队伍。一般而言，在当前农村社区中，既有传统型的人才资源，如农村家族、宗教等团体中的负责人，又有现代型的人才资源，如驻扎在农村社区中一些企业组织负责人，外出打工返乡后的优秀农民工、退休后返乡的城市知识分子、从部队转业的军人等。农村社区应当着力优化整合传统型人才资

---

① 中共中央党校（国家行政学院）课题组. 改革开放 40 周年中国社会经济发展研究［M］. 北京：人民出版社，2019：400.

② 王振海. 新型农村社区治理研究［M］. 北京：人民出版社，2018：157.

③ 王振海. 新型农村社区治理研究［M］. 北京：人民出版社，2018：160.

源和现代型人才资源，不断地向农村社会组织输入人才资源，以确保社会组织发展的生命力。

三、培养绵密丰厚的社会资本

"社会资本指的是社会组织的某种特征，例如，信任、规范和网络，它们可以通过促进合作行动而提高社会效率"[1]，社会资本具有"资本"的属性，即它能够降低行动的成本，并产生相应的社会效益，有利于特定社会结构中的行动者实现其相关目标。在协商治理中，社会的"资本"属性体现为良好的社会资本不仅有"结社偏好"[2] 的政治功能，而且还有助于解决当前协商治理中存在的政治参与稀薄、参与能力不强的问题。因此，构建一个绵密而丰厚的社会资本非常有利于农村社区协商治理的发展。

在市场化和城镇化的冲击下，当前农村社区的传统的社会资本正面临着一定的挑战。在传统的农村社区中，人们基于血缘与地缘关系建成了既相互熟悉又相互信任且认同程度较高的熟人社会。但改革开放以来伴随着社会主义市场经济发展，广大农民的思维方式发生了巨大的变化。传统社会中，由于农民对外界了解得比较少，他们秉持着"风险的最小化"的意识，生活相对封闭，流动性比较低。在现代社会中，在市场化的逻辑重构下，农民开始追求"利润最大化"，而城市作为产业集中地则为追求"利润最大化"的目标提供了梦想与舞台。大量农村青壮年开始突破血缘与地缘关系的限制，选择进城务工，并形成了独特的"农民工"大军。据国家统计局发布的《中国农民工监测调查报告》，截止到2018年，中国的农民工人数达到28836万人，伴随着这种长时间、大规模、跨区域的人口流动而来的是，农村社区中原本朝夕相处、彼此熟稔的村民不仅没有时间去密集地交往，而且也没有时间去建立维持亲密的社会关系。所以，农村社区由原来的"熟人社会"变为现在的"半熟人社会"。此外，人口的流动与社会的转型同时也带来了价值观的混乱、信仰的缺失及道德规范的弱化，这些现象的存在都进一步解构了农村社区的社会资本并加剧了其衰落。

---

① 罗伯特·D. 帕特南. 使民主运转起来：现代意大利的公民传统 [M]. 王列，赖海榕，译. 南昌：江西人民出版社，2001：195.

② 托克维尔. 论美国的民主：下卷 [M]. 董果良，译. 北京：商务印书馆，1998：635.

如何在当前的农村社区营造绵密而丰厚的社会资本呢？首先，要培育农村社区的社会信任。社会信任是社会资本的前提，人们之间只有相互产生信任才会产生合作性的社会关系和社会网络。所以在当前农村社区中，一方面借助社区公共空间的营造，如修建文化中心、公园、集市等，搭建社区村民参与的公共平台，在此基础上积极开展一些公益性与服务性的社会活动，以提高社区村民互动的频率；另一方面积极发展农村社区内公共事务和社区公益事业，并在此基础上构建与社区村民利益相关的公共议题，以共同利益吸引社区村民参与到社区建设中来。其次，要积极鼓励农民结社。结社是形成社会资本的基础。结社可以促进组织内成员的彼此信任和团结，并提升组织的凝聚力。其实农民在生产、生活的交往行为中或多或少都存在合作的基础，即使外出的农民工之间也存在一定互助合作行为，譬如"乡土性劳动力市场"的存在证明了农民的合作意识和合作能力，即使它是建立在传统社会关系基础上的社会资本。将农民的这种合作意识与合作能力有效地组织起来，形成一个个形式各异、组织功能不同且内聚力较强的社会组织将为农村社区社会资本的形成奠定坚实根基。最后，要完善农村社区的互惠规范。互惠规范是社会资本的润滑剂，它为社会成员之间的交往行为提供便利，并有利于促进秩序与规范的形成。当前农村社区既要深度挖掘传统的优秀文化资源，增进社区村民的道德互惠规范，又要开展积极地现代文化建设，建设社区村民的契约互惠规范，并将两种类型的互惠规范有机结合，共同服务于农村社区社会资本的建设。

第四节　制度供给：完善农村社区协商治理的制度与机制

习近平总书记在 2018 年庆祝改革开放 40 周年大会上的讲话中强调，"制度是关系党和国家事业发展的根本性、全局性、稳定性、长期性问题"[①]。对于农村社区协商治理而言，协商治理制度的建设同样重要。因此，当前要促进农村社区协商治理的发展，首先要进一步健全与完善农村社区协商治理的相关制度。

---

　① 习近平．庆祝改革开放 40 周年大会上的讲话 [M]．北京：人民出版社，2018：28.

一、健全与完善农村社区协商治理制度

基层协商治理制度供给的不均衡是制约当前我国基层协商治理制度发展的主要原因。农村社区协商治理作为我国基层协商治理的重要组成部分，协商治理制度供给的不均衡问题表现尤为突出，具体表现在协商治理制度的缺位、越位和错位三个方面。因此，针对上述问题，应当进一步健全和完善我国农村社区协商治理制度。

首先，对还没有建立起协商治理制度的农村社区应当尽快建立健全协商治理制度。2017 年，党和国家在《关于加强和完善城乡社区治理的意见》中专门强调"凡涉及城乡社区公共利益的重大决策事项、关乎居民群众切身利益的实际困难问题和矛盾纠纷，原则上由社区党组织、基层群众性自治组织牵头，组织居民群众协商解决"。可见，协商治理已经成为当前基层决策的主要模式之一。作为一种决策模式，协商治理必须有相应的制度建构保障才能落地生根，否则会变成空中楼阁。我国当前农村社区协商治理制度建设的整体情况是：在经济相对发达的中东部地区的农村社区，协商治理制度相对完善，而且也涌现出了一批相对成熟的协商治理制度，如浙江温岭的"民主恳谈会"、天津宝坻的"六部决策法"、河南邓州的"四议两公开"等。但是在经济相对落后、地理位置相对偏远的西部农村地区，关于农村社区协商治理制度成熟的案例并不显见。除此之外，即便是在经济相对发达的中东部地区，农村社区协商治理制度的供给也并不均衡，部分农村社区依然没有建立起协商治理的相关制度。农村社区协商治理制度建设的复杂性与不均衡决定了当前健全与完善农村社区协商治理制度应当具体问题具体分析。对于经济条件发展较好的中东部地区的农村社区，有相对成熟的协商治理制度可供参考，应当逐渐普及并鼓励其积极探索适合本社区的协商治理制度；对于经济发展条件相对落后的西部农村社区，应当在加大上级政府重视与支持的情况下，先扶持一批协商治理制度建设的典型，在总结经验的基础上，再逐步推广。当然，需要说明的是，建立健全农村社区的协商治理制度并不是要单另重新设计一套制度，而是要在尊重农村社区既有治理制度结构的前提下，将协商治理制度有效嵌入其中，以此来推动协商治理制度的实施与运作。那种"不断以改革创新名义生发出来的机构'叠床架屋'……

或者抛开法定的组织机构，重新建构一套实施机构"，会"使既有的存量体制作用弱化，也由于过于着力于规范化设计，而忽略了制度的实践与效率"。①

其次，对于已经建立起协商治理制度的农村社区应当进一步完善协商治理制度。在当前农村社区协商治理的制度建设中，除了一批典型协商治理制度运作相对成熟，部分地区的农村社区协商治理制度还广泛存在着"错位"与"越位"现象。针对当前农村社区协商治理制度出现的"错位"现象，即并不是将协商治理制度看作成为解决地方实际问题的创新，而是将其看作一种捞取政绩的资本，违背了协商治理制度的目的和初衷，应该逐步推进农村社区协商治理的制度化发展，即将协商治理嵌入当前农村社区治理的既有制度体系框架内，通过规范且有效的制度体系，不断促进协商治理稳定性和持续性，从而保障协商治理常态化发展。针对当前农村社区协商治理制度出现的"越位"现象，即不考虑事件的性质，不论大事小事，所有事项都要协商治理的范畴，针对这种现象，应该进一步明确协商治理制度议题的范围。应该予以明确的是，在农村社区中并不是所有的事项事无巨细地都要经过协商治理。一般而言，适合进行协商治理的议题"大致应该具备几个特点"②：第一，该议题引起并得到了社会大众的强烈关注；第二，该议题容易引起人们的认知冲突、价值冲突和利益冲突；第三，该议题涉及一定的专业技术性知识，需要进行公开的协商讨论，从而让民众在充分地认知并了解相关的事项的基础上，获得其理解、认可和支持，最终形成决策。

最后，还要不断地提升农村社区协商治理制度的认同。任何一项制度的制定完成之后并不意味着制度本身就会执行，它还需要不断与社会主体在观念、心理以及其他行动规则方面进行相互调适、相互修正，因此是一个双向而渐进的过程。当前，提升农村社区协商治理的制度认同一方面要提高协商治理制度的认知度，认识是制度认同的基础。要广泛地借助各种新闻媒体、大众舆论等机构平台充分地对协商治理制度进行宣传，让基层的官员和民众对什么是协商治理，协商治理有什么作用，为什么要进行协商治理等有一个基本的认知；另

---

① 陈家刚. 城乡社区协商民主重在制度实践［J］. 国家治理，2015（34）：22-28.

② 谈火生，霍伟岸，何包钢. 协商民主的技术［M］. 北京：社会科学文献出版社，2014：25.

一方面要在农村社区协商治理的实践中不断地彰显协商治理的制度正义。制度正义是制度认同的关键。农村社区协商治理的制度正义主要体现为机会的平等、过程的公正及结果的公平。因此，要在深化农村社区协商治理的实践中不断地让协商治理主体感受得到制度正义所带来的制度红利，以此来增强对协商治理制度的认同。

二、细化与规范农村社区协商治理机制

如果说协商治理制度是协商治理的规则体现，在宏观层面上决定着协商治理的结构和功能，那么协商治理机制是协商治理过程中各个要素的相互联结和运行的过程体现，从微观层面上决定着协商治理制度的实现程度。正如有些学者认为的那样，民主制度"就像一个旋转的陀螺，重要的是旋转的过程。离开这个旋转的过程，民主政治这个陀螺就会倒下，个人的权利也就无从谈起"。[1]针对当前农村社区协商治理机制中普遍存在的粗放与不规范的问题，应该着重从以下方面进行细化与规范。

农村社区协商治理作为基层协商治理具有明显地化解冲突与解决矛盾的特征，因此，农村社区协商治理更应该被看作一种决策型意义的协商治理，即通过协商治理要形成公共决策来解决农村社区现实中存在的主要问题。如果将农村社区协商治理看作决策型的协商治理，那么其流程应当主要包括议题的形成、审核批复、确定参与者、民主协商、表决通过、公开公示、组织实施、结果的反馈与评价八个环节，这八个环节中每个环节都需要再进行细化与规范。在议题的形成环节中，既要包括有自上而下形成议题的方式，即由村两委主导的议题；也要包括有自下而上提出议题的方式，如允许村民以一定的方式主动向村两委提出议题。在审核批复环节，上级党组织应当对议题的合法性、政策性、科学性和民主性进行认真审查。审议可行的议题方案，要及时批复；不宜马上实施的事项要慎重处理，待条件成熟后再予批复；与法律法规和上级政策规定相抵触的不予批复。在确定参与者环节，应当对参与人员的范围、参与人员的相关权利和义务、参与的渠道等相关配套措施，进行详细而又明确的说明。在

---

① 俞可平. 民主与陀螺 [M]. 北京. 北京大学出版社，2006：24.

民主协商环节，一方面要对主持人进行相应的规范。因为在当前农村社区的协商治理中，主持人一般都由村两委担任，而要想使村两委保持主持人的中立性质就必须在程度上予以规范。譬如主持人不应当干涉会议的讨论，而要鼓励与会者积极发言，为保证与会者积极发言，主持人应当对每个讨论者进行时间分配，务必保证参与者都享有平等的发言机会和权利，同时要适当地维持讨论的氛围及秩序。另一方面要对参会人员的发言制度进行规范。如发言应该有一定的时间限制，发言时要禁止过激或粗鲁的语言，发言应当谈道理、摆事实、讲证据等。在表决通过环节应当召开村民代表会议或村民会议对拟做出决策的协商结果进行表决，形成决定。因为协商议事机构形成的协商结果只能是作为协商共识而并不能形成决定，形成公共决策意义上的决定还需要通过村民代表会议或村民会议对其赋权，只有这样，才能够实现将协商结果转化为公共决策。在公开公示环节应当具体明确在几个工作日内通过什么样的方式进行公开，以便接受各个方面的监督。为保障协商治理的结果落实还应当明确组织实施环节。在组织实施环节应当对具体负责组织实施的主体予以明确，并坚持在组织实施过程中实行事前、事中、事后公开公示制度，全程接受监督。协商治理结果的反馈与评价环节是最后的一个环节，也是最容易疏漏的一个环节，但协商治理的反馈与评价环节由于能够反映协商治理中的一些具体问题并在一定程度上提升社会协商治理主体的积极性，反而是最不能被遗漏的环节。在结果的反馈与评价环节应当着重对结果反馈与评价的时间、内容、渠道和标准予以明确和规范。

三、因地制宜地创新农村社区协商治理的方法

协商治理的方法主要是指协商治理制度具体的形式安排或者又可以被理解为协商治理的具体行动方案。之所以要强调因地制宜的创新农村社区协商治理的方法，是因为"我国基层治理场域极具异质性和复杂性，没有统一的范式可供推广，而国家抽象原则下的因地制宜，一向是正当合法的"①。因此，协商治理的方法也应该根据农村社区的具体发展情况进行因地制宜的创新，不宜千篇

---

① 张静. 基层政权：乡村制度诸问题 [M]. 北京：社会科学文献出版社，2019：03.

一律。

在因地制宜创新农村社区协商治理方法方面，除了本书所论述的天津宝坻的"六部决策法"，浙江温岭的"民主恳谈会"、河南邓州的"四议两公开"都是地方创新协商治理方法的成功案例。在中国最早探索基层协商治理并形成系统方法的是浙江温岭"民主恳谈会"。"民主恳谈会"肇始于1999年浙江省温岭市松门镇，为增强农业和农村现代化教育活动的实效性而进行的方法创新，后来由于效果良好而被温岭市政府系统总结并予以推广。其具体的方法：提出议题，由乡镇党委和政府、村民联名或者人民代表提出议题。初拟方案，相关组织对决策事项进行调研，拟出决策初步方案报政府办公会议。信息公开，将民主恳谈会的议题、时间、地点等相关信息提前3~5天予以公开。确定参与方式，采取邀请、随机抽选以及公众自愿参与这三种方式确定参与者。协商恳谈，协商各方就议题与方案进行讨论与协商，寻求并达成共识。做出决策，政府按照协商达成的共识，对方案进行修改与完善，经集体研究后做出决策，并负责组织实施。监督落实，由人大代表、政协委员和群众对实施情况进行监督。河南邓州的"四议两公开"则是在农村税费改革背景下，为解决基层人民群众在实践中面临突出问题而进行的协商治理方法的创新，"四议两公开"不仅被写入了《中国共产党农村工作条例》《中国共产党农村基层组织工作条例》，而且分别在2010年、2013年、2019年和2022年被四次写入了"中央一号文件"。其具体做法为：由村党支部会提出议题，再由村"两委"会对议题进行商议，商议完成后交由党员大会审议，最后由村民代表会议或村民会议进行决议。"两公开"则是指决议公开、实施结果公开。可见，无论是"民主恳谈"还是"四议两公开"，二者本质上都是采用协商治理的方式来解决现实中存在的问题，但二者在协商治理的具体方式上并不一致，均体现出了各自的特色。

鼓励农村社区因地制宜的探索协商治理方法的创新，是需要在坚持协商治理内核要素基础上进行创新，而不是随意地创新。而那种将原有的机构换个名称或随意增设一个新的机构的创新则不能称为创新。协商治理的核心要素包括哪些呢？德雷泽克认为，任何不同类型的协商系统都是可能的，都包含一些相对固定的组成要素，总体上有六个主要部分，分别是公共空间（Public space）、授权空间（Empowered space）、传播（Transmission）、问责制（Accountability）、元协商（Meta-deliberation）以及决断力（Decisiveness）。① 笔者认为，在上述协商治理的核心要素中，公共空间始终是当前中国基层协商治理中的短板。因此，未来农村社区协商治理方法的创新应当在坚持上述核心要素基础上，重点培育公共空间这一核心要素，只有这样，才能使农村社区协商治理方法走向真正的创新。

第五节 技术嵌入：提升农村社区协商治理的效能

习近平总书记在中国科学院第十九次院士大会、中国工程院第十四次院士大会上的讲话中指出："科学技术从来没有像今天这样深刻影响着国家前途命运，从来没有像今天这样深刻影响着人民生活福祉。"② 当前，科学技术已经广泛地渗透于国家与社会的方方面面，如何利用科学技术，使其更好地服务于国家与社会，是人们共同关心与思考的问题。近年来，随着工业化、城镇化、农业农村现代化及信息化的协同推进，深刻地改变了农村的社会结构及农民思维方式，客观上为科学技术在乡村治理中的进场并助力乡村治理现代化水平的提升提供了广阔的舞台。在这种背景下，如何让现代科学技术嵌入协商治理，提升农村社区协商治理的效能呢？笔者认为应当做到以下三个方面。

一、加强农村社区科学技术的基础设施建设

当前农村社区的科学技术的基础设施建设不足是制约科技在农村社区协商治理中的运用，乃至制约农村治理现代化的首要因素。要解决上述问题，一方面需要坚持在城乡融合发展的思维方式下优化农村社区的科学技术资源配置。当前不仅要合理有序地推动农村社区各类科学技术资源的优化配置，努力促进现有科学技术基础设施不断向信息化、数字化、智能化转型升级，而且还要基

① John S. Dryzek. Founda-tions and Frontiers of Deliberative Governance ［M］. Oxford：Oxford University Press，2010：11-13.

② 习近平. 在中国科学院第十九次院士大会、中国工程院第十四次院士大会上的讲话 ［EB/OL］. 中国共产党新闻网，2018-05-28.

于从农村社区新的基础建设投资及消费需求潜力的长远眼光出发，科学规划好农村社区新型科学技术基础设施投资的总体力度，加快农村社区科学技术基础设施建设的进程，推进安全适用、集约高效、绿色智能的农村社区科学技术基础设施的共建共享，整体提升科学技术创新赋能农村社区协商治理步入现代化在基础设施方面的保障能力和服务能力。针对目前农村社区科学技术资源分配区域不均衡、需求与供给对接不通畅与不精准、共享资源不充分及财力、物力保障经费不足的情况，应顶层设计、科学构建"县—乡（镇）—村"三级功能互补且合理布局的科学技术基础设施规划，在规划的指导下坚持因地制宜，具体问题具体分析，以农村社区终端需求为导向，坚持在系统深入、细致充分的调查研究基础上做好科学技术的资源配置、基础设施建设与终端需求的精准对接，配置好农村社区在经济社会发展中确有实际需求的基础设施建设。避免盲目的、一窝蜂式的大修大建，从而造成后期资源闲置或浪费。另一方面需要深挖人工智能、大数据、云计算等高端科学技术在软件开发中的潜力与优化服务大众的能力，逐渐地完善科学技术终端的开发管理及保障治理软件的供给服务，鼓励高等院校、科研院所及科技企业等相关科研单位积极开发适宜于农村社区协商治理的技术产品、应用软件等，建立农村信息化、数字化、网络化治理服务平台，打造资源共享、互联互通县、乡、村三级的治理服务系统。对于农村社区的治理软件不仅要重视前期的研发，更要重视后期的使用与维护。总而言之，通过上述措施加快农村社区的科学技术基础设施建设，数据服务驱动、信息共享等科学技术的加持与赋能，实现农村社区由单纯依靠传统的"人的治理"向"人的治理+技术治理"的转变，由被动的"追逐式"治理向主动的"前瞻性""预测性"治理转变，从而有效地提升包括农村社区协商治理在内的农村社区治理的整体水平。需要进一步说明的是，科学技术加持与赋能农村社区的协商治理并不是简单地将科学技术应用于农村社区治理，而是在科学技术与农村社区协商治理互动中实现有机融合，只有这样才能够使科学技术赋能农村社区协商治理实现从点到面的扩展、从量到质的突破，从而为实现农村社区协商治理的现代化、更好地服务乡村振兴提供支撑与动力。

二、健全科技赋能农村社区协商治理的制度保障

科技赋能农村社区协商治理制度建设是科技赋能农村社区协商治理的制度

保障。当前由于科技赋能协商治理还处在探索阶段，关于科技赋能农村社区协商治理的制度并不健全，影响了科学技术在农村社区协商治理中作用的充分发挥。科技赋能农村社区协商治理是一项治理变革与制度完善相统一的过程，要发挥科学技术在农村社区协商治理中的积极作用，就需要建立科学技术赋能协商治理的制度规范与操作细则，确保协商治理有制可依、有规可守、有章可循、有序可遵。当前健全科技赋能农村社区协商治理制度需要从宏观、中观、微观三个方面进行建设。首先在宏观层面，党和国家应当把科技赋能农村社区协商治理纳入法制化轨道。即提升科学技术赋能农村社区协商治理的制度化与规范化水平，从而在法制层面上为科技赋能农村社区协商治理提供权威保障。其次在中观层面，根据不同区域，因地制宜地加强科技赋能农村社区协商治理的保障性机制建设。保障性机制建设既要从我国农村社区的整体着眼，同时也要兼顾不同类型农村社区的具体情况。在把握整体兼顾特殊的基础上，通过上下级政府之间的互动与对接，增加科技赋能农村社区协商治理的有效保障机制的供给，以减少或避免无效保障机制。当然，科技赋能农村社区协商治理的保障性机制建设并不是一成不变的，尤其是在初期的探索阶段，它需要根据农村社区协商治理的具体环境和动态的治理过程进行不断的调试，以提升科技赋能农村社区协商治理保障机制的有效性和适应性。最后在微观层面，细化科技赋能农村社区协商治理的参与规则和保护规则。健全村民参与农村社区协商治理的利益表达机制、常态化的参与机制及协调和保护机制。尤其是协调和保护机制对科技赋能农村社区协商治理意义重大。由于在农村社区中普遍存在着留守老人、妇女等特殊群体，受制于主客观现实因素的影响，他们无论是在掌握科学技术还是在使用科学技术方面都相对困难，往往会成为"科学技术的边缘群体"，"互联网和电子信息技术的高技术门槛已经成为政府通过电子政务手段与民众进行互动时的首要挑战，'数字遗民'的存在导致很多人在这场数字化的民主互动中缺席"。① 所以，科技赋能协商治理必须建立好协调保护机制，充分考虑并兼顾到农村社区中"科学技术的边缘群体"。与此同时，农村社区基层党组织也要善于在科技赋能协商治理的实践过程中学会及时发现群众问题、解决群众问题

---

① 蔡栋. 社会主义协商民主对智能化治理技术的有效赋能——兼论西方民主框架下的技术治理困境 [J]. 毛泽东邓小平理论研究, 2020 (12): 24-34, 104.

并向群众反馈问题，奠定好科技赋能农村社区协商治理的群众基础，并掌握科技赋能农村社区协商治理的主动权。

三、提升农村社区协商治理主体的现代化能力

科技赋能农村社区协商治理不仅要实现科技的现代化即"物的现代化"，更重要的是实现"人的现代化"，因为"人的现代化"最终决定着"物的现代化"的发展水平与限度。所以，科技赋能农村社区协商治理需要大力提升农村社区协商治理主体的现代化能力。农村社区协商治理主体的现代化能力主要包括党政治理主体的现代化能力和社会治理主体的现代化能力。对于党政协商治理主体而言，首先要利用科技赋能提升科学决策的能力。科学决策要求遵循证据决策，科技赋能可以为党政协商治理主体从多元化的海量信息中迅速捕捉到与决策事项相关的有用价值信息，实现从传统的依靠"经验决策"到现在的依靠"数据决策"。从当前基层抗击新冠疫情中也可以窥探出，依靠数据逻辑决策的话语权在基层治理的实践中得到了极大的提升。其次要利用科技赋能提升规范决策的能力。科技赋能可以加大信息公开的力度，并将相关治理事项的目标和具体过程都置于公开透明的信息平台上，不仅使相关治理事项的结果可追溯，而且极大地方便了群众进行监督，相对于传统决策中存在"决策黑箱"，科技赋能带来的这些新的变化客观上都要求党政协商治理主体的决策要日益走向规范。最后要利用科技赋能提升精准决策的能力。精准决策要求具体问题具体分析，即针对社会上的不同群体乃至于不同个体的特点，采取差别化的、精细化的管理方式。利用科技赋能可以对不同个体和群体进行精准定位、精准收集信息、精准研判并最终得以精准施策。因此党政协商治理主体可以利用科技赋能不断地提升精准决策的能力。对于农村社区中的社会协商治理主体而言，提升其现代化的能力一方面要加强科学技术相关的培训。党的十九届四中全会提出要"构建服务全民终身学习的教育体系"，并强调要"发挥网络教育和人工智能优势，创新教育和学习方式"。因此，农村社区可以采用社交网络平台或者远程教育等方式，对农村社会协商治理主体进行科学技术能力的专门培训，使其能够掌握并具备科学技术的基本思维与能力。另一方面要鼓励科技企业树立"技术场域的人民在场"的宗旨意识，努力研发一些针对农民群体的低门槛、可进入

的科技软件，以拓宽农民的参与渠道、丰富农民的参与形式，提升农民群体参与村庄事务协商治理的兴趣与参与意愿。

第六节　文化营造：厚植农村社区的协商民主文化

协商民主文化是协商治理制度的心理基础和价值体系，不仅可以减少协商治理中的不确定性，降低协商治理的交易成本，而且还为协商治理主体遵守与执行协商治理提供持续性的心理激励。因为，最重要的法律"既不是铭刻在大理石上也不是铭刻在铜表上，而是铭刻在公民们的内心里"①。所以，发展农村社区的协商治理，必须厚植协商民主文化。

一、推动传统政治文化的现代转型

厚植协商民主文化首先要积极推动我国传统政治文化的现代转型。如前所述，我国传统政治文化是在我国几千年历史演进民众社会活动中对政治生活的感受、认知和习俗，经过长期历史积淀和政治社会化而形成的政治心理和政治思想。根植于中国传统社会的生产生活方式，由小农自然经济、血缘宗法社会、君主独裁的中央集权政制、国家意识形态化的儒家学说合力构建的中国传统政治文化是一个充满张力的复杂系统。其中，既有穿越时空至今沿袭而用的文化瑰宝，如中庸思想、和谐思想、民为邦本的思想等；也有已经不符合当今时代发展要求的文化糟粕，如皇权专制思想、官本位思想、臣民思想等。因此，我们应该辩证地看待我国传统政治文化，采取扬弃的精神，坚持"古为今用"基础上积极推动我国传统政治文化向现代转型。

推动传统政治文化的现代转型需要大力发展社会主义市场经济。马克思和恩格斯认为"发展着自己的物质生产和物质交往的人们，在改变自己的这个现实的同时也改变着自己的思维和思维的产物"②。不同于小农经济繁衍出的皇权

---

① 让-雅克·卢梭. 社会契约论 [M]. 北京：商务印书馆，1980：20.
② 中共中央马克思恩格斯列宁斯大林著作编译局. 马克思恩格斯选集：第一卷 [M]. 北京：人民出版社，1995：31.

专制、官本位、臣民等传统思想，社会主义市场经济的建立与发展则孕育出了平等、法治与权利等现代思想。而这些现代思想的孕育与发展对打破封建专制思想，消除官本位思想与臣民思想，构建从人治到法治、从权力本位到权利本位、从臣民到公民的现代政治文化具有积极而普遍的意义。

首先，社会主义市场经济内含着平等的理念。平等是市场经济发展的前提，在市场经济条件下，市场主体必须具有独立人格，平等的法律地位，才能自主走向市场并进行自由交换。因此"市场是天生的平等派"。除此之外，社会主义市场经济还是一种以社会主义制度为母体的市场经济，因此社会主义市场经济就必须遵循和体现社会主义制度的本质属性。"我们是在中国共产党领导和社会主义制度的大前提下发展市场经济，什么时候都不能忘了'社会主义'这个定语。"① 社会主义的平等观不仅包括法律程序意义的平等，而且还包含着实质意义上的平等，如权利平等和结果平等。权利平等意味着每个人享有平等的生存权和发展权，享有按照资质、禀赋与贡献而获得相应的社会收益权。而结果平等则意味着社会主义市场经济必须以实现共同富裕为目标，通过先富带动后富，最终实现共同富裕来实现并保障社会主义市场经济结果的平等。

其次，社会主义市场经济蕴含着法治的诉求。法治产生于市场经济进行交易的实践过程，是市场经济的内在要求。马克思认为，"先有交易，后来才由交易发展为法制。……这种通过交换和在交换中才产生的实际关系，后来获得了契约这样的法的形式"②。在自然经济时期，人类的各种社会关系主要依靠伦理、道德等机制来调节，法律的存在更多意义地体现为一种维护统治阶级权力的工具。在计划经济时期，虽然社会化大生产在一定程度上实现了较高的发展，但是由于缺少独立的市场主体，所以政府更多的是使用行政权力而非法律权威进行配置资源与管理经济。法律在计划经济时期体现为一种对政府行政权力的补充。而在市场经济时期，伴随着市场生产与交换规模的不断扩大，生产与交换中的社会关系也日趋复杂，依靠伦理道德与行政权力所进行的调节已经难以

---

① 中共中央文献研究室. 十八大以来重要文献选编：下［M］. 北京：中央文献出版社，2018：6.

② 中共中央马克思恩格斯列宁斯大林著作编译局. 马克思恩格斯全集：第 19 卷［M］. 北京：人民出版社，1963：423.

维系，亟须专门的权威规则对经济社会活动进行规范，所以随着市场经济的不断发展，以体现市场经济主体的权利与义务为核心的法律体系逐渐形成，并成为调节市场经济活动的主要规范与手段。与此同时，政府作为行使法律的权力主体，其本身也受到了法律限制，即政府必须在法律规定的范围内活动。所以从这个意义上来讲，只有在市场经济条件下，才能真正形成具备法治特征的法律制度。

最后，社会主义市场经济体现了权利的观念。市场经济本质上是一种交换经济，这种交换虽然表面上体现为是一种物物之间的易换，但实质上是对物的权利进行交换。因为在交换过程中，被交换的具体物品可以发生转移，也可以不发生转移，但交换双方的权利一定发生了转移，否则不能构成合法意义上的市场交换。因此，从这一角度理解，市场经济的交换关系本质上是一种权利关系。随着市场经济的不断发展，市场交换的广度、深度及频度也逐渐拓宽、加深、变强。伴随着市场交换社会化程度的整体跃升，市场交换的秩序和规则就逐渐演变成整个社会经济活动的规则与秩序，这同时也意味着，市场交换所体现的权利关系也逐渐成为整个社会经济活动的基本关系。而当权利关系成为整个社会经济活动的基本关系时，权利意识也相应地由一种存在于个别领域中的特殊意识延展为整个社会的普遍意识形态。

二、培养参与型政治文化

厚植协商民主文化其次要培养参与型政治文化。参与型政治文化主要是指社会成员对政治体系作为整体，以及体系的输入方面和输出方面都有强烈而明确的认知、情感和价值取向，并对自己作为体系成员的权利、能力、责任及政治行为的效能具有积极的认识和较高的评价的政治文化。实践证明，参与型政治文化不仅有利于激发民众强烈的主体意识和权利意识，从心理上提升民众的参与意识，而且还有利于提高民众的政治效能感和政治认同感。

协商治理，就其参与主体而言，实质上体现了参与民主所提倡的积极公民理念，即要求所有受到政策影响的人都应当参与到公共政策的讨论中。政策过程不仅应该向所有受该政策影响的公民主体开放，而且应该对持有不同立场、视角和声音的公民开放。在这一过程中，不仅理性的声音得以体现，那些不是以理性形式表达的声音（如寒暄、讲故事）也应该有机会被人们所听到。所以，协商治理需要公民积极进行参与。但当前农村社区的协商治理中普遍存在着社会协商治理主体的"低参与"或"弱参与"现象，制约着农村社区协商治理的发展。针对上述情况，应当从文化的维度，在农村社区社会积极培养参与型的政治文化，以唤醒农村社区社会协商治理主体的参与意识。

在农村社区如何培养参与型政治文化呢？一方面，对于党政治理主体而言，应当树立正确的参与理念。由于我国传统的决策模式本质上是一种精英决策模式，即决策主要是由党政精英主体单向度完成的，而普通公众则被普遍地排斥在决策过程之外，公共决策的形成往往被理解为一种支配与被支配的过程。精英主导的决策模式虽然在一定程度上提高了决策的效率，但也带来了决策者与公众之间信任的隔阂甚至是断裂。对于部分决策者而言，由于手中掌握着决策资源并且长期处于居高临下的地位，很容易滋生藐视公众、漠视民意的官僚主义习气。他们主观上认为公众只能被动地接受并服从决策，而不能参与决策。尽管在经济社会转型的背景下，部分决策者已经认识到了公众参与决策中的重要性，但他们依然对公众参与决策持有相对怀疑并保留的态度，即公众参与政策的制定未必能够有所助益，反而会影响政策的效率和增加政策的成本，甚至还会因为期望过高而得不到满足影响社会的秩序与稳定。而对于公众而言，由于长期被排斥在公共决策过程之外，加之长期以来精英决策模式导致的公共决策黑箱化和神秘化，公众对公共决策也处于一种陌生甚至是不信任的状态，对参与公共决策的热情和积极性不高。针对上述观念中存在的问题，党政治理主体首先应当积极转变对公众参与公共决策的观念，充分认识公众在参与决策中的主体地位，即具体在当前农村社会基层治理中，公众也是平等治理主体之一，不再是传统的被管理对象，因此他们有权参与公共政策的制定。党政治理主体要转变"为民做主"或"替民做主"的思想观念，正确认识公众在参与决策中的地位、价值和作用，保障公众的公共政策参与权利是农村社区培养参与型政治文化的前提条件。

另一方面，培养参与型政治文化离不开公民积极参与的实践。任何文化都是在实践过程产生的，实践是产生文化的源泉和动力。参与型的政治文化也需要在公民积极参与的实践过程中养成。引导农村社会公众进行有序地政治参与，通过直接而普遍地政治参与可以使公众获取并了解相关的政治知识和政治信息并直观地感受政治具体运作的过程，以增强对政治体系的认同。尤其是通过长期的参与政治实践，不仅可以提高公众的政治参与技能和素养，而且还能在潜移默化的过程中接受并确立民主政治的竞赛规则和价值取向，这些都是培养政治参与型政治文化所必须具备的核心要素。当前农村社区的村民自治和协商治理等都是进行政治参与的最佳实践训练机制，因此，应当充分利用好这些政治参与实践形式与机制，广泛地进行政治参与实践训练，使其成为提高农村社区社会公众的民主能力与素质、传播和普及参与型政治文化的重要阵地。

三、坚持中国特色社会主义协商民主文化

厚植协商民主文化最后要坚持中国特色社会主义协商民主文化。中国特色社会主义协商民主文化植根于中华优秀传统文化，形成于中国共产党在从事革命、建设、改革的伟大实践过程中对中国传统优秀文化进行创造性转化和创新性发展的结果。新民主主义革命"是无产阶级领导的，人民大众的，反对帝国主义、封建主义和官僚资本主义的革命"[1]，其政治文化的价值取向是人民民主。新民主主义革命"统一战线"的理论、"群众路线"的思想、"为人民服务"的观念等文化要素孕育和催生了协商民主，受此观念的影响与熏陶，中国共产党领导的农村革命根据地成为培育社会主义协商民主文化的"试验田"与"示范区"。中华人民共和国的成立为社会主义协商民主文化的发展开启了新的里程碑。中华人民共和国成立后，中国共产党领导的多党合作和政治协商制度被确立为国家的基本政治制度，中国共产党与各民主党派、无党派人士通过双周座谈会、协商座谈会、最高国务会议等方式共商国是成为国家政治生活的常规和惯例。中国社会主义革命对农业、手工业采取"互助合作"的方针，对资本主义工商业实行"和平赎买"的政策，创造了中共领导中国社会各阶级、阶层合作共赢的政治局面，同时协商民主文化为社会主义建设提供了重要精神动力和智力支持。改革开放以来，中国共产党领导的多党合作和政治协商制度在实践中日臻完善，广泛、多层与制度化发展已经成为社会主义协商民主发展的

---

① 毛泽东.毛泽东选集：第四卷［M］.北京：人民出版社，1991：1287.

基本趋势。尤其是基层协商民主的逐渐推广与普及，使协商民主文化日益渗透中国民众社会生活的日常，更深层次地改变着中国民众的观念与思维方式。中国特色社会主义协商民主文化的培育和养成，充分体现中国共产党建构民主政治制度的政治理性和文化自觉。当前坚持中国特色社会主义协商文化具体要做到以下三个方面。

首先要坚持党的领导。党的领导是中国特色社会主义的本质特征，在中国特色社会主义协商民主文化建设中，中国共产党的领导居于首要地位。无产阶级政党领导是社会主义民主政治的特色和优势，其价值目标是将社会的进步状态始终与实现最广大人民群众的根本利益和不断提升广大人民群众的社会地位有机地联系在一起，而路径选择是要将社会管理者始终站在有利于实现最广大人民群众根本利益的立场上，不断促进生产力发展和探索解决社会矛盾的政治制度模式。① 具体在民主政治制度的设置方面，人民通过投票选举行使权力和人民内部各方面在重大决策之前进行充分协商，尽可能就所要解决的问题取得一致意见，是中国社会主义民主的两种重要形式。一方面中国共产党是创制社会主义协商民主领导核心，另一方面社会主义协商民主是实现中国共产党领导的重要方式。因此，坚持中国共产党的领导，并在实践过程中不断提升与改善中国共产党的领导，是中国特色社会主义协商民主文化的核心和要义。

其次要坚持人民至上。人民至上是中国特色社会主义的基本理念，在中国特色社会主义协商民主文化建设中，人民群众的实践活动居于主体地位。中国共产党人的基本政治理念是，"党的根基在人民、血脉在人民、力量在人民"，始终坚持全心全意为人民服务的根本宗旨，始终坚持"一切为了人民，一切依靠人民"的群众路线。② 社会主义协商民主创制，是体现人民当家作主地位的实质体现，不仅为充分保障人民群众的政治参与权利和公民权益提供基础平台，③ 而且也为中国共产党保持同人民群众的密切联系，汇聚各方面的智慧与力

---

① 王树林，王娜娜. 政党政治与政治文明新论——以中国新型政党制度为中心的探讨 [J]. 当代世界，2018（10）：60-63.
② 中共中央关于党的百年奋斗重大成就和历史经验的决议 [N]. 人民日报，2021-11-17（1）.
③ 习近平. 决胜全面建成小康社会 夺取新时代中国特色社会主义伟大胜利：在中国共产党第十九次全国代表大会上的报告 [N]. 人民日报，2017-10-28（1）.

量，进而促进决策科学化、民主化提供了有利条件。总而言之，只有以人民为中心的社会主义协商民主，在日常政治生活中保证人民群众有广泛持续深入参与的权利，才能真正做到广纳群言、广集民智、同心合力，在最具代表性、广泛性与包容性的基础上找到意见的最大公约数，形成求同存异、和衷共济、勠力同心的政治文化氛围。因此，坚持人民至上的政治理念，秉承以人民为中心的初心使命，既是中国特色社会主义协商民主文化生长的根基所在，也是其未来发展的优势所在。

最后要坚持理论创新。理论创新是中国特色社会主义的基本品格。在中国特色社会主义协商民主文化建设中，理论创新具有思想先导的引领价值。中国人民政治协商会议作为社会主义协商民主的制度安排，"是中国共产党把马克思列宁主义统一战线理论、政党理论、民主政治理论同中国实际相结合的伟大成果，是中国共产党领导各民主党派、无党派民主人士、人民团体和各族各界人士在政治制度上进行的伟大创造"①。践行社会主义协商民主是一个动态的过程，理论创新就是发现新情况、解决新问题，与时俱进深化对协商民主本质、规律的认识及其发展、变化的预判，突破原有理论框架，构建科学完善的社会主义协商民主理论体系。理论创新的价值取向是实践活动和理论创新良性互动，社会主义协商民主理论创新的新思想、新观念形成倡导协商民主精神，厚植协商民主文化的基本要素。因此，不断地坚持理论创新，回答时代之问和人民之问，是中国特色社会主义协商民主文化的动力和灵魂。

综上所述，在社会主义协商民主文化建设中，党的领导是核心，人民至上是基础，理论创新是动力。坚持中国特色社会主义协商民主文化，就是坚持中国共产党的领导地位，尊重人民的主体地位和群众的首创精神，通过不断地理论创新培养中国民众协商民主的情感、观念、意识和思想，在中国社会生活中营造民主和团结的政治生态。

---

① 习近平. 在中央政协工作会议暨庆祝中国人民政治协商会议成立70周年大会上的讲话 [EB/OL]. 求是网，2022-03-15.

参考文献

一、中文著作

[1] 中共中央马克思恩格斯列宁斯大林著作编译局. 马克思恩格斯选集 [M]. 北京：人民出版社，2012.

[2] 列宁. 列宁全集 [M]. 北京：人民出版社，1995.

[3] 毛泽东. 毛泽东选集 [M]. 北京：人民出版社，1991.

[4] 邓小平. 邓小平文选 [M]. 北京：人民出版社，1993.

[5] 江泽民. 江泽民文选 [M]. 北京：人民出版社，2006.

[6] 胡锦涛. 胡锦涛文选 [M]. 北京：人民出版社，2016.

[7] 习近平. 习近平谈治国理政（第1-3卷）[M]. 北京：外文出版社，2020.

[8] 陈柏峰. 半熟人社会——转型期乡村社会性质深描 [M]. 北京：社会科学文献出版社，2019.

[8] 陈家刚. 协商民主 [M]. 上海：上海三联书店，2004.

[10] 陈剩勇，何包钢主编. 协商民主的发展 [M]. 北京：中国社会科学出版社，2006.

[11] 陈潭. 大数据时代的国家治理 [M]. 北京：中国社会科学出版社，2015.

[12] 陈锡文. 赵阳，陈剑波. 中国农村制度变迁60年 [M]. 北京：人民出版社，2009.

[13] 陈柏峰. 半熟人社会：转型期乡村社会性质深描 [M]. 北京：社会科学文献出版社，2019.

[14] 陈家刚. 协商民主 [M]. 上海：上海三联书店，2004.

[15] 陈剩勇，何包钢. 协商民主的发展 [M]. 北京：中国社会科学出版社，2006.

[16] 陈潭. 大数据时代的国家治理 [M]. 北京：中国社会科学出版社，2015.

[17] 陈锡文，赵阳，陈剑波，等. 中国农村制度变迁60年 [M]. 北京：人民出版社，2009.

[18] 邓正来，J. C. 亚历山大. 国家与市民社会：一种社会理论的研究路径 [M]. 北京：中央编译出版社，1999.

[19] 范明林，吴军，马丹丹. 质性研究方法 [M]. 上海：格致出版社，上海人民出版社，2018.

[20] 费孝通. 乡土中国 [M]. 北京：北京大学出版社，2012.

[21] 国家统计局. 中国统计年鉴 [M]. 北京：中国统计出版社，2020.

[22] 韩冬梅. 西方协商民主理论研究 [M]. 北京：中国社会科学出版社，2008.

[23] 何包钢. 协商民主：理论、方法和实践 [M]. 北京：中国社会科学出版社，2008.

[24] 何增科. 公民社会与第三部门 [M]. 北京：社会科学文献出版社，2000.

[25] 胡兵. 中国农村基层治理研究 [M]. 上海：华东理工大学出版社，2016.

[26] 孔繁斌. 公共性的再生产：多中心治理的合作机制建构 [M]. 南京：江苏人民出版社，2008.

[27] 黎熙元. 现代社区概论 [M]. 广州：中山大学出版社，1998.

[28] 李姿姿. 中国农民专业合作组织研究：基于国家与社会关系的视角 [M]. 北京：中央编译出版社，2011.

[29] 林尚立，赵宇峰. 中国协商民主的逻辑 [M]. 上海：上海人民出版社，2016.

[30] 林尚立. 协商民主：中国的创造与实践 [M]. 重庆：重庆出版社，2014.

[31] 刘世闵，李志伟. 质化研究必备工具：NVivo10之图解与应用 [M]. 北京：经济日报出版社，2017.

[32] 陆益龙. 后乡土中国 [M]. 北京: 商务出版社, 2017.

[33] 罗豪才, 宋功德. 软法亦治: 公共治理呼唤软法之治 [M]. 北京: 法律出版社, 2009.

[34] 罗豪才. 软法与协商民主 [M]. 北京: 北京大学出版社, 2007.

[35] 潘屹. 家园建设: 中国农村社区建设模式分析 [M]. 北京: 中国社会出版社, 2009.

[36] 荣敬本, 崔之元, 王拴开, 等. 从压力型体制向民主合作体制的转变 [M]. 北京: 中央编译局出版社, 1998.

[37] 史云贵. 中国基层社会治理机制创新研究 [M]. 天津: 天津人民出版社, 2015.

[38] 孙柏瑛. 当代地方治理: 面向 21 世纪的挑战 [M]. 北京: 中国人民大学出版社, 2004.

[39] 孙存良. 当代中国民主协商研究 [M]. 北京: 中国社会出版社, 2009.

[40] 谈火生. 审议民主 [M]. 南京: 江苏人民出版社, 2007.

[41] 谈火生. 协商治理的当代发展 [M]. 广州: 广东人民出版社, 2018.

[42] 佟德志. 法治民主: 民主与法治的复合结构及其内在逻辑 [M]. 北京: 北京大学出版社, 2016.

[43] 王振海. 新型农村社区治理研究 [M]. 北京: 人民出版社, 2018.

[44] 吴毅. 村治变迁中的权威与秩序: 20 世纪川东双村的表达 [M]. 北京: 中国社会科学出版社, 2002.

[45] 徐顽强. 农村社区化与农村基层社会治理创新 [M]. 北京: 科学出版社, 2019.

[46] 徐行. 当代中国协商民主的制度化建设 [M]. 天津: 南开大学出版社, 2017.

[47] 徐勇. 关系中的国家: 第一、二卷 [M]. 北京: 社会科学文献出版社, 2020.

[48] 徐勇. 中国农村村民自治 [M]. 武汉: 华中师范大学出版社, 1997.

[49] 燕继荣. 投资社会资本: 政治发展的一种新维度 [M]. 北京: 北京大学出版社, 2006.

[50] 杨光斌. 观念的民主与实践的民主: 比较视野下的民主与国家治理

[M]. 北京：中国社会科学出版社，2015.

[51] 杨华. 陌生的熟人：理解21世纪乡土中国 [M]. 桂林：广西师范大学出版社，2021.

[52] 韩福国，叶明，俞可平. 基层协商民主 [M]. 北京：中央文献出版社，2015.

[53] 俞可平. 民主与陀螺 [M]. 北京. 北京大学出版社，2006.

[54] 俞可平. 中国如何治理？ [M]. 北京：外文出版社，2018.

[55] 俞可平. 治理与善治 [M]. 北京：社会科学文献出版社，2000.

[56] 张静. 基层政权：乡村制度诸问题 [M]. 北京：社会科学文献出版社，2019.

[57] 张康之，张乾友. 当代中国政府 [M]. 南京：南京大学出版社，2016.

[58] 张康之，张乾友. 共同体的进化 [M]. 北京：中国社会科学出版社，2012.

[59] 张铭，王迅. 基层治理模式转型：杨村个案研究 [M]. 北京：社会科学文献出版，2008.

[60] 郑杭生. 社会学概论新修 [M]. 北京：中国人民大学出版社，1994.

[61] 中共中央党史研究室. 中国共产党的九十年 [M]. 北京：中共党史出版社，2016.

[62] 约翰·S. 德雷泽克. 协商民主及其超越：自由与批判的视角 [M]. 丁开杰，等译. 北京：中央编译出版社，2006.

[63] 乌尔里希·贝克. 风险社会 [M]. 张文杰，何博闻，译. 北京：译林出版社，2004.

[64] 斐迪南·腾尼斯. 共同体与社会：纯粹社会学的基本概念 [M]. 林荣远，译. 北京：商务印书馆，1999.

[65] 弗里德里希·尼采. 权力意志：重估一切价值的尝试 [M]. 张念东，林素心，译. 北京：商务印书馆，1991.

[66] 盖奥尔德·齐美尔. 社会是如何可能的 [M]. 林荣远，译. 南宁：广西师范大学出版社，2002.

[67] 哈贝马斯·尤尔根. 公共领域的结构转型 [M]. 曹卫东，王晓钰，刘北成，等译. 上海：学林出版社，1999.

[68] 哈贝马斯·尤尔根. 在事实与规范之间：关于法律和民主治国的商议理论 [M]. 童世骏，译. 北京：生活·读书·新知三联书店，2003.

[69] 黑格尔. 法哲学原理 [M]. 范扬，张企泰，译. 北京：商务印书馆，1961.

[70] 马克斯·韦伯. 社会科学方法论 [M]. 杨富斌，译. 北京：华夏出版社，1999.

[71] 让-雅克·卢梭. 社会契约论 [M]. 何兆武，译. 北京：商务印书馆，2005.

[72] 马太·杜甘. 国家的比较：为什么比较，如何比较，拿什么比较 [M]. 文强，译. 北京：社会科学文献出版社，2010.

[73] 威尔·金里卡. 当代政治哲学 [M]. 刘莘，译. 上海：上海三联书店，2004.

[74] 阿伦·利普哈特. 民主的模式：36 个国家的政府形式和政府绩效 [M]. 陈琦，译. 北京：北京大学出版社，2006.

[75] 阿米·古特曼，丹尼斯·汤普森. 民主与分歧 [M]. 杨立峰，葛水林，应奇，译. 北京：东方出版社，2007.

[76] 埃弗雷特·M. 罗杰斯. 创新的扩散 [M]. 辛欣，译. 北京：中央编译出版社，2002.

[77] 埃米尔·涂尔干. 社会分工论 [M]. 渠敬东，译. 上海：生活·读书·新知三联出版社，2009.

[78] 艾丽斯·M. 杨. 包容与民主 [M]. 彭斌，刘明，译. 南京：江苏人民出版社，2013.

[79] 本杰明·巴伯. 强势民主 [M]. 彭斌，译. 长春：吉林人民出版社，2006.

[80] 彼得·埃文斯，迪特里希·鲁施迈耶，西达·斯考切波编. 找回国家 [M]. 方力维，莫宜端，黄琪轩，等译. 北京：三联书店，2009.

[81] 查尔斯·沃尔夫. 市场，还是政府：不完善的可选事物间的抉择 [M]. 陆俊，谢旭，译. 重庆：重庆出版社，2007.

[82] 盖伊·彼得斯. 政府未来的治理模式 [M]. 吴爱明，夏宏图，译. 北京：中国人民大学出版社，2001.

[83] 理查德·C. 博克斯. 公民治理：引领 21 世纪的美国社区 [M]. 孙柏

瑛，等译. 北京：中国人民大学出版社，2014.

[84] 罗伯特·D. 帕特南. 使民主运转起来 [M]. 王列，赖海榕，译. 南昌：江西人民出版社，2001.

[85] 罗伯特·K. 殷. 案例研究：设计与方法 [M]. 周海涛，李永贤，李虔，译. 重庆：重庆大学出版社，2010.

[86] 罗伯特·达尔. 论民主 [M]. 李柏光，林猛，译. 北京：商务印书馆，1999.

[87] 约翰·罗尔斯. 正义论 [M]. 何怀宏，译. 北京：中国社会科学出版社，1988.

[88] 洛克. 政府论 [M]. 叶启芳，等译. 北京：商务印书馆，1982.

[89] 迈克尔·桑德尔. 民主的不满：美国在寻求一种公共哲学 [M]. 曾纪茂，译. 南京：江苏人民出版社，2008.

[90] 乔尔·S. 米格代尔. 社会中的国家：国家与社会如何相互改变与相互构成 [M]. 李杨，郭一聪，译. 南京：江苏人民出版社，2013.

[91] 塞缪尔·P. 亨廷顿，琼·纳尔逊. 难以抉择：发展中国家的政治参与 [M]. 汪晓寿，吴志华，项继权，译. 北京：华夏出版社，1989.

[92] 塞缪尔·P. 亨廷顿. 变化社会中的政治秩序 [M]. 王冠华，刘为，译. 上海：上海出版社，2008.

[93] 塞缪尔·亨廷顿. 第三波：20 世纪后期的民主化浪潮 [M]. 欧阳景根，译. 北京：中国人民大学出版社，2013.

[94] 约·埃尔斯特. 协商民主：挑战与反思 [M]. 周艳辉，译. 北京：中央编译局出版社，2009.

[95] 约瑟夫·泰恩特. 复杂社会的崩溃 [M]. 邵旭东，译. 海口：海南出版社，2022.

[96] 詹姆斯·N. 罗西瑙. 没有政府的治理 [M]. 刘小林，等译. 南昌：江西人民出版社，2001.

[97] 詹姆斯·博曼，公共协商多元主义、复杂性和民主 [M]. 黄相怀，译. 北京：中央编译出版社，2006.

[98] 詹姆斯·博曼，威廉·雷吉. 协商民主：论理性与政治 [M]. 陈家刚，等译. 北京：中央编译出版社，2006.

[99] 詹姆斯·菲什金，彼得·拉斯莱特. 协商民主论争 [M]. 张晓敏，

译. 北京：中央编译出版社，2009.

[100] 亚里士多德. 政治学 [M]. 颜一，秦典华，译. 北京：中国人民大学出版社，2003.

[101] 戴维·赫尔德. 民主的模式 [M]. 燕继荣，等译. 北京：中央编译出版社，2004.

[102] 齐格蒙特·鲍曼. 共同体 [M]. 欧阳景根，译. 南京：江苏人民出版社，2003.

[103] 齐格蒙特·鲍曼. 流动的现代性 [M]. 欧阳景根，译. 上海：三联书店，2002.

[104] 齐格蒙特·鲍曼. 生活在碎片化之中：论后现代道德 [M]. 郁建兴，周俊，周莹，译. 上海：学林出版社，2002.

[105] 全钟燮. 公共行政的社会建构：解释和批判 [M]. 孙柏瑛，张钢，黎洁，等译. 北京：北京大学出版社，2008.

二、中文期刊

[1] 蔡静诚，熊琳. "营造"社会治理共同体——空间视角下的社区营造研究 [J]. 社会主义研究，2020 (4).

[2] 陈锋. 论基层政权的"嵌入式治理"——基于鲁中东村的实地调研 [J]. 青年研究，2011 (1).

[3] 陈家刚. 协商民主：制度设计及实践探索 [J]. 国家行政学院学报，2017 (1).

[4] 陈娟. 协商视域下的社区治理：杭州"湖滨晴雨"工作室的机制创新与经验启示 [J]. 中共浙江省委党校学报，2012，28 (1).

[5] 陈明，曹飒. "共同体"思想的嬗变：从城邦共同体到人类命运共同体 [J]. 理论界，2018 (12).

[6] 陈伟东. 社区行动者逻辑：破解社区治理难题 [J]. 政治学研究，2018 (1).

[7] 程同顺，史猛. 推进村级组织负责人"一肩挑"的条件与挑战——基于 P 镇的实地调研 [J]. 南开学报（哲学社会科学版），2019 (4).

[8] 程同顺，许晓. 驻村帮扶下的乡村治理变革——基于 H 省 C 镇 X 村的田野调查 [J]. 江苏行政学院学报，2020 (1).

[9] 程同顺. 当前农村社会治理的突出问题及解决思路 [J]. 人民论坛, 2016 (8).

[10] 厄恩斯特·盖尔纳, 张望. 公民社会的历史背景 [J]. 国际社会科学杂志, 1992 (3).

[11] 范逢春, 张天. 国家治理场域中的社会治理共同体: 理论谱系、建构逻辑与实现机制 [J]. 上海行政学院学报, 2020, 21 (6).

[12] 方雷, 孟燕. 新中国成立70年来基层协商民主发展的历史逻辑 [J]. 中共中央党校: (国家行政学院学报), 2019, 23 (5).

[13] 付建军. 从民主选举到有效治理: 海外中国村民自治研究的重心转向 [J]. 国外理论动态, 2015 (5).

[14] 高晓波. 中国特色社会治理共同体的内涵、理论与构建 [J]. 甘肃社会科学, 2021 (2).

[15] 龚维斌. 以社区为重点建设社会治理共同体 [J]. 农村·农业·农民 (B版), 2020 (1).

[16] 郭道久, 杨鹏飞. 国家与社会协同: "社会治理共同体" 的一种理解 [J]. 中国治理评论, 2020 (2).

[17] 韩福国. 作为嵌入性治理资源的协商民主——现代城市治理中的政府与社会互动规则 [J]. 复旦学报 (社会科学版), 2013, 55 (3).

[18] 何包钢, 肖会辉. 审议性公民与协商治理——中国协商民主实验的一个案例研究 [J]. 绍兴文理学院学报 (人文社会科学), 2018, 38 (4).

[19] 何包钢. 协商民主与协商治理: 建构一个理性且成熟的公民社会 [J]. 开放时代, 2012 (4).

[20] 何包钢, 周艳辉. 中国农村从村民选举到乡村协商: 协商民主试验的一个案例研究 [J]. 国外理论动态, 2017 (4).

[21] 何俊志. 权力、观念与治理技术的接合: 温岭 "民主恳谈会" 模式的生长机制 [J]. 南京社会科学, 2010 (9).

[22] 贺雪峰, 刘岳. 基层治理中的 "不出事逻辑" [J]. 学术研究, 2010 (6).

[23] 胡象明. 协商治理: 中国公共管理体制改革的目标模式 [J]. 学术界, 2013 (9).

[24] 胡小君. 民主协商与社会治理共同体建设: 价值、实践与路径分析

[J]. 河南社会科学, 2020, 28 (9).

[25] 胡永保, 杨弘. 试论我国乡村协商治理的发展与推进 [J]. 西北农林科技大学学报 (社会科学版), 2013, 13 (4).

[26] 季丽新, 张晓东. 我国农村民主协商治理机制的实际运行及优化路径分析——以山东、山西、广东省三个村庄的个案考察为基础 [J]. 中国行政管理, 2014 (9).

[27] 江国华, 刘文君. 习近平"共建共治共享"治理理念的理论释读 [J]. 求索, 2018 (1).

[28] 金太军, 张振波. 论中国式协商民主的分层建构 [J]. 江苏社会科学, 2015 (2).

[29] 景跃进. 将政党带进来: 国家与社会关系范畴的反思与重构 [J]. 探索与争鸣, 2019 (8).

[30] 康晓光, 韩恒. 分类控制: 当前中国大陆国家与社会关系研究 [J]. 开放时代, 2008 (2).

[31] 郎友兴. 中国式的公民会议: 浙江温岭民主恳谈会的过程和功能 [J]. 公共行政评论, 2019, 2 (4).

[32] 黎伟盛, 赵素桃, 吴晓霞. 新时代构建社会治理共同体的逻辑理路与路径 [J]. 广西社会科学, 2020 (6).

[33] 李辉, 蔡林慧. 论基层治理的制度变迁与基层协商治理 [J]. 社会主义研究, 2015 (4).

[34] 李建. 基层协商民主推进国家治理现代化发展路径探析 [J]. 理论月刊, 2017 (9).

[35] 李君如. 协商民主在中国——中国特色协商民主的理论思考 [J]. 中共天津市委党校学报, 2014 (4).

[36] 李青. 社会变迁背景下中国社会治理共同体的构建理路 [J]. 山东社会科学, 2020 (6).

[37] 李友梅, 相凤. 我国社会治理共同体建设的实践意义与理论思考 [J]. 江苏行政学院学报, 2020 (3).

[38] 李芝兰, 吴理财. "倒逼还是反倒逼"——农村税费改革前后中央与地方之间的互动 [J]. 社会学研究, 2005 (4).

[39] 林尚立. 协商民主与中国政治建设: 基于生态观念的分析 [J]. 中国

政协理论研究，2015（3）.

　　［40］刘海军，王平. 习近平共同体思想的场域、逻辑与价值研究［J］. 湖北社会科学，2017（5）.

　　［41］刘培功. 社会治理共同体何以可能：跨部门协同机制的意义与建构［J］. 河南社会科学，2020，28（9）.

　　［42］刘琼莲. 国家治理现代化进程中社会治理共同体的生成逻辑与运行机制［J］. 改革，2020（11）.

　　［43］刘琼莲. 中国社会治理共同体建设的关键：信任与韧性［J］. 学习与实践，2020（11）.

　　［44］刘伟，翁俊芳. 撕裂与重塑：社会治理共同体中技术治理的双重效应［J］. 探索于争鸣，2020（12）：123.

　　［45］马奔，程海漫，李珍珍. 从分散到整合：协商民主体系的构建［J］. 中共中央党校学报，2017，21（2）.

　　［46］马卫红，喻君瑶. 何谓基层？——对当前城市基层治理基本概念的拓展［J］. 治理研究，2020，36（6）.

　　［47］马友乐. 社会治理共同体：时代解读、现实依据与价值意蕴［J］. 湖北社会科学，2021（3）.

　　［48］闵学勤. 社区协商：让基层治理运转起来［J］. 南京社会科学，2015（6）.

　　［49］钱再见，唐庆鹏. 国外协商民主研究谱系与核心议题评析［J］. 文史哲，2015（4）.

　　［50］乔治·M. 瓦拉德兹，何莉. 协商民主［J］. 马克思主义与现实，2004（3）.

　　［51］任中平. 四川的选举民主与浙江的协商民主——我国基层民主发展模式的一项比较研究［J］. 探索，2011（1）.

　　［52］宋爱明. 疫情危机下社会治理共同体中的跨专业合作机制研究——以GS县社会工作参与疫情防控心理扶助的为例［J］. 社科纵横，2021（2）.

　　［53］孙存良，李徐步. 协商治理：优势、困境与出路［J］. 上海市社会主义学院学报，2017（6）.

　　［54］谈火生. 混合式代表机制：中国基层协商的制度创新［J］. 浙江社会科学，2018（12）.

[55] 唐鸣，魏来．协商民主的生长逻辑——中国经验的整体性视角和理论研究的整合性表达 [J]．江苏社会科学，2016 (5)．

[56] 田旭明．建设社会治理共同体的内在逻辑与现实应答 [J]．理论探讨，2021 (1)．

[57] 万志彬．社会信任视角下社会治理共同体的构建——基于浙江省平湖市当湖街道"友邻善治"的研究 [J]．社会与公益，2021, 12 (3)．

[58] 王虎学．个人与社会何以维系——基于涂尔干《社会分工论》的思考 [J]．江海学刊，2015 (2)．

[59] 王惠．社会治理共同体：新时代中国特色社会治理的全新语境与行动逻辑 [J]．长白学刊，2020 (6)．

[60] 王金红．案例研究法及其相关学术规范 [J]．同济大学学报（社会科学版），2007 (3)．

[61] 王浦劬．中国的协商治理与人权实现 [J]．北京大学学报（哲学社会科学版），2012 (6)．

[62] 王绍光．国家治理与基础性国家能力 [J]．华中科技大学学报（社会科学版），2014, 28 (3)．

[63] 王亚婷，孔繁斌．用共同体理论重构社会治理话语体系 [J]．河南社会科学，2019, 27 (3)．

[64] 王岩，魏崇辉．协商治理的中国逻辑 [J]．中国社会科学，2016 (7)．

[65] 魏崇辉，王岩．当代中国协商治理研究之成绩、问题与应对——一个学术规范角度的考察 [J]．长白学刊，2016 (6)．

[66] 吴理财．全面小康社会的城乡基层社会治理共同体建设 [J]．经济社会体制比较，2020 (5)．

[67] 吴晓林，郝丽娜．"社区复兴运动"以来国外社区治理研究的理论考察 [J]．政治学研究，2015 (1)．

[68] 习近平．把乡村振兴战略作为新时代"三农"工作总抓手 [J]．求是，2019 (11)．

[69] 辛玉玲．不确定性常态化趋势下的确定性社会治理——基于共同体理念与合力论视角的疫情的防控思考 [J]．学术交流，2020 (10)．

[70] 徐行，王娜娜．构建社会治理共同体的行动逻辑与实现路径 [J]．国

家治理, 2020 (33).

[71] 徐行, 王娜娜. 基层治理中形式主义的成因探讨与根除对策——推动治理体系和治理能力现代视域下的研究 [J]. 学习与实践, 2020 (3).

[72] 徐行, 王娜娜. 社会治理共同体视域下社区协商治理的梗阻与突破路径 [J]. 北京行政学院学报, 2021 (2).

[73] 杨光斌. 什么是历史政治学? [J]. 中国政治学, 2019 (2).

[74] 杨贵华. 社区协商的独特价值及其实践推进 [J]. 社会科学, 2017 (3).

[75] 姚望. 协商民主在国家治理体系中的作用与机制研究——基于多元治理的分析 [J]. 湖南行政学院学报, 2016 (1).

[76] 姚远, 任羽中. "激活" 与 "吸纳" 的互动: 走向协商民主的中国社会治理模式 [J]. 北京大学学报 (哲学社会科学版), 2013, 50 (2).

[77] 尹广文. 共同体理论的语义谱系学研究 [J]. 学术界, 2019 (8).

[78] 俞可平, 徐秀丽. 中国农村治理的历史与现状: 以定县、邹平和江宁为例的比较分析 [J]. 经济社会体制比较, 2004 (2).

[79] 虞志淳, 雷振林. 多重视角与尺度的农村社区研究 [J]. 华中建筑. 2016, 34 (12).

[80] 郁建兴, 任杰. 社会治理共同体及其实现机制 [J]. 政治学研究, 2020 (1).

[81] 郁建兴. 社会治理共同体及其建设路径 [J]. 公共管理评论, 2019, 1 (3): 60.

[82] 詹姆斯. 博曼, 陈志刚. 公共协商和文化多元主义 [J]. 马克思主义与现实, 2006 (3).

[83] 张国献. 社会主义乡村协商治理: 现实逻辑、制度导向与实践旨趣 [J]. 理论探讨, 2017 (1).

[84] 张佳威. 走向选举与协商的复合——改革开放以来基层民主的变迁: 以历史制度主义为分析视角 [J]. 社会主义研究, 2020 (4).

[85] 张磊. 社会治理共同体的重大意义、基本内涵及其构建可行性研究 [J]. 重庆社会科学, 2019 (8).

[86] 张敏. 协商治理及其当前实践——内容、形式与未来展望 [J]. 南京社会科学, 2012 (12).

[87] 张诗博.马克思的公共性思想及其对构建社会治理共同体的启示 [J].中共成都市委党校学报,2021 (2).

[88] 张文显.徐勇.何显明,等.推进自治法治德治融合建设,创新基层社会治理 [J].治理研究,2018,34 (6).

[89] 张贤明,张力伟.社会治理共同体:理论逻辑、价值目标与实践路径 [J].理论月刊,2021 (1).

[90] 中共民政部党组.党的十八大以来中国特色基层民主建设的显著成就 [J].求是,2017 (11).

[91] 钟金意,钱再见.公共权力运行公开化语境下的协商治理研究 [J].上海行政学院学报,2015,16 (6).

[92] 周飞舟."从汲取型政权到悬浮型政权":税费改革对国家与农民关系之影响 [J].社会学研究,2006 (3).

[93] 周谨平.社会治理与公共理性 [J].马克思主义与现实,2016 (1).

[94] 周雪光,艾云.多重逻辑下的制度变迁:一个分析框架 [J].中国社会科学,2010 (4).

[95] 朱碧波.论我国社会治理共同体的生成逻辑与建构方略 [J].西南民族大学学报 (人文社会科学版),2020,41 (10).

三、中文报纸

[1] 陈进华.新知新觉:推进社会治理共同体建设 [N].人民日报,2019-11-21 (9).

[2] 陈煦,周清.发挥民主协商在社会治理中的独特优势 [N].人民日报,2019-12-27 (13).

[3] 龚维斌.以社区为重点建设社会治理共同体 [N].光明日报,2019-12-23 (16).

[4] 坚定不移沿着中国特色社会主义道路前进　为全面建成小康社会而奋斗:在中国共产党第十八次全国代表大会上的报告 [N].光明日报,2012-11-18 (2).

[5] 李文钊.重构平衡的简约高效基层治理体系——以基层治理的首都经验为例 [N].北京日报,2019-12-02 (14).

[6] 廖清成,罗家为.以党的群众组织力引领乡村协商治理 [N].学习时

报，2020-04-29 (7).

[7] 林尚立. 构建简约高效的基层管理体制 [N]. 经济日报，2018-04-18.

[8] 林显东. 以人民为中心建设社会治理共同体 [N]. 光明日报，2020-06-09 (6).

[9] 刘晓庄. 协商民主是国家治理的看家本领 [N]. 人民政协报，2020-05-19.

[10] 聂平平，王伟. 基层协商治理，党组织应发挥哪些作用 [N]. 光明日报，2019-10-28 (5).

[11] 孙存良. 协商民主：人类政治文明的中国智慧 [N]. 人民日报，2019-09-20 (9).

[12] 谈火生. 从民主研究的"协商转向"到协商民主的"经验转向" [N]. 联合时报，2015-03-31.

[13] 习近平. 决胜全面建成小康社会 夺取新时代中国特色社会主义伟大胜利：在中国共产党第十九次全国代表大会上的报告 [N]. 人民日报，2017-10-18 (1).

[14] 习近平. 在庆祝中国人民政治协商会议成立65周年大会上的讲话 [N]. 人民日报，2014-09-22 (2).

[15] 习近平. 在中央政协工作会议暨庆祝中国人民政治协商会议成立70周年大会上的讲话 [N]. 人民日报，2019-09-21.

[16] 徐元锋，李茂颖. 协商在基层. 实实在在解难题 [N]. 人民日报，2021-04-15 (18).

[17] 郁建兴. 辨析国家治理、地方治理、基层治理与社会治理 [N]. 光明日报，2019-08-30 (11).

[18] 袁祖社. 如何突破"行政有效，治理无效"的困境 [N]. 社会科学报，2021-06-16.

[19] 张继亮. 社会资本提升社会治理能力 [N]. 中国社会科学报，2018-03-28.

[20] 中共中央关于坚持和完善中国特色社会主义制度，推进国家治理体系和治理能力现代化若干重大问题的决定：中国共产党第十九届中央委员会第四次全体会议公报 [N]. 人民日报，2019-11-01.

[21] 中共中央关于制定国民经济和社会发展第十四个五年规划和二〇三五年远景目标的建议：中国共产党第十九届中央委员会第五次全体会议公报 [N].人民日报，2020-10-30.

[22] 中共中央国务院关于全面推进乡村振兴加快农业农村现代化的意见[N].人民日报，2021-02-22.

[23] 祝伟.建设社会治理共同体的四大着力点 [N].重庆日报，2019-12-19.

四、英文著作

[1] BENHABIB S. Democracy and Difference：Contesting the Boundaries of the Political [M]. Princeton：Princeton University Press，1996.

[2] Carolyn Hendriks. The Ambiguous Role of Civil Society in Deliberative Democracy [M] //Refereed Paper Presented to the Jubilee Conference of the Australasian Political Studies Association. Canberra：Australian National University，2002（10）.

[3] Ellis D. G. Deliberative Communication and Ethnopolitical Conflict [M]. New York：Peter Lang Inc Peter Lang，2012.

[4] DURKHEIM E W. D HALLS，LEWIS COWER. The Division of Labour in Society [M]. London：Macmillan Press，1984.

[5] VALADEZ·J. M. Deliberative Democracy，Political legitimacy，and Self-Democracy in Multicultural Societies [M]. Boulder：USA Westview Press，2001.

[6] IAN O'FLYNN. Deliberative Democracy and Divided Societies [M]. Edinburgh：Edinburgh University Press，2006.

[7] JAMES FISHKIN，TONY GALLAGHER，ROBERT LUSKIN，ET AL. A Deliberative Poll on Education：What Provisions do Informed Parents in Northern Ireland Want [M]. Newcastle：Newcastle University，2007.

[8] JOHN PARKINSON，JANE MANSBRIDGE. Deliberative Systems：Deliberative Democracy at the Large Scale [M]. Cambridge：Cambridge University Press，2012.

[9] JOHN S. DRYZEK. Deliberative Global Politics [M]. Cambridge：Polity Press，2006.

[10] JOHN S. DRYZEK NIEMEYER S. Foundations and Frontiers of Deliberative Governance [M]. Oxford: Oxford University Press, 2010.

[11] JON ELSTER. Deliberative Democracy [M]. Cambridge: Cambridge University Press, 1998.

[12] JON PIERRE, GUY PETERS. Governing Complex Societies: Trajectories and scenarios [M]. New York: Palgrave Macmillan, 2005.

[13] KETTL, D. F. The transformation of governance: Public administration for the twenty – first century [M]. Baltimore: The Johns Hopkins University Press, 2015.

[14] KIMMO GRÖNLUND, Maija Setälä, Kaisa Herne. Deliberation and civic virtue: lessons from a citizen deliberation experiment [M]. Cambridge University Press, 2010.

[15] MICHAEL J. SANDEL. Liberalism and the Limit of Justice [M]. UK: Cambridge University Press, 1982.

[16] RANCES MOORE LAPPE, PAUL MARTIN DU BOIS. The quickening of America: Rebuilding our nation, remaking our lives [M]. San Francisco: Jossey – Bass, 1994.

[17] SHAWN W. ROSENBERG. Deliberation, pratication and democracy: can the people govern? [M]. New York: Palgrave Macmillan, 2007.

[18] OXFORD UNVERSITY PRESS. Our Global Neighborhood: the Report of the Commission on Global Governance [M]. Oxford: Oxford University Press, 1995.

[19] THOMS NAGEL. The Possibility of Altruism [M]. Princeton: Princeton University Press, 1979.

五、英文期刊

[1] MARIT BÖKER, STEPHEN ELSTUB. The possibility of critical mini – publics: realpolitik and normative cycles in democratic theory [J]. Representation, 2015, 51 (1).

[2] CAROLYN M. HENDRIKS. Deliberative governance in the context of power [J]. Policy and Society, 2009, 28 (3).

[3] Cass R. Sunstein. Deliberative Trouble: Why Groups Go to Extremes?

[J]. The Yale Law Journal, 2000, 110 (1).

[4] CÉCILE HOAREAU. Deliberative governance in the European Higher Education Area. The Bologna Process as a case of alternative governance architecture in Europe [J]. Journal of European Public Policy, 2012, 19 (4).

[5] Erman E. In Search of Democratic Agency in Deliberative Governance [J]. European Journal of International Relations, 2013, 19 (4).

[6] FUNG APCHON. Deliberation before the revolution: Toward an ethics of deliberative democracy in an unjust world [J]. Political Theory, 2005 (8).

[7] GOODINW R. E. Democratic deliberation within. Philosophy and Public Affairs [J]. Philosophy & Public Affairs, 2000, 29 (1).

[8] HARTZ - KARP J. PATRICK ANDERSON, JOHN GASTI, ANDREA FEICETTIThe Australian citizens'parliament: forging shared identity through public deliberation [J]. Journal of Public Affairs, 2010 (4).

[9] HEBG. Reconciling deliberation and representation: chinese challenges to deliberative democracyn [J]. Representation, 2015, 51 (1).

[10] HENDRIKS C M. Coupling citizens and elites in deliberative systems: the role of institutional design [J]. European Journal of Political Research, 2016, 55 (1).

[11] IRIS MARION, YOUNG. Activist Challenges to Deliberative Democracy [J]. Political Theory, 2014 (13).

[12] JOHN S. DRYZEK. Deliberative Democracy in Divided Societies: Alternatives to Agonism and Analgesia [J]. Political Theory, 2005, 33 (2).

[13] MAARTJE VAN, LIESHOUT. ART DEWULF, et al. The Power to Frame the Scale? Analysing Scalar Politics over, in and of a Deliberative Governance Process [J]. Journal of Environmental Policy & Planning. 2014 (7).

[14] MAKI HATANAKA. Technocratic and deliberative governance for sustainability: rethinking the roles of experts, consumers, and producers [J]. Agriculture and Human Values, 2020, 37 (3).

[15] R. A. W. RHODES. The New Governance: Governing without Government [J]. Political Studies, 1996 (4).

[16] ROBERT AGRANOFF. Inside Collaborative Networks: Ten Lessons For

Public Managers [J]. Public Administration Review. 2006, 66 (S1).

[17] SETLM. Connecting deliberative mini-publics to representative decision making [J]. European Journal of Political Research, 2017, 56 (4).

[18] LAN SHAPIRO. Enough of deliberation: Politics is about interests and power [J]. In S. Macedo (Ed), Deliberative politics. Oxford: Oxford University Press, 1999.

[19] SIMON CALMAR ANDERSEN. JØrn Loftager. Deliberative Democratic Governance [J]. Governance, Administrative Theory & Praxis, 2014, 36 (4).

[20] TAE IN PARK, PAN SUK KIM, AND DAVID H. ROSENBLOOM. The Burgeoning but Still Experimental Practice of Deliberative Governance in South Korean Local Policy Making: The Cases of Seoul and Gwangju [J]. Administration & Society, 2017, 49 (6).

[21] WANG YAN, WEI CHONGHUI. The Chinese Logic of Consultative Governance [J]. Social Sciences in China, 2017, 38 (3).

[22] WARREN M. E Governance-driven democratization [J]. Critical Policy Studies, 2009, 3 (1).